A TRAGÉDIA DE SANTA MARIA

Yvonne A. Pereira

A TRAGÉDIA DE SANTA MARIA

Pelo Espírito
BEZERRA DE MENEZES

Copyright © 1957 *by*
FEDERAÇÃO ESPÍRITA BRASILEIRA – FEB

14ª edição – Impressão pequenas tiragens – 4/2025

ISBN 978-85-7328-779-0

Todos os direitos reservados. Nenhuma parte desta publicação pode ser reproduzida, armazenada ou transmitida, total ou parcialmente, por quaisquer métodos ou processos, sem autorização do detentor do *copyright*.

FEDERAÇÃO ESPÍRITA BRASILEIRA – FEB
SGAN 603 – Conjunto F – Avenida L2 Norte
70830-106 – Brasília (DF) – Brasil
www.febeditora.com.br
editorial@febnet.org.br
+55 61 2101 6161

Pedidos de livros à FEB
Comercial
Tel.: (61) 2101 6161 – comercial@febnet.org.br

Adquirindo esta obra, você está colaborando com as ações de assistência e promoção social da FEB e com o Movimento Espírita na divulgação do Evangelho de Jesus à luz do Espiritismo.

Dados Internacionais de Catalogação na Publicação (CIP)
(Federação Espírita Brasileira – Biblioteca de Obras Raras)

M543t   Menezes, Bezerra de (Espírito)

       A tragédia de Santa Maria / pelo Espírito Bezerra de Menezes; [psicografado por] Yvonne do Amaral Pereira. – 14. ed. – Impressão pequenas tiragens – Brasília: FEB, 2025.

       264 p.; 23 cm – (Coleção Yvonne A. Pereira)

       ISBN 978-85-7328-779-0

       1. Espiritismo. 2. Obras psicografadas. I. Pereira, Yvonne do Amaral, 1900–1984. II. Federação Espírita Brasileira. III. Título. IV. Coleção.

CDD 133.93
CDU 133.7
CDE 80.02.00

Sumário

Advertência 7

À JUVENTUDE DE
BOA VONTADE

PRIMEIRA PARTE
OS REDIVIVOS

1 Uma jovem espírita 13
2 Amor de outra vida... 23
3 O Solar de Santa Maria 33
4 Max 43
5 Sombras do "ontem" sobre o "hoje" 53

SEGUNDA PARTE 67
ESMERALDA DE BARBEDO 67

1 A noite de Natal de 1863 69
2 Bentinho 79
3 Invigilância 89
4 Corações em flor... 99
5 Mãe e filha 109

6	Vitória fácil	123
7	Os esponsais	141

Terceira Parte
A tragédia

1	Prenúncios funestos	151
2	Ronda sinistra	163
3	O crime	179
4	Dor suprema!	199

Quarta Parte
Os segredos do túmulo

1	Quando o Céu se revela...	215
2	Quando o inferno se rasga...	229
3	Quando o amor inspira...	241
4	...E quando Deus permite!...	253

Advertência

À Juventude de Boa Vontade

A história que passarei a contar nada apresentará de interessante para os entendimentos que se homiziaram à sombra do mundanismo confuso e pessimista da hora de transição que convulsiona as sociedades terrenas. Dirijo-me de preferência aos moços — a essa liberal juventude, franca e sequiosa de progresso, cujo caráter bem traduz a prolixidade dos ideais que lhe fervilham nas profundidades do coração.

Muito esperam da juventude destes últimos decênios de século os prepostos do Mestre divino — aqueles cultivadores da sua vinha sagrada porque zeladores da sua Doutrina de eleição, cujo esplendor vinte séculos de incompreensões e hostilidades não lograram arrefecer. Será indispensável, mesmo urgente, porém, lecionar a essa juventude tão rica de generosos pendores, tão enamorada de ardentes ideais quanto desordenada e inconsequente em suas diretrizes, e a quem escasseiam exemplos edificantes, lições enaltecedoras capazes de impulsioná-la, para a padronização do bem, porque as escolas do século XX não falam aos sentimentos do coração como não revigoram as lídimas aspirações da alma juvenil, enquanto que as futilidades destrutivas conluiadas com o comodismo criminoso do século, aboletadas no seio dos próprios lares, arredam para muito longe o antigo dulçor dos conselhos maternos como a respeitabilidade dos exemplos paternos, os quais muito raramente, agora, se impõem, indiferentes ao dever de burilar corações dirigindo a educação dos filhos para as verdadeiras, legítimas finalidades da existência. Livros nocivos proliferam em estantes das quais os exemplos moralizadores ou educativos desertaram, corridos pela intromissão comercialista de uma literatura deprimente, criminosa na facilidade com que se expande, viciando ou pervertendo os corações em flor de jovens a quem mães descuidosas não apresentaram leituras adequadas; enquanto revistas levianas, deseducativas, destilando o vírus da inconveniência generalizada, seguem com os moços cujas mentes, muitas vezes dotadas de ardores generosos, se abastardam e estiolam vencidas por irrupções letais, qual plantazinha mimosa à falta do ar e da luz portadores da vida! Preocupa-se, por isso mesmo, o mundo invisível, de onde os olhares amoráveis dos paladinos do Zelador incomparável contemplam tão melancólicos panoramas, visto que a hora que passa é das mais graves para a humanidade que há milênios transita pela Terra através de fluxos e refluxos reencarnatórios. É que o crepúsculo de uma civilização materialista prenuncia a alvorada de um renascimento de valores morais-espirituais, em que o ideal cristão infiltrará novas seivas nos corações sedentos de luz e de justiça. Será imprescindível, portanto, que os obreiros espirituais do grande Educador de Nazaré acorram solícitos, aqui e além, desdobrando-se em vigilâncias incansáveis em todos os setores em que se movimenta a humanidade — nos pertinentes à literatura também, cuidadosos dos primórdios da grande renovação que já se vislumbra nos horizontes do porvir.

Então, colaboram eles com os homens, ansiosos por ajudá-los a se adestrarem para o sublime evento... Surgem médiuns pelos quatro cantos do planeta, dispostos aos rigores inerentes aos mandatos especiais que lhes couberam... E os ditados de Além-túmulo se avolumam na sociedade terrena, apresentando ao homem — à juventude — o passatempo literário que lhes convêm, em contraposição às más leituras a que se habituaram... assim realizando, de um modo ou de outro, o que as escolas e os lares se descuraram prevenir: o ensino da moral, o culto sincero e respeitoso a Deus, à honra e à família!

Qual modesto trabalhador da eira sagrada, enamorado do mesmo ideal que há dois milênios irradia do alto do Calvário convidando as criaturas à comunhão com o bem e o amor, aqui me tendes pronto a batalhar pelo ressurgimento da moral, voltando ainda e sempre para a Terra, hospitaleiro e abendiçoado reformatório onde venho efetuando o meu giro evolutivo, tentando, junto de vós outros, o cumprimento de deveres que me cabem. Ouvi-me, pois, que vos falo em nome do Senhor.

Na Vila do Ibireté, estado de Minas Gerais, aos 31 de maio de 1956.

ADOLFO BEZERRA DE MENEZES

Primeira Parte

Os redivivos

1

UMA JOVEM ESPÍRITA

Em certo dia do ano de 1951, eu me encontrava absorto das atrações terrenas, atendendo a lides espirituais afetas às minhas responsabilidades de obreiro humílimo da Estância Bendita, em região do Espaço próxima à cidade de São Sebastião do Rio de Janeiro, quando enérgica vibração mental, partida da Terra e emitida por alguém cujas irradiações plenamente se harmonizavam com as minhas, repercutiu em meu sensório espiritual, causando-me surpresa pela intensidade da força positiva com que me buscava. Voltei-me, pressuroso, a indagar quem assim pensava em mim, terna e confiantemente, em oração singela... e um vulto de mulher, doce e triste, apresentou-se à minha visão psíquica assestada[1] para o local de onde provinha o chamamento. Ambiente paupérrimo entrevi então. Mas uma alma coroada de fé e sedenta de progresso e luz celeste destacou-se como seu único e solitário habitante... Regozijei-me: quem assim me acenava mentalmente era um ser sumamente caro ao meu Espírito para que me pudesse permanecer indiferente aos seus apelos...

Que me falava, porém?...

---
[1] N.E.: Direcionada, apontada.

Curioso, perscrutei seus pensamentos...

Descobri, envolta em indecisões e desejos nobres, uma tese moral-doutrinária-espírita aproveitável...

Ofereciam-me uma tese?... Por que desdenhá-la se homens e Espíritos se devem colaboração fraterna, caminho da redenção de todos?!...

Aceitei-a, pois. Examinei-a, estudei-a, cultivei-a qual o horticultor que não rejeita a semente do vizinho amável... Enovelei-a a episódios a que eu mesmo havia assistido e até vivido muito intimamente, na Terra como no Espaço... e hoje, finalmente, coloco-a ao teu dispor, meu jovem leitor, desejoso que me sinto de privar com tua mente durante os momentos em que esflorares estas despretensiosas páginas.

Vejamos, porém, o assunto inspirado naquela tese:

* * *

A manhã dos idos de novembro de 19... raiara fartamente iluminada pelo Sol flamejante que deslumbra a sedutora capital brasileira, enleando-a em ondas de um calor que se revelava já rigoroso e quiçá insuportável, não obstante o domínio da primavera, ainda não visitada pelos aguaceiros tão comuns na dita metrópole.

Pamela, jovem fluminense de 20 anos, desceu do carro de primeira classe que a trouxera do interior do país, no antigo prefixo — S4 — da Estrada de Ferro Central do Brasil, o qual à feérica cidade do grande Estácio de Sá aportava diariamente, estridente e festivo, às 9 h 40 min, despejando na plataforma da estação de D. Pedro II passageiros afanosos, impacientes por chegarem ao destino, cogitando das múltiplas operosidades a que se obrigariam uma vez visitando a capital. Chegava desacompanhada de quem quer que fosse. E, pisando pela vez primeira o irrequieto torrão carioca, sentiu que insólita comoção lhe acelerava o ritmo das pulsações arteriais, produzindo-lhe penoso tremor nervoso.

Órfã e pobre, a necessidade obrigara a jovem Pamela a emigrar para o ambiente populoso da capital, à procura de meios para a própria subsistência — tal como diariamente sucede a numeroso contingente de forasteiros sequiosos de vitória fácil. Formosa e atraente, sem ser propriamente linda, trazia grandes olhos escuros, pensativos e melancólicos, fartos cabelos castanhos, sedosos e ondulantes, e porte esbelto e grave. O que, porém, de preferência impressionava na sua personalidade era a serenidade das expressões, o encanto sugestivo do olhar irradiando a lenidade do coração reeducado em normas invulgares, como o equilíbrio da mente voltada para ideais superiores. Ela fora, com efeito, educada em sãos princípios de moral e, por isso mesmo, asilava nos refolhos do ser aquela fé inquebrantável abeberada em doutrinas filosófico-cristãs muito transcendentes, as quais bem cedo lhe forneceram não apenas a confiança em si mesma, como ainda a certeza inabalável nos promissores destinos da criatura que batalha nas eiras da existência aureolando-se daquela superior vontade de vencer que remove todos os percalços — porquanto construída na lídima confiança em um Ser supremo e paternal dirigindo toda a Criação!

Meu Espírito amava profundamente essa Pamela a quem, do mundo invisível, eu vira nascer havia vinte anos, e que agora eu contemplava envolvida no turbilhão da metrópole galante qual frágil alcíone[2] ao sabor das tempestades marinhas. Do Espaço, procurei encaminhá-la protetoramente, comovido, ao endereço que trazia, uma vez observando que nenhum amigo se dignara acorrer, amável, servindo-a na emergência crítica. E lá se foi, sob meu olhar, demandando subúrbio afastado, tendo à frente árduos testemunhos a apresentar à legislação divina no embate das tentações de um grande agrupamento social, como provas de resoluções inadiáveis tomadas ao reencarnar, mas também como

---

[2] N.E.: Designação comum a alguns martins-pescadores encontrados na Europa, Ásia e África. Os gregos a consideravam como de bom augúrio, porque passava para fazer seu ninho no mar, quando calmo.

bases lucilantes de um destino de eleição — se à altura de méritos espirituais se portasse na arena terrível!

Cerca de sessenta anos antes, achando-me ainda encarnado e residindo nesse mesmo amável torrão carioca, eu conhecera Pamela sob outra indumentária física, ou seja, existindo em outra configuração corporal e se impondo à sociedade com os valores de outro nome de família e diferente condição social.

Eu e seu pai de então fôramos amigos íntimos, vizinhos de residência em S. Cristóvão, bairro em que durante tantos anos residi, tendo mesmo a honra de ser convidado por aquele digno varão a levá-la à pia batismal, dois anos depois do seu nascimento, consideração a que anuí de boa mente, reconhecido. Fora, portanto, seu padrinho antes que ela existisse sob o prenome de Pamela; e quantas vezes, durante sua infância de outrora, acorri, pressuroso, a ministrar-lhe tratamento, procurando combater pequenas enfermidades próprias da idade, com a experiência da Medicina que abracei!

Sabia-a, agora, lealmente resolvida a exercer apostolado eficiente entre os deserdados da fortuna, à sombra do Evangelho remissor traduzido nas diretrizes da Doutrina dos Espíritos, e, por isso, comovia-me ante sua figura frágil de quase adolescente, mas valorosa qual monumento de fé, preparando-se como em uma iniciação sacrossanta, para futuros desempenhos a respeito da beneficência.

Aportando, pois, à estação D. Pedro II a fim de se conduzir sozinha, paupérrima, jovem, formosa, num ambiente social em que escasseiam exemplificações honestas e as virtudes jazem ignoradas sob o anonimato, Pamela nada mais faria senão provar aos seus instrutores espirituais as resoluções enobrecedoras que dela exigiriam todos os valores morais de que fosse capaz.

Não me assaltaram dúvidas de que se tornasse vitoriosa. Preparado se encontrava o seu Espírito para o certame reabilitador à luz de ensinamentos tão altamente educativos e orientadores que eu previamente a contemplava triunfante, certo de que bem cedo adviria o momento em que me seria permitido verificar-lhe a fronte assinalada por aquela fosforescente auréola indicadora das consciências tranquilas, das mentes reeducadas sobre as magnificências do Evangelho!

É que Pamela professava a Doutrina Espírita! E o adepto convicto desse generoso repositório de benesses espirituais tem o dever sacrossanto de se conduzir altiva e nobremente em qualquer estância a que for chamado a operar, como cidadão terreno ou espiritual, portando-se à altura da honra da fé que comunga em todo o ângulo social a que as circunstâncias da existência ou os próprios testemunhos o obriguem a enfrentar, dever conferido pela ciência, que necessariamente terá, das leis da vida que a Doutrina Espírita confere aos seus aprendizes.

Não obstante, e por mais singular que parecesse, Pamela era herdeira de uma grande fortuna e até possuía instrução apreciável. Educara-se no interior, entre religiosas que lhe burilaram a inteligência com um curso normal brilhante, do qual fizera parte também o estudo caprichoso da Música. Aos 18 anos, já de posse de seu honroso título de professora, revelara-se também futurosa pianista, interpretando com boa técnica e grande sentimento números clássicos que emocionavam os ouvintes. Seus pais, no entanto, haviam sido de condição social modesta, e a possibilidade de instruir-se adviera da fortuna que lhe deixara em testamento o velho comendador Antônio José de Maria e Sequeira de Barbedo, seu tio-bisavô, fortuna que só deveria passar ao seu poder, no entanto, ao contar ela 25 anos.[3] Um procurador facilitara-lhe a bolsa para os estudos, assim cumprindo a vontade do testador, administrando ainda não apenas os valores depositados num banco da capital, a renderem juros, mas também a Fazenda de Santa Maria — nobre propriedade que datava dos tempos da colonização do país, conservada com inteligência e zelos especiais pelo digno comendador até a data do seu passamento e, até o momento que descrevemos, por servos fidelíssimos no cumprimento do dever, dentre

---

[3] Nota do autor: Os nomes das nossas personagens são fictícios. Que o leitor não os adapte a quaisquer outros idênticos que porventura conheça.

outros um nascido escravo, mas liberto no dia do próprio batizado, por uma carta de alforria fornecida pelos padrinhos, os quais justamente haviam sido o comendador e sua filha Esmeralda. O servo, padrão de honradez e fidelidade inconfundível, era de descendência africana e vivia no vetusto palácio desde o nascimento, mostrando discernimento e sanidade mental incomuns, o que permitia continuasse como zelador da rica propriedade de seus antigos senhores. Seu nome, como, de resto, o de todos nascidos escravos, traduzia o do velho senhor, do qual fora propriedade. E porque se batizasse no dia de Miguel Arcanjo, acrescentaram-lhe o do bom anjo, nomeado seu protetor espiritual por discricionário decreto do digno vigário da paróquia desde o momento soleníssimo em que as águas do batismo o transformaram em legítimo cristão... Chamava-se, portanto, Antônio Miguel Barbedo ou Antônio Miguel, simplesmente. O orgulho do velho proprietário, porém, como vemos, e como seria natural na época e, decerto, ainda nos dias presentes, suprimira a excelência do *"de Maria e Sequeira de"*, honra que lembraria ancestrais portugueses demasiadamente ilustres para emprestarem nobreza e fidalguia a um mísero rebento de escravos africanos vindo à luz do mundo num recanto do Brasil.

Ora, Pamela era bisneta de uma irmã do Sr. Sequeira de Barbedo, senhora a quem jamais a fortuna financeira sorrira. Casado, em primeiras núpcias, com Maria Susana, loura e linda criatura a quem a morte arrebatara no terceiro ano dos esponsais, o Sr. Barbedo, por motivos que o leitor conhecerá posteriormente, legara sua fazenda e seu ouro à bisneta de sua irmã, uma vez que não possuía herdeiros diretos; e, pelos mesmos motivos, lavrara o quesito singular que somente aos 25 anos permitiria Pamela entrar na posse da herança. Por tudo isso era que a jovem espírita, chegando às plagas cariocas, nada mais era do que uma moça instruída, cuidadosamente educada, mas criada em ambientes pobres, cuja nobreza de princípios e fortaleza de caráter seriam postos a provas duríssimas no contato com o torvelinho malsão de uma grande cidade ainda não padronizada pelas normas da moral.

Sem contar com verdadeiras ou desinteressadas afeições ao redor de si, porquanto, órfã, a parentela despeitada e prevenida nela apenas distinguiria a rica herdeira que lhe arrebatara as possibilidades de também herdar, foi bem certo que a jovem provinciana conheceu no Rio de Janeiro ásperos dias de lutas e adversidades, entre os quais as humilhações se aglomeraram junto a contratempos e imprevistos que desanimariam qualquer outra têmpera que não aquela forjada no calor confortativo da pujante crença espírita, que faz do seu fiel uma fortaleza de ânimo e de paciência capaz de resistir a todos os embates da provação. Não importavam o diploma legitimamente adquirido e tampouco os clássicos que interpretava ao piano — se mão amiga, respeitosa e desinteressada, vendo-lhe a inexperiência, lhe não favorecia auxílio honesto para colocá-la em local condigno, correspondente ao grau de cultura que possuía. Seria necessário nutrir-se, vestir-se, residir em alguma parte. E a moça, casta e idealista, em dificuldades financeiras, não obstante, herdeira de fortuna imensa, deslocada no ambiente bulicioso da capital, tímida e aturdida, mas a quem nem as vaidades sociais enredavam em ciladas precipitosas, nem os complexos deprimiam criando impasses embaraçosos — não se diminuiu ante o próprio conceito servindo-se do primeiro ensejo de trabalho honesto que se lhe deparou, protetor e digno, solucionando a agrura do desemprego em que se debatia. Assim foi que se honorificou, ante a própria conceituação de espírita, sentando-se a uma banca de operária, em certa oficina de costura e roupas feitas, laborando serenamente ao lado de gárrulas companheiras que lhe estimavam as maneiras polidas, estranhando-lhe, contudo, a conduta severa dos costumes, por ignorarem tratar com um caráter superior e um coração alicerçado em ideais incompreensíveis às suas conclusões ainda pouco aprofundadas em assuntos da espiritualidade. Assim vivendo em ambientes aquém dos que teria direito a aspirar, durante cinco anos se lhe depararam múltiplas modalidades de infortúnios e testemunhos, os quais, rigorosamente suportados sem impaciência nem lamúrias, ampliaram sua experiência, fornecendo-lhe ensejos magníficos de cultivar nos arcanos anímicos valiosas qualidades morais, tais como a paciência, a resignação, a tolerância, a prudência das atitudes, a coragem moral finalmente, como a própria resistência física. Sobejaram privações, ao passo que ininterrupto seria o desconforto. Habitou humildes domicílios, residências coletivas onde cada vizinho hostiliza o companheiro de romagem expiatória pelo simples comprazer de infelicitar o próximo; suportou remoques e insultos, por se não prestar ao desleixo dos costumes e atitudes de que se via rodeada; conformando-se, de boa mente, à situação que secreta intuição lhe apontava como preparo prévio para futuras realizações em setores diferentes.

Certamente, pelo decorrer do tempo, advieram oportunidades risonhas, acenando, para as aspirações que pudesse alimentar, colocações bem remuneradas, que lhe permitissem habitar locais mais justos, consentâneos com a sua educação. Tolheu-a, porém, a timidez de se arriscar aos meios sedutores, considerando-os propícios às tentações do mundanismo, que, com todo cuidado e perspicácia, desejava evitar. Viu-se, porém, ainda assim, importunada pelos requestadores inescrupulosos que enxameiam nos grandes centros sociais, os quais, percebendo-a desprotegida das atenções de uma família, tentavam convencê-la a situações incompatíveis com o pudor e a honra femininos. Repelia, serena, tão ingratas investidas das regiões das trevas, fortalecida na coragem inquebrantável haurida naquela fé superior que flamejava em suas potencialidades anímicas.

À noite, porém, recolhia-se — a consciência tranquila, o coração alentado pelo reconforto do dever cumprido, exausta das pelejas do dia. Alçava, em silêncio, o pensamento fervoroso até as luminosas esferas do bem, por meio de preces humildes e amorosas, em procura de energias psíquicas renovadoras, para o desenrolar do dia seguinte. Oh! então, que de eflúvios lenificadores, revigorantes, cascateavam dos planos espirituais para orvalharem sua organização físico-psíquica, fraternalmente socorrendo-a em meio dos fogos dos testemunhos! Que de valores morais e mentais advinham para o seu Espírito sequioso de ensinamento elevado, ao esflorar o livro áureo dos espiritistas — *O evangelho segundo o espiritismo*, de Allan Kardec —, como adepta que era da magna Ciência, em cujas páginas, desde a primeira juventude, vinha alimentando sua alma ansiosa de luz e de justiça!

A tragédia de Santa Maria

À luz de modesta lâmpada, eis que uma voz celeste sussurra, uma vez ainda, sublimes ensinamentos ao seu coração humilde e fervoroso, como ao seu entendimento atento e encantado frente a tão fecundo manancial, as prudentes advertências dos instrutores espirituais, que deixam as fúlgidas regiões da paz para, solícitos e amoráveis, se darem ao labor de revigorar o ânimo desfalecido dos sofredores terrestres, exortando-os aos caminhos serenos do dever e da fé! Aqui é o conselheiro paternal que alerta contra as seduções mundanas... Mais além é um sussurro flébil qual balada sugestiva que narrasse o retorno do divino Mestre para enxugar o pranto causticante da desgraça com os bálsamos daquela celeste caridade que dele fez o supremo Consolador dos homens:

E tu, donzela, pobre criança lançada ao trabalho, às privações, por que esses tristes pensamentos? Por que choras? Dirige a Deus, piedoso e sereno, o teu olhar: Ele dá alimento aos passarinhos; tem-lhe confiança: Ele não te abandonará. O ruído das festas, dos prazeres do mundo, faz bater-te o coração; também desejaras adornar de flores os teus cabelos e misturar-te com os venturosos da Terra. Dizes de ti para contigo que, como essas mulheres que vês passar, despreocupadas e risonhas, também poderias ser rica. Oh! cala-te, criança! Se soubesses quantas lágrimas e dores inomináveis se ocultam sob esses vestidos recamados, quantos soluços são abafados pelos sons dessa orquestra rumorosa, preferirias o teu humilde retiro e a tua pobreza! Conserva-te pura aos olhos de Deus, se não queres que o teu anjo guardião para o seu seio volte, cobrindo o semblante com suas brancas asas e deixando-te com os teus remorsos, sem guia, sem amparo, neste mundo, onde ficarias perdida, a aguardar a punição no outro.[4]

* * *

Venho instruir e consolar os pobres deserdados. Venho dizer-lhes que elevem a sua resignação ao nível de suas provas, que chorem, porquanto a

---
[4] KARDEC, Allan. *O evangelho segundo o espiritismo*. Cap. VII, it. 11.

dor foi sagrada no Jardim das Oliveiras, mas que esperem, pois que também a eles os anjos consoladores lhes virão enxugar as lágrimas.[5]

Deixava o livro, enternecida. As lágrimas cintilavam nos olhos castos e ela adormecia recomendando-se a seus desvelados amigos espirituais, os quais sabia fiéis ao mandato de a assistirem e aconselharem durante as tréguas que o sono benfazejo impunha ao seu Espírito enamorado das bênçãos do progresso...

---

[5] KARDEC, Allan. *O evangelho segundo o espiritismo*: Cap. VI, "O Cristo Consolador", it. 6.

2

AMOR DE OUTRA VIDA...

401. *Durante o sono a alma repousa como o corpo?*

"Não, o Espírito jamais está inativo. Durante o sono, afrouxam-se os laços que o prendem ao corpo e, não precisando este então da sua presença, ele se lança pelo espaço e *entra com relação mais direta com os outros Espíritos.*"

* * *

414. *Podem duas pessoas que se conhecem visitar-se durante o sono?*

"Certo e muitos que julgam não se conhecerem costumam reunir--se e falar-se. Podeis ter, sem que o suspeiteis, amigos em outro país. É tão habitual o fato de irdes encontrar-vos, durante o sono, com amigos e parentes, com os que conheceis e que vos podem ser úteis, que quase todas as noites fazeis essas visitas."[6]

---

[6] KARDEC, Allan. *O livro dos espíritos*. Cap. VIII, q. 401 e 414.

Os médiuns, mais que quaisquer outras personalidades, têm a possibilidade de se transportar em corpo espiritual — ou em perispírito — de um a outro lado da Terra, como do Invisível, e aí se entregarem a atividades de variados matizes. Frequentemente eles o fazem, conquanto nem sempre conservem lembranças das operosidades efetivadas, ao retornarem ao cárcere corporal. Ditosa a criatura — médium ou não — que, operosa, passiva às advertências do dever, como às benfazejas inspirações da própria boa vontade, emprega tais oportunidades a serviço de causas justas ou nobres, a bem do progresso próprio ou alheio, dando-se a lides meritórias, desdobrando-se ininterruptamente em ações produtivas em torno do amor e da fraternidade.

Minha querida Pamela era médium. Muito embora os absorventes deveres da profissão escolhida para a própria manutenção, modesta e obscura, preferindo refugiar-se no anonimato de uma banca de oficina quando possuía talento e aptidões para mais elevados desempenhos, e isso, como dissemos, por desejar esquivar-se a ambientes que favorecessem o domínio das seduções, era bem certo que, aos sábados, ela se permitia o ensejo de reuniões com os veros companheiros de ideal cristão, na sede de um ou outro agrupamento de espiritistas afins. Do Invisível, eu me propunha a auxiliá-la em seu progresso quanto mo permitissem minhas possibilidades e os méritos dela própria, enternecido ante o desejo por ela perseverantemente apresentado, de se enobrecer moral e espiritualmente aos fulgores dos ensinamentos divinos, renovando o próprio caráter diariamente, e se habilitando, consequentemente, de todas as formas, para encargos e missões conferidos pela Ciência do Invisível, de que era, como sabemos, aprendiz convicta. Por isso mesmo, do Alto eu recebia algumas vezes permissão para oferecer-lhe refrigérios espirituais muito variados, dentre outros — facultar possibilidade e vigilância para viagens em corpo espiritual, que muito gratas seriam ao seu coração, uma vez que, assim, também aceleraria o bom desenvolvimento das faculdades mediúnicas que em sua organização perispiritual floresciam formosas, prometedoras de abundantes messes doutrinárias — frutos de abendiçoados labores do seu Espírito, por meio de serviços evolutivos dentro do tempo. Não raro, portanto, imersa sua frágil vestidura carnal em sono profundo, sono que eu procurava, comumente, aprofundar para a letargia com hábeis descargas magnéticas, para maior segurança e em benefício dos seus próprios dons — Pamela, parcialmente desprendida, mas muito lúcida, como geralmente ocorre com os sensitivos grandemente passivos, alçava a mente ao Infinito, em súplicas férvidas e veementes, para que seus mentores espirituais lhe permitissem rápida visita a Zurique, na Suíça, onde, uma vez afrouxadas as ataduras magnéticas que comprimiam suas faculdades nas cadeias do corpo carnal, sabia existir alguém que lhe era muito caro ao coração, mas do qual, em vigília, só se recordava por intermédio do que julgava tratar-se apenas de um sonho, não obstante as instruções apreendidas nos códigos da Ciência Espírita. Discretamente assistida, portanto, por mim, como por vigilantes do plano invisível, pois não nos permitíamos intervir diretamente em assuntos pertinentes ao livre-arbítrio de cada um, repetia as visitas à formosa cidade do centro da Europa; perlustrava com desembaraço as ruas silenciosas e limpas a que muitas vezes camadas de neve branqueavam; dirigia-se a um vetusto edifício de três andares, sombrio e entristecedor; penetrava singelo aposento onde um jovem louro e esbelto repousava adormecido, e murmurava, traindo ternura infinita:

— Bentinho!...

Um fantasma, como envolvido em denso véu de neblina, elevava-se do envoltório masculino que se estirava sobre o leito, vencido por sono reparador; apertava-a nos braços ternamente osculando-a com doçura e saudade; e, enlaçando-a pela cinta, desciam ambos as escadarias, estreitamente enleados, para aprazível passeio pelas ruas de Zurique.

Eram, com efeito, duas almas enamoradas que se buscavam através das distâncias, e que, em Espírito, se encontravam para terno convívio, atraídas pelas vibrações dos próprios pensamentos que evocavam um passado remoto, no qual se haviam ardentemente amado, vivendo uma outra existência planetária, ainda e sempre unidas por indissolúveis laços espirituais!

Todavia, o jovem, por ela denominado "Bentinho", era agora suíço de nascimento, trazendo nome por ela desconhecido, pois que, se em época já extinta, em existência pregressa, o conhecera com aquele apelido, a verdade era que, no presente, chamava-se Maximiliano Niemeyer, era de origem alemã e tornara-se conhecido no grupo de relações que cultivava apenas pela abreviatura de Max.

Culto, esbelto, corado e sadio, Max, no entanto, carecia de bens de fortuna, não obstante a brilhante tese de Agronomia que defendera na Universidade de sua terra natal. Se as faculdades psíquicas de Pamela, por mais lúcidas e desenvolvidas ainda, lograssem destacar pormenores, perceberiam que seu amorável amigo trajava-se modestamente, sofria privações na triste mansarda do terceiro andar e se entristecia com a impossibilidade de emigrar para se permitir livre curso às ambições que nutria, atendendo às imperiosas necessidades por que se via sitiado.

De certa feita, durante confortativos devaneios espirituais pelos jardins perfumosos de Zurique, confessou a Pamela o fiel companheiro de outras vidas:

— Pesa-me profundamente a solidão em que vivo, apartado do teu amoroso convívio, minha querida "Esmeralda"... Tua ausência de minha vida desencoraja-me e penaliza-me, não permitindo trégua ao meu Espírito para integralmente esquecer o drama atroz que nos separou... Apenas durante estes nossos rápidos encontros logro lenitivo e valor suficiente para me permitir arrastar o fardo da existência... Durante a vigília, no decorrer das lides cotidianas, não passo de um coração insatisfeito, a quem tudo falta, um homem entristecido que não consegue atrativos ao redor de si, e cujo caráter vai descambando para a descrença e para a neurastenia... Agora, na esperança de conseguir refrigério para a nostalgia que me crucia, acabo de me filiar a um grêmio humanitário, no qual o estudo do idioma *esperanto* será indispensável... Peço-te, minha querida, que imites o meu gesto, lá em tua pátria... pois sei que existem núcleos disseminadores do fraterno idioma pelo mundo inteiro...

Quem sabe, assim chegaremos a corresponder-nos um dia, por alguma revista ou jornal de propaganda do esperanto?... já que nossas almas se buscam ansiosas, sem outras possibilidades ou oportunidades de se avistarem senão as que nos permitem o sono do corpo físico?... Amanhã, despertando tu no Rio de Janeiro e eu aqui, em Zurique, teremos olvidado tudo quanto nos falamos, apenas logrando a impressão deliciosa de um lindo sonho de amor... Cultivando o esperanto, porém, será mais do que provável que, com facilidade, nos ponhamos um diante do outro, renovando, depois, para o futuro, a felicidade que tão duramente nos foi arrebatada no passado...

Nenhuma regra das leis que regem o mundo espiritual, pelas quais me oriento, coibia-me recordar a Pamela, quando em vigília, uma vez que outra, a promessa feita ao ansioso Max, durante as curtas evasões em corpo astral. Eu o fazia, pois, discreta e gratamente, sempre que possível, servindo-me do auxílio de sugestões sutis, mesmo criando pequeninas oportunidades aparentemente filhas do acaso... Aos Espíritos também é grato uma ou outra gentileza para com aqueles, humanos ou não, que lhes ficam na rota... e, assim agindo, que mais faria eu senão observar as lídimas leis da fraternidade?... O esperanto está a serviço da fraternidade como a beneficência a serviço do amor... e introduzir a mocidade ao seu estudo racional é adverti-la a se preparar para um futuro radioso, que tenderá a enlaçar a humanidade num mesmo elo de vibrações afetivas...

Com efeito! O assunto interessava vivamente à jovem espiritista, visto que os adeptos da Doutrina dos Espíritos cedo compreendem o valioso concurso do idioma esperanto ao ideal de unificação humana que esposam. Retendo na subconsciência o veemente apelo do amável companheiro de giros espirituais, assim as minhas insinuações durante sua vigília, pouco a pouco passou ela a interessar-se pelo esperanto e procurou penetrar seus segredos linguísticos. No Rio de Janeiro é fácil a um estudioso ou pensador, espiritista ou não, fazer a cintilante aquisição intelectual. O espírita, quiçá melhor ainda que qualquer outro idealista, encontra no esperanto afinidade e ensejos para o desdobramento dos dilatados sonhos de solidariedade humana que lhe transbordam do seio. Pamela estudou-o com dedicação e prazer. Retirou das próprias horas de lazer os melhores momentos e entregou-se ao nobre serviço, sinceramente aspirando a penetrar os segredos da sua construção literária... No fim de algum tempo, tornava-se colaboradora de apreciadas revistas esperantistas; e tão vastas eram as suas preocupações, ampliando atenções pelo mundo inteiro, pois logo de início alargara o círculo de suas relações por meio de correspondências amistosas com habitantes até das mais remotas regiões da Europa e da Ásia, que não se apercebia de que o tempo transcorria rapidamente, aproximando-se o momento em que completaria as 25 primaveras...

Certa noite, ao dirigir-se para a sala das reuniões na sede do núcleo espírita que frequentava, Pamela viu sobre pequena cadeira uma revista ali deixada casualmente... Tomou-a e, reconhecendo ser escrita em esperanto, interessou-se, pondo-se a folheá-la... Em dado instante, surpreendeu-se: acabava de descobrir uma informação, acompanhada de clichê do seu autor. Tratava-se de um jovem agrônomo suíço, autor de laureadas teses agrárias, o qual, não só desejava transferir-se para a América do Sul, como até oferecia seus serviços profissionais a lavradores brasileiros, por pequena remuneração, simpatizante que se confessava da grande e futurosa nação que é o Brasil. Chamava-se Max Niemeyer, contava 30 anos e indicava a própria residência, em Zurique, para quaisquer eventualidades.

Profundamente impressionada, a herdeira do comendador Barbedo interrogava-se, enquanto o erudito presidente da instituição convidava a assistência ao recolhimento que antecede à abertura das ditas reuniões:

— Onde já vi eu tão doce expressão de olhar e o sorriso amável e franco, estampados naquele clichê? Max Niemeyer... Onde vi, Deus meu?!... Conheço-o, porventura?... Não, certamente!... pois reside na Suíça!...

Orou por ele, comovida, adivinhando-o em angustiosas dificuldades financeiras, dado o noticiário a seu respeito, desejando-lhe boa sorte

A tragédia de Santa Maria

nos intentos. Todavia, ao término dos trabalhos da respeitável assembleia, procura o possuidor da revista e roga-lhe a gentileza de lhe permitir levá-la consigo. Passaram-se os dias e, em outra revista, do mesmo idioma, encontra idêntica informação, desta vez, porém, acompanhada de formosa e fecundíssima tese sobre a cultura da cana-de-açúcar, tão apreciada e cultivada no Brasil, e da melhor forma de irrigações para as searas dos climas tropicais.

Encantada, como futura fazendeira, decidiu-se a felicitar o autor pela comprovada sagacidade e compreensão de climas tão diversos daqueles em que vivia, nele percebendo trabalhador estudioso, além de culto companheiro de ideal esperantista. Não vacilou, portanto, e teceu excelente e vívido comentário sobre a agricultura no Brasil, onde escasseiam as searas, oferecendo-o literariamente ao ilustre autor das aludidas teses, terminando por felicitá-lo pela inconfundível competência comprovada, quer como técnico de Agronomia, quer como emérito beletrista esperantista, remetendo-lhe igualmente encantador soneto bucólico, em que messes surgiam como bênçãos dadivosas do Céu sobre aqueles que se preocupam com o sagrado amanho das sementeiras nas entranhas fecundas e generosas da Terra.

Como seria de esperar, amável correspondência estabeleceu-se entre os dois jovens esperantistas. Confessavam ambos, no decorrer de assíduas epístolas, que se julgavam unidos por laços de afinidades indefiníveis e recíprocas; insólita confiança levou-o a perseverar nesse terno meio de comunicação, vinculando a mútua simpatia que intelectualmente os atraía. A verdade era, porém, que, sem que ambos pudessem sequer conhecer mentalmente a origem de tão grande atração, seus Espíritos desde muito se conheciam e amavam e até, como já vimos, se encontravam com frequência durante a letargia do fardo corporal terreno, porquanto Pamela, a quem faculdades mediúnicas belíssimas engrandeciam o caráter, se transportava à procura do amigo bem-querido, já que este, dada a ignorância das ciências transcendentais, não cultivando devidamente os poderes da alma, seria impotente para, mesmo em Espírito, transpor com segurança os imensuráveis Espaços em busca daquela cuja lembrança se decalcava ocultamente nos refolhos da sua alma como nos arcanos do coração.

Fotografias e confidências foram trocadas... ambos a si mesmo confessando que as dulçorosas emoções de um grandioso sentimento afetivo penetravam não apenas as potencialidades dos seus Espíritos, mas ainda todas as horas que viviam...

Finalmente, cinco anos se escoaram lentos e exaustivos, desde aquela manhã luminosa e abrasadora de estio, em que Pamela ingressara na vida ativa da grande metrópole, e acabava ela de completar as 25 primaveras quando, certa tarde, ao chegar ao humilde domicílio, de volta do trabalho, aguardava-a substanciosa correspondência do procurador, convidando-a a uma visita ao seu escritório a fim de tomar posse da herança que lhe coubera por morte do comendador Sequeira de Barbedo.

Preenchidas todas as formalidades legais, Pamela foi reconhecida legítima proprietária da Fazenda de Santa Maria, localizada nos arredores de certa cidadezinha aprazível e fresca do estado do Rio de Janeiro, como da grande fortuna em valores móveis que a acompanhavam, não se excetuando nem mesmo as joias da família de Barbedo. Urgia, no entanto, deixar a capital formosa, transferir-se para a vetusta propriedade, passar em revista e dirigir, finalmente, o que de mãos tão generosas recebera como que por magia de um sonho encantador...

E foi assim que, por outra clara manhã de um dia de verão, aquela jovem singular, que vivera só na colmeia ardente de uma grande cidade, sem se contaminar no opróbrio de quaisquer deslizes, rumou para o interior do país, tomando uma passagem de primeira classe no antigo prefixo — S1 — da Estrada de Ferro Central do Brasil, o qual partiu, resfolegante e barulhento, da estação D. Pedro II...

Serena e altiva, não se lhe descobriria nas feições calmas e regulares nem o júbilo da cobiça satisfeita nem a alacridade daquele que se supõe triunfante sobre as glórias do mundo. Contemplava a paisagem, simplesmente, despreocupada, enquanto, ligeiro, o comboio vencia distâncias...

Observei-a comovido, e um sorriso aflorou aos lábios do meu Espírito. Murmurei-lhe ao ouvido, valendo-me das ondas vibratórias da intuição:

— Que o Senhor seja contigo, minha querida Pamela... Eu sabia que, sob as bênçãos protetoras da Doutrina do amor e da luz lograrias suficientes energias para a vitória dos testemunhos na batalha contra ti mesma, espancadas que foram as últimas sombras que te entenebreciam a consciência no contato com os ardores das seduções humanas, que soubeste vencer! Que novas e mais flóreas energias reanimem tuas forças intrínsecas nos testemunhos das realizações que hoje inicias nos áureos campos da beneficência e do amor ao próximo...

Era uma página que se voltava sob meus olhos no imenso livro da vida de um Espírito em marcha pelos caminhos da redenção...

3

O SOLAR DE SANTA MARIA

A cidade de X... é uma pequena localidade situada ao sul do estado do Rio de Janeiro, cujo clima excelente, pois conta cerca de quatrocentos metros sobre o nível do mar, atrai para seu convívio alegres veranistas, que para lá transmigram periodicamente, no fim do ano, ansiosos por merecido repouso após longo período de cruentas fadigas sob o desenrolar das peripécias cotidianas da capital do país. Pequenina e silenciosa, é também pitoresca, assim romanticamente ornamentada com o seu casario branco em estilo de "chalés" orlados de jardins viçosos, onde o excitante perfume das aglaias, casando-se ao aroma sutil dos roseirais caprichosos, rescendem à noite, dilatando ondas aromáticas até transformá-la em santuário de olores gratos ao olfato como ao coração de cada um. Pomares, hortas e chácaras bem tratados emprestam um caráter de nobre vetustez e suma dignidade às residências discretas, de persianas corridas, que ainda recordam os tempos luzentes dos barões e gentis cavalheiros do Império. Ao alto a cruz do templo evocativo, a Igreja Matriz, nobre e docemente sugestiva com sua torre esguia apontando para o céu, como indicando o dever das criaturas para com o seu Criador.

E, abaixo, ruazinhas poeirentas e sonhadoras, sombreadas por alamedas de magnólias ou coqueiros galantes, levando o pensador, ou o sentimental, a extrair das camadas vibratórias que cercam o recinto algo de muito interessante e lindo que outrora ali mesmo se houvesse desenrolado e se perpetuasse, fotografando-se lentamente, de vibração em vibração, nas ondas da luz, em derredor do seu agrupamento.

Eram 12 h 40 min quando Pamela pisou a plataforma da estação singela e pequenina.

Os bem-te-vis e pintassilgos orquestravam inefáveis melodias entre as galhadas dos arvoredos pujantes; e o Sol, de luz brilhante e quente, suavizada pelo frescor de vivificante aragem, lourejava festivamente a formosa região, como que lhe apresentando as boas-vindas. Dir-se-ia a Pamela que tudo sorria... E, extasiada ante o bucolismo grato da paisagem, alongou o olhar como em abraço terno e sorriu também, encantada e feliz...

Ela nascera naquela cidade. Deixando-a quando contava apenas poucos meses de idade, visto que só acidentalmente o importante evento ali ocorrera, somente agora retornava, iniciando etapa nova em seu destino. À estação, apenas seu procurador, o administrador da Fazenda e o velho Antônio Miguel, nos seus 70 anos, mas ainda vivaz, prestativo e diligente.

— Seja bem-vinda a Santa Maria, "minha sinhá"... que há muitos anos choro, esperando sua volta... — exclamava, saudando-a, o negro, em fraseado tosco, trêmulo e comovido, enquanto, surpreendida, Pamela observava a humildade de uma lágrima discreta em seus olhos melancólicos...

A jovem estendeu-lhe a mão, afável e sorridente, que ele osculou com veneração e respeito, como se em sua imagem graciosa revisse alguém a quem outrora muito amara, talvez uma antiga senhora de escravos...

— Quer ter a bondade de indicar a condução da sua preferência, senhorita?... O velho Miguel teimou em atrelar o trole, que há cerca de vinte anos não deixava os galpões de Santa Maria para experimentar as enferrujadas rodas... Felizmente aqui está também o automóvel... Ou desejaria antes residir no "Chalé Grande" da cidade?... pois que também ele está preparado para recebê-la... — indagou galantemente o administrador, "capitão" Inácio, a quem a antiga passagem pela Força Pública local, no modesto posto de sargento, valera a alcunha da patente que não alcançara, e a quem, do mesmo modo, os filmes cinematográficos ensinaram a trajar de vaqueiro do extremo oeste norte-americano.

Ela preferiu o trole, o que arrancou um sorriso franco dos lábios de Antônio Miguel, e desejou seguir imediatamente para a Fazenda, assim aumentando a agradável emoção do velho servo e ocasionando singular espanto de Inácio, que não chegou a compreender como uma jovem moderna, habituada ao conforto da capital, rejeitaria um *Studebaker* luzidio e macio por um barulhento carroção puxado a dois cavalos e que servira ainda ao tempo do comendador Barbedo...

O trole, porém, seguiu, ao trote de linda parelha de animais, ao longo da estrada fresca marginada de cedros e bambuais. Dentro em pouco penetrou os terrenos do antigo Solar... e só então Pamela, caindo em si do sonho que vivia, pôde entrever, na realidade da sua verdadeira expressão, o patrimônio imenso que lhe haviam ofertado, a grande fortuna de que tomava posse... e o gesto do comendador, legando-lhos, mais singular e enigmático se lhe apresentou à meditação!

— Por que excepcional motivo teria o bom velhinho doado a mim, e não a outrem, tão vultosos cabedais?... — pensou enternecida. — Sim! Ele constituiu um grande enigma para todos nós... Somente Antônio Miguel o compreendia... Diziam-no, porém, espírita... e minha mãe narrava, surpreendida, que, durante minha infância, me preferia sempre a todos os demais sobrinhos... Abraçava-me, a chorar, comigo brincando sobre os joelhos, enquanto repetia, meio sorridente comovido: "Como te pareces com minha Esmeralda!... Tu, Pamela!... O mesmo sinal no ângulo esquerdo da face, a mesma expressão serena e doce do olhar... O que 'ela' advertiu, cumpriu-se... Deus do Céu! Ela mesma escolheu o nome, e aqui está... voltou para os meus braços!... Oh! como tudo isto é sublime e consolador!..." A que se referiria, porém, o bom comendador?... Ninguém jamais o soube, senão Antônio Miguel, que com ele parecia concertar estranho entendimento...

Entretanto, dos estofos negros da velha viatura, cujas almofadas mantas veludosas cobriam, descortinava Pamela as messes ricas e prometedoras que se estendiam pelos campos e colinas de plantio: arrozais maduros, baloiçando os cachos pesados ao impulso da viração cheirosa; os milharais maciços, acenando com suas fitas irrequietas como a saudarem sua jovem proprietária, que chegava; os canaviais apetitosos, lembrando ao seu coração enternecido a tese magnífica do amigo esperantista que além-mar se conservava ainda, tão distante, inatingível, como os cafezais pujantes — padrão generoso de uma vida nacional — abrindo renques majestosos pelo dorso das colinas, ou o gado feliz, em bandos afins, roendo a pastagem vitaminada ou bebendo acolá, no riacho fresco e murmurante, que cintilava nos raios do astro rei como que sorrindo à sua passagem...

— Dir-se-ia, meu Deus! que estas paisagens, estes campos de cultura foram indelevelmente gravados em minha alma! Reconheço-os, amo-os, sinto estremecerem todas as fibras do meu coração ao contemplá-los... e, no entanto, não os vi jamais, senão neste momento!... Daqui me afastei aos seis meses... E porque a imagem de Max, a quem "nunca" vi pessoalmente, se associa tanto a estes panoramas, impondo-se às minhas saudades e recordações?... Pobre Max! Solitário e sofredor em Zurique, como se sentiria ditoso se lhe fosse concedida a oportunidade de dirigir estas terras!... — pensou embevecida, o olhar atento para uma e outra margem da estrada.

Eis, porém, o maciço dos pomares, anunciando a proximidade da residência dos antigos Barbedos. Ao virar de uma curva do caminho, lá surge o Solar imponente, no seu estilo singular — meio colonial português, meio florentino — obedecendo certamente à orientação de dois construtores de nacionalidades diferentes, mostrando as três fachadas originais divididas por duas reentrâncias, cada uma das quais podendo

A tragédia de Santa Maria

ser habitada por famílias diferentes, com entradas e saídas independentes umas das outras, mas toda a casa se comunicando internamente por um ajuntamento harmonioso e singular de dependências e passagens.

Pamela assestou o binóculo. Não conhecia o Solar de Santa Maria. Via-o agora pela primeira vez! Distinguiu as três fachadas em relevo, com suas respectivas entradas e o imenso varandim a contorná-lo todo, e excitação indômita, insólita comoção fê-la retirar vivamente dos olhos o instrumento precioso: lembrara-se subitamente de que essa mesma singular disposição do nobre edifício dera causa a uma dolorosa tragédia na família de Barbedo, e que longos anos se haviam passado sem que se desvendassem a contento as interrogações de que a mesma se cercara. A tradição lutuosa e a mágoa sem precedentes na família permaneceram desde então, e a casa interditada, por assim dizer, desde a época malsinada, não fora jamais habitada por nenhum familiar de Barbedo, senão apenas por Antônio Miguel, que era o único a penetrar as dependências solitárias da sombria mansão; e as quais, várias décadas depois dos dramáticos acontecimentos, conservariam a mesma disposição interna, a mesma decoração do dia sinistro, como sagradas relíquias que passaram a ser para o velho comendador e seu afilhado Miguel.

Impressionante silêncio circundava o magnífico Solar. Tudo era nostalgia e quietação, como se as cercanias não voltassem ainda a si do traumatismo sofrido na manhã dos idos de agosto de 1886. No jardim, tabuleiros de flores viçosas e lindas diziam dos pacientes zelos de Miguel; e as trepadeiras graciosas, marchetadas de pencas multicores, emprestavam garridice à casa, enlaçando-a aqui e além com seus abraços de galhadas floridas.

Pamela desceu do carro como extática, o subconsciente precipitado no trabalho de reminiscências difíceis, mesmo impossíveis, mas aclaradas pelos arremessos da psicometria,[7] os olhos cravados no imponente edifício.

---

[7] N.E.: Lindo e curioso fenômeno mediúnico, que permite ao indivíduo dotado da dita faculdade — ver e ouvir o que foi acontecido ou realizado no local que visita, depois de muitos anos decorridos sobre os mesmos acontecimentos. (Ver *Os enigmas da psicometria*, de Ernesto Bozzano.)

Dir-se-ia manter a mente relacionada com uma época que não poderia precisar, tais as fortes impressões que se aviventavam a respeito dela, chocando-a, comovendo-a, enquanto as imagens do velho comendador e de Max surgiam das profundidades do seu coração, indecisas e estranhamente saudosas...

Pequeno grupo de criados esperava-a no pátio, como outrora fariam escravos à chegada do novo senhor. Cumprimentou-os risonha, mas não chegou a distingui-los realmente, continuando abismada na contemplação do ambiente. Subiu a escadaria com passadas firmes e desenvoltas. No salão de espera, mobilado com arte severa, dois grandes quadros a óleo despertaram-lhe a atenção, provocando-lhe benévolo sorriso. Allan Kardec se estampava em um deles, o olhar perscrutador irradiando inteligência e ponderação, lembrando remotos iniciados celtas; ao passo que no outro a bondade do comendador Barbedo deliberara fosse o nosso, dada a estima que nos unira no passado. Ela a ambos ofereceu carinhoso ósculo de boas-vindas, atirando-o ao ar nos dedos unidos em flor... e prosseguiu rumando o interior, como familiarizada com o labirinto de corredores e salões. À proporção, porém, que se aproximava dos aposentos do centro, notara Miguel que a jovem empalidecia, enquanto penosamente se acentuava a singular comoção que a acometera à chegada, provocando-lhe tremor nervoso. Resoluta, abria portas e desvendava aposentos com certeza absoluta, como se desde muito se habituasse a fazê-lo. De súbito, porém, passando, desenvolta, pelo rico salão de recepções onde se encontrava ainda aberto um rico Pleyel[8] com a partitura que muitos anos antes fora tocada pela última vez, enquanto uma flauta de prata jazia abandonada sobre o mesmo, encaminhou-se para pequena sala de estar que deitava portas para os alpendres do jardim, e cujas janelas, agora de persianas corridas, quando abertas deixavam penetrar para o interior as galhadas das roseiras floridas, plantadas ao longo de toda aquela fachada. Pamela abriu-as possuída de insólita sofreguidão e voltou-se abruptamente, nervosa, para outra porta que se desenhava em ângulo imediato, a qual, semiencoberta por pesado reposteiro verde-malva, deixava visível, no entanto, um quadro com

---

[8] N.E.: Marca de piano.

moldura negra, em que o perfil de linda mulher, aos 20 anos, trajada de vaporosas vestes nupciais, era seguido desta compungida inscrição:

"Neste aposento morreu Esmeralda. Não o profaneis. Orai por ela."

Junto, Antônio Miguel, ansioso, contemplava a recém-chegada, como que lhe perscrutando a identidade espiritual. Esta, porém, acalmava-se pouco a pouco, pois que sorria... e, em dado instante, retirando o quadro e passando-o ao acompanhante, investiu para a maçaneta de cristal, abriu-a com estrépito e penetrou o recinto vedado, os modos rudes, repentinos, como assustados...

Rico aposento de casal em estilo manuelino aparecia a seus olhos dilatados e penetrantes, como se sua alma antes vislumbrasse o interior de si mesma, enquanto, no umbral, o negro observava silencioso. Mas tão significativo era o desalinho em que se encontrava o leito, como, de resto, toda a dependência, que não se pôde ela conter e interrogou grave:

— Por que jamais recompuseram este aposento?...

— Ah! — explicou Miguel, emocionado — Foi pela manhã... Eram oito horas... A senhora acabara de levantar- se... Ainda ali se encontram os objetos de que se utilizou para a primeira *toilette*... e acolá, no salão, o piano ainda aberto, com a partitura que acabara de ensaiar, como era hábito antes de deixar os aposentos... Meu senhor comendador jamais permitiu que alguém os tocasse...

— Pobre Sr. Barbedo!... Seus sofrimentos deveriam ter sido bem atrozes ao perder a filha, para que se deixasse assim dominar por uma saudade sentimental... — murmurou tristemente, alongando o olhar pelo recinto em desordem até o alto da parede do fundo, em que um painel, retratando a formosa Esmeralda em tamanho natural, traduzia com perfeição a fascinante beleza de que fora dotada, graças às cores vivas da pintura.

— Minha senhora — suspirou timidamente o humilde servo —, a dor que abateu meu velho amo é intraduzível em linguagem humana! Oh! parece-me ainda ouvir seus desesperados gritos ao longo destes corredores, imprecando os Céus, blasfemando contra Deus, a interrogar entre expressões soluçantes e raivosas de perfeito demônio, o coração dilacerado no mais profundo do seu ser: "Por que, Senhor Deus?!... Por que me castigaste assim?!... Por que 'isto' pôde acontecer?... Se te ofendi com meus atos de impiedade, que culpa teve ela?... Por que não me feriste tu, mas só a mim?... Por quê? Por quê?..." Ele sofreu tudo o que há de mais insuportável dentro do mundo para destroçar um coração humano!... Como não enlouqueceu de vez o pobre comendador ou não sucumbiu sob o golpe atroz — somente o sabe a misericórdia do Todo-Poderoso, que veio em socorro dele...

— O meu generoso amigo professava a Doutrina Espírita, caro Miguel, e os adeptos desse credo consolador sabem sofrer, porque elevam a Deus o coração ulcerado, nas irradiações da própria fé, com que lhe rogam forças para os testemunhos inapeláveis!...

— Sim, minha senhora, é verdade! Mas, na ocasião a que me reporto, não professava ainda... Só mais tarde, depois que o Sr. Dr. Bezerra veio buscá-lo, levando-o a contragosto para a Corte, pôde conhecer e adotar essa Doutrina de amor e redenção, resignando-se, então, ao irremediável.

— Sim... Recordo-me de ter ouvido de minha mãe, que muitas vezes se aprazia em narrar seus primeiros tempos de espírita... Mercê de Deus, hoje estará desfrutando no Além a paz a que fez jus durante o acervo das ríspidas provações que suportou... e fruirá, decerto, justas alegrias ao lado da sua tão querida Esmeralda...

Antônio Miguel sorria enigmático, enquanto a nova proprietária prosseguia:

— Desejo habitar as mesmas dependências de Esmeralda, meu caro Miguel... Este será o meu quarto de dormir... Providencie para que minha bagagem suba... Eu própria recomporei este aposento...

— Senhora... Tendes, pois, coragem de habitar estes mesmos aposentos?... Oh! Tantos anos são passados e ainda hoje sinto horror... Eu fui testemunha, senhora!... Acolá, a porta da alcova em que...

— Sim, Miguel! Providencie a subida de minha bagagem...

O velho servo afastou-se em silêncio, depois de polida e humilde vênia. Porém, se Pamela o tivesse observado ao retirar-se, verificaria que ele ajuntara discretamente as mãos, elevando-as ao Céu em gesto piedoso, ao passo que murmurava, enquanto duas discretas lágrimas lhe umedeciam as pálpebras:

— Louvado sejais, meu Deus, que me concedestes vida para presenciar a sua volta!...

4

Max

Passaram-se alguns meses desde a venturosa manhã em que o sombrio Solar de Santa Maria recebera de retorno, reencarnada na pessoa de Pamela, a bênção inestimável da presença da sua antiga senhora. Durante os primeiros dias, a novel proprietária mantivera-se recolhida, absorta na leitura das recomendações constantes do testamento que a tornara possuidora da Fazenda, e, particularmente, do diário íntimo do comendador, no qual importantes segredos de família e revelações de suma gravidade foram escritos propositadamente para ela, a orientá-la para sucessos futuros. Com a sucessão dos dias, porém, visível transformação operava-se não só no interior da velha residência, mas até mesmo na mais afastada área de plantio. Dir-se-ia que as velhas dependências despertaram para nova fase de utilizações depois do letárgico pesadelo que durara cerca de sessenta longos anos! E, conquanto conservasse carinhosamente as relíquias tradicionais da família, como baixelas, mobiliário de estilo, coleções de arte, câmaras e gabinetes preferidos e, principalmente, os objetos de uso pertencentes à bela Esmeralda, Pamela imprimira em tudo o cunho encantador da sua própria personalidade, afastando tanto quanto possível as lembranças amargurosas do nefasto pretérito às inspirações do seu idealismo espírita-evangélico, assim despertando sugestões sadias e renovadoras para um presente sereno e um futuro promissor. Compreendendo outrossim as possibilidades da enorme área agrícola que lhe viera às mãos e, como espírita, a grave responsabilidade que assumira perante as divinas Leis ao ser empossada de tão grandes riquezas, concordou com a própria consciência em prestar de boa mente ao Senhor o testemunho das mesmas, como tão bem prestara o da pobreza, na qual nascera e vivera até ali. Orou, portanto, elevando-se em comunhão plena com seus guias espirituais, ao Todo-Poderoso Criador suplicando inspirações e ensejos de bem aplicar, no seio da sociedade como na intimidade do lar, o empréstimo que o Céu lhe fazia tornando-a depositária da fortuna dos antigos Barbedos. Comovidos e atentos, aqueles lúcidos obreiros da vinha celeste não lhe recusaram a mercê, pois que a viam sincera nos propósitos, entrando todos a lhe perscrutar as possibilidades e tendências aproveitáveis para o caso, visando a sagrada programação de intuições, e a mim mesmo incumbindo de uma vigilância direta e permanente a fim de lhe facilitar os nobres anelos, sem, todavia, interferir no seu livre-arbítrio, desmerecendo-lhe os méritos que pudesse adquirir segundo as normas por que se conduzisse na sublime peleja. Dispus-me então a observá-la, valendo-me da autoridade de que fora investido, examinando seus atos, perscrutando-lhe os pensamentos e intenções, a estas discretamente incentivando se as percebia razoáveis, por meio de fugazes intuições; ou advertindo-a sob o mesmo sutil processo, não raro também durante sonhos inteligentes, se porventura se deixava arrastar pelos impulsos generosos, mas pouco comedidos e prudentes, do seu temperamento franco e confiante em excesso, pois que Pamela possuía coração simples e angelical, incapaz de ações menos sinceras, tornando-se credora, por isso mesmo, do incentivo que lhe concedíamos. Assim foi que a vi em conferência com o seu administrador e demais auxiliares responsáveis, discutindo a necessidade de substituir os métodos agrários empregados nos serviços da Fazenda, por antiquados e ineficientes, por outros mais modernos, harmonizados com as necessidades impostas pelo progresso, e isso a fim de que o patrimônio de Santa Maria viesse a consolidar, agora, a tradição de lavoura fecunda, e celeiro rico e abençoado que fora noutros tempos.

— Será urgente — sugeria, surpreendendo pelo acerto dos conceitos, ela que, ainda ontem, vivera a existência penosa de uma grande cidade, onde jamais se cogita de assuntos agrícolas senão à hora do almoço ou do jantar, quando escasseiam hortaliças —, será urgente transformarmos nossos campos em messes abençoadas onde o Senhor Jesus gostaria de demorar seu divino olhar, louvando nossos esforços por produzirmos abundância de produtos para quantos nos cercam... Não me seduzem lucros excessivos, cobiçando para mim mesma vida faustosa e pródiga ao embalo dos prazeres mundanos! Ao contrário, não conservo ambições de ampliar os haveres deixados pelo Sr. Barbedo senão no sentido de conservar o suficiente para desenvolver um programa humanitário e fraternal junto dos que trabalham e sofrem dentro da sociedade, os quais não podemos desprezar, segundo os princípios filosóficos e religiosos que esposo e as recomendações do mesmo Sr. Barbedo, lavradas em testamento, as quais ele próprio receberia do nobre Espírito de sua filha, com quem se comunicava, segundo afirma em seu diário íntimo, frequentemente, por via mediúnica...

— Aprovo os seus projetos, minha senhora, honrosos e humanitários, dignos de uma descendente de Barbedo... Estou ao seu inteiro dispor, ansioso por emprestar minha colaboração ao programa estabelecido... Como pretende, porém, iniciar? — adveio o "capitão" Inácio, admirando as disposições varonis da corajosa jovem.

— Bem... Principiaremos a renovadora peleja demolindo os miseráveis casebres em que residem estes pobres colonos, e que datam ainda dos tempos do comendador... Tomaremos a inadiável medida de construir novas habitações, pequenas residências mais confortáveis e higiênicas, capazes de extirpar os complexos de humilhação e inferioridade que se observam nesses infelizes trabalhadores agrícolas, tão abandonados sempre do amparo que lhes é devido pelos valorosos proprietários... Eu me sentirei humilhada e contrafeita perante minha própria consciência, "capitão" Inácio, residindo neste Solar esplêndido, enquanto os obreiros das minhas searas sofrerem insolúveis penúrias naqueles tugúrios[9] de miséria e opróbrio, que acolá distingo estigmatizando nossos campos tão formosos na sua exuberância produtiva, com seus vultos desoladores evidenciando desconforto e abandono!... Sim! Aplicaremos leis humanitárias e protetoras ao trabalhador de nossas eiras! Facultaremos amparo social às suas famílias, educação conveniente a ele próprio como aos seus familiares, reformando tanto quanto possível o seu primitivo modo de existência a fim de que se sinta confiante e esperançado nas ardentes lides campestres, despreocupado da deserção para os grandes centros industriais, abandonando a lavoura, que, necessariamente, se ressentiria, decrescendo com tal abandono...

— Vejo que alimenta ideias avançadas no plano social, minha senhora, e felicito-me por partilhar das mesmas... Percebo que se inspira, com efeito, em diretrizes modernas e muito democratas, o que equivale dizer — humanitárias e fraternas... Compreendo, por isso mesmo, que muito há a realizar-se em Santa Maria... e para a eficiência de tal programação sugiro a presença urgente de um técnico consciente e experimentado...

Pamela sorriu pensativa, alongando as irradiações mentais para muito distante do gabinete onde a conferência se realizava, mesmo para muito longe de Santa Maria, e respondeu suavemente enternecida:

— Sim, "capitão" Inácio... Há urgência de um técnico... e prefiro que seja europeu... Havemos de mandá-lo vir da Suíça...

...E Max Niemeyer chegou finalmente a Santa Maria, por um apoteótico entardecer do mês de abril, quando os aromas festivos dos jardins engalanavam os ares com a ardência das suas manifestações. Somente então fora ele informado de quem, realmente, requisitara suas experiências de agrônomo para a rica mansão, uma vez que, temendo ferir-lhe as possíveis suscetibilidades, Pamela incumbira aqueles auxiliares

---

[9] N.E.: Habitação rústica, casebre, choça.

A tragédia de Santa Maria

das providências para a sua vinda para o Brasil, tal como sabia ser o seu mais ardente desejo, preferindo, porém, manter-se em plano discreto.

Confessou-se encantado e feliz o jovem europeu, conquanto surpreendido. E ao se abraçarem efusivamente, risonhos e felizes quais ternos amantes separados desde muito, ambos intimamente se confessaram que a comoção de que se sentiam possuídos era algo de mais vivo e enternecedor do que seria de esperar. Nenhuma sombra de dificuldade para o entendimento linguístico que se fazia indispensável viera arrefecer a satisfação de que se sentiam invadidos. Entenderam-se em esperanto, magnificamente, agora que pessoalmente se conheciam, como antes por correspondência epistolar e da literatura. E "capitão" Inácio, amigo do progresso e cioso da boa figura que se prometera apresentar por toda parte, por uma ética toda pessoal que entendera desenvolver, bem cedo fez de Max um dileto amigo, pois a amabilidade de Pamela, que começara a guiá-lo pelos meandros sutis e futurosos do precioso idioma, permitiu-lhe palestras e entendimentos muito úteis e interessantes com o jovem suíço, para as operosidades que se faziam mister na Fazenda. A vida, então, começou a decorrer ativa e febrilmente em Santa Maria. Max era culto, inteligente, desambicioso, dinâmico! Dir-se-ia haver acumulado na própria personalidade os séculos de experiências que são o mais eficiente patrimônio dos povos europeus. Aos mais delicados impasses atendia com facilidade e acerto. Os mais complexos problemas que se lhe antepunham na sua nova carreira, solucionava-os com prudência e eficiência dignas de menção. Em Santa Maria sentiu-se como em seus aprazíveis cantões ou em seus exuberantes vales. Era-lhe tudo familiar e grato ao coração. Amava aqueles sítios, percorria-os, sorridente e simpatizado, a cavalo ou a pé, a pele muito branca a crestar-se ao Sol rigoroso, os olhos muito azuis e muito ternos, quais os de um adolescente, protegidos contra a inclemência da luz por grandes óculos escuros, dos quais se fizera inseparável. Renovou a propriedade, rápida e eficientemente. Remodelou práticas antiquadas, reeducou antigos hábitos, ampliou programas, dedicando-se a um labor incansável, em cada detalhe das realizações apresentadas, demonstrando aquele padrão inconfundível do idealista lógico e construtivo, empenhando-se no trabalho exaustivo com devotamento intraduzível — como alguém que reencarnasse desejando à própria consciência como à divina legislação testemunhar disposições novas para novas e inadiáveis resoluções, assim ressarcindo graves distúrbios de um passado espiritual remoto, deslizes de etapas reencarnatórias só reparáveis por testemunhos árduos de operosidades conscienciosas e honestas.

Pamela, que era espírita culta e lúcida, familiarizada com os segredos da Doutrina excelsa que tudo explica e desvenda a respeito da alma humana e seus destinos, e, ademais, esclarecida a sua mente vigorosa por jactos de intuições inconfundíveis, talvez mesmo reminiscências do passado por ambos vivido em existências pretéritas, compreendia-o plenamente, ao vê-lo grave e sóbrio em todas as atitudes, dedicado à Fazenda sem outras ambições senão o desejo de bem servir, fazendo brilhante jus, portanto, ao salário que percebia. Ela amava-o profunda, ternamente, nele reconhecendo a sublime realização das suas aspirações de moça. No entanto, o jovem Niemeyer, amável e perfeito cavalheiro, que lhe escrevera outrora da velha e nostálgica Zurique tão doces epístolas em esperanto, buriladas de encantadoras insinuações amorosas, esperançado em porvir risonho, agora que se transportara para seu lado, como tanto parecera desejar, mantinha-se irritantemente discreto, alheado dos antigos sonhos, não deixando jamais transparecer suas impressões ao avistá-la, tal se se houvera decepcionado ao conhecê-la pessoalmente.

E assim acontecera, realmente.

Sentia-se diminuído, rodeando-se de incômodos complexos por vê--la tão altamente colocada na sociedade, senhora de enormes cabedais, que não sabia sequer avaliar, no seu justo valor. Outrora, lendo as dulçorosas expressões de reconforto que periodicamente lhe enviara para a Suíça, apegara-se ao desejo de se expatriar para o Brasil, animado, porventura ainda mais, pela certeza de que, em sua personalidade superior, encontraria o ideal de amor que lhe convinha, a ele, que se reconhecia insatisfeito, incompreendido nas próprias aspirações sentimentais. Então, jubiloso, supunha-a modesta professora a se desdobrar em labores, como ele mesmo, digna e heroicamente, pela própria manutenção. Eis, porém, que a encontrava na posse de cabedais imensos, rica, incensada por uma corte de bajuladores, enquanto ele próprio não passava de um operário seu, servidor de suas vastas propriedades. Sob quais direitos a ela confessaria os sentimentos que lhe abrasavam o coração? Onde o valor suficiente para lhe recordar os castos anseios de amor, os sonhos de um futuro encantador expressos nas missivas com que se correspondiam em esperanto?... Solicitar-lhe a mão, para a realização dos esponsais?... Certamente que todo o seu ser não almejava senão por uma hora sacrossanta, em que a pudesse estreitar contra o coração abrasado, a ela vinculado pelos róseos laços do matrimônio. Decerto que sua alma a elegera convictamente, certificando--o, desde o ingresso em Santa Maria, de que em sua figurinha atraente e serena se acumulavam todos os dotes necessários à mulher para se tornar a companheira ideal de um homem como ele. Todavia, pobre emigrado do berço natal, destituído de bens materiais, sem nenhuma projeção numa sociedade a que não se impusera ainda, e, acima de tudo, simples empregado dela própria, como ousaria propor-lhe aliança matrimonial?...

Max era excessivamente altivo para se expor ao ridículo ante os próprios conceitos. E o orgulho, então, domou em seu seio os arroubos amorosos, tolhendo-os sob uma atitude tão intransigentemente discreta que provocava frequentes lágrimas à pobre Pamela, levando-a a acreditar não ser absolutamente amada.

Comumente eu os observava, a sorrir, do meu posto de modesto tutelar de Além-túmulo, investido, consoante já o confessei, de incumbências recebidas de planos superiores do Espaço a respeito de Pamela, e, necessariamente, também de Max, que a ela eu sabia ligado por liames espirituais indestrutíveis. E pensava, por vezes entristecido:

"Como as convenções sociais terrenas infelicitam as criaturas! Elas próprias, emaranhadas nos enredos preconceituosos que tecem, estabelecem o agravo das próprias provações, permitindo-se descontentamentos penosíssimos, divorciadas que se aprazem de ficar da simplicidade do coração, que tudo facilitaria em torno dos seus passos!"

Oh! eu via a minha doce Pamela debulhar-se em lágrimas ocultas de todos, amargurada e sofredora, ela que tanto merecia ser feliz, isolada com as próprias mágoas nos belos aposentos que pertenceram à minha afilhada Esmeralda, supondo-se menosprezada por um coração que, no entanto, a idolatrava, mas o qual também se torturava, desencorajado de manifestar-se, escudado em pontos de vista que considerava como dignidade pessoal, mas que, em verdade, não passava de inferior sentimento de orgulho e despeito por não se ver em condições de também ofuscar a outrem com idênticos cabedais! Eu sabia ser o coração de Pamela, simples e sereno, incapaz de distinguir na fortuna que herdara quaisquer impedimentos à realização das suas nobres aspirações a respeito do agrônomo suíço. Mas também a este via passar noites insones e desoladas, esbulhando a mente para a solução de interrogativas desesperadoras, na crença de que a jovem fazendeira, ouvindo-lhe os protestos de amor, pudesse suspeitá-lo torpe ambicioso capaz de trocar-se por benesses pecuniárias. Dizia, então, comigo mesmo: "Que se avenham com os preconceitos! Já é tempo de se pautarem por diretrizes mais concordes com o bom senso. Não interferirei em pormenores que só a eles mesmos dizem respeito... Estão atados espiritualmente pelos mais sublimes laços de afetividade... Hão de se entender mais tarde ou mais cedo, pela própria força do sentimento que os irmana..."

Não obstante, tais contratempos não afetavam o progresso das eiras de Santa Maria, que prosperavam a olhos vistos. Max trabalhava com amor à própria profissão, para a mulher a quem adorava; e, bem inspirado tanto no dever como nas gradas vibrações do empolgante sentimento a que se escravizava, era bem certo que operava milagres na antiga estância do comendador Sequeira de Barbedo. Vilas residenciais para colonos e funcionários surgiram onde outrora só se distinguiam casebres inóspitos — tristes remanescentes dos tempos da escravatura, que o meu digno compadre Antônio de Maria não soubera a tempo expungir de suas terras —; e surgiram, sob as mãos do inteligente Max, graciosas e

A tragédia de Santa Maria

confortáveis na sua singelez campestre, para júbilo dos empregados da fazenda, desde o administrador ao último trabalhador braçal. A produção multiplicou-se. Os processos agrários mais modernos, inteligentemente aplicados, deram em resultado fartas colheitas, celeiros abarrotados, trabalhadores orgulhosos do próprio labor e confiantes em si mesmos e no futuro; mesas bem providas, rostos risonhos, lucros nos cofres, novos projetos para prometedor porvir, satisfação geral — os nomes de Pamela e Max Niemeyer abençoados entre amistosos votos de prosperidade perene... Em pouco tempo Santa Maria alindou-se de mil aspectos garridos... e dir-se-ia que até as searas mais distantes e os riachos que lhe emprestavam frescor e animação; o gado e o passaredo irrequieto, como as flores rescendentes e os pomares convidativos elevavam cânticos de ações de graças ao Criador supremo, conjugando vibrações harmoniosas com os homens num mesmo amplexo de congratulações fraternas... Escolas foram levantadas e Pamela, feliz de poder ser útil ao próximo, alfabetizava e instruía gratuitamente a crianças e adultos, fiel a uma mentalidade iluminada por superiores normas, compreensiva das necessidades urgentes da pátria, e, por isso mesmo, servindo-a humilde, mas eficientemente, no setor que lhe era afeto. E porque cultivasse a Música, repartiu do encantamento que da divina arte recebia, com quem dele também desejasse saturar o próprio coração; e porque assimilasse as sublimes fragrâncias do Evangelho do Mestre nazareno, distendeu o coração às lúcidas inspirações celestes e despetalou ensinamentos redentores sobre as almas simples que a rodeavam, moral e mentalmente reeducando-as para o progresso com o divino Cordeiro. O próprio Max, a quem, de início, assuntos filosófico-religiosos não tentavam, passou a interessar-se pelas mesmas empolgantes dissertações que periodicamente a ouvia fazer aos alunos, e, encantado e surpreso, deixava-se prender pela palavra inspirada da mulher amada, que lhe apontava aquele traçado luminoso por que tanto aspirava sua alma, e cuja ausência do entendimento dele havia pretendido fazê-lo um insatisfeito predisposto à neurastenia e ao negativismo.

E tudo sorria em Santa Maria, suscitando dúlcidas vibrações de reconforto, depois de cerca de sessenta anos de desoladora quietação...

5

Sombras do "ontem" sobre o "hoje"

Certa noite fui surpreendido com um chamamento vibrante do Espírito Pamela. Desprendera-se parcialmente do fardo carnal, como lhe era facultado pelos dons mediúnicos que possuía e cultivava, e para mim apelou angustiosamente, por intermédio de súplica humilde e comovedora.

Encontrava-me, então, acompanhado do meu velho amigo Sequeira de Barbedo, ligado a mim, espiritualmente, por laços tão sólidos de amizade e gratidão, que ainda hoje eu me interrogo como poderá alguém render-se tanto à estima de outrem como aquele coração singular, que, mesmo em além-túmulo, validou até a veneração pequeninos serviços que naturalmente lhe prestei, simples filhos do dever, que foram.

Partimos ambos ao seu encontro por atendermos aos seus apelos, cuidadosos de verificar o de que se trataria. Reconhecendo o fantasma algo ainda adensado do velho comendador, porém, e, por isso mesmo, fácil de ser percebido por alguém pertencente ao plano terreno, Pamela atirou-se-lhe nos braços, soluçante, seguindo-se amplexo efusivo indicando vibrações afins, sentimentos afetivos enternecedores, indestrutíveis. Presenciei, então, comovido, Barbedo beijá-la repetidas vezes, ao mesmo tempo que interrogava, comovido até a mais remota fibra do seu amoroso coração perispiritual:

— Não te aflijas tanto, por Deus, filha de minha alma!... Que razões plausíveis para semelhante estado de desolação, impróprio de um adepto da tua fé?!... Porventura não há sido o Senhor generoso e magnânimo para com todos nós?...

— É que "Bentinho" sofre, meu pai... e eu daria, se possível, a minha própria felicidade, para vê-lo recompensado das torturas que o feriram no passado... Penalizo-me até a aflição e a angústia... Nada poderei fazer, porém, além do que já tentei até agora... e por isso mesmo venho solicitar de vós outros caridosa assistência para ele...

Atendemo-la, visto que revigorar o ânimo desfalecente de uma criatura do Senhor, prestando-lhe assistência consolativa no pungir das amarguras, era serviço subordinado aos princípios de fraternidade que esposávamos.

— Sim... — tornou Barbedo. — Tenho para com ele, como sabes, dívida sagrada a reparar... Não me furtarei, portanto, ao ensejo de auxiliá-lo em qualquer setor...

Partimos, pois, atingindo em breve o velho edifício agora imerso na solidão noturna. Sob as carícias do orvalho regenerador, mais rescendia o aroma forte das ervas molhadas, o qual, conjugado com o suave perfume das rosas e dos jasmineiros que desabrochavam, viçosos, entre a folhagem do jardim, estabelecia excitantes conjuntos que das imediações faziam sacrário mágico de comunhão de essências...

Desperto ainda, não obstante a adiantada hora da noite, Max Niemeyer desorientava-se em raciocínios depressores, debatendo-se entre as ânsias do coração e os fatos que reputavam impedimento à consecução da própria felicidade — o orgulhoso temor de se manifestar a Pamela como pretendente à sua mão.

— Como agirei?... — meditava indeciso, revolvendo-se sobre um divã. — Como me dirigirei a ela própria sem parecer ridículo ou animado de subalternas intenções?... Quem me acreditará movido tão somente pelo coração, destituído, como realmente sinto que sou, de ambições sobre suas posses?... Amar-me-á, porventura? Oh! Por que não é simples professora, como sempre julguei?... As atenções que me dispensa não serão antes oriundas da cândida bondade do seu coração?... Não é com idêntica solicitude que se dirige aos colonos e serviçais?... Não fala às crianças porventura tão afavelmente quanto a mim?... E para o negro Antônio Miguel não sorri com a mesma expressão afetiva?...

Barbedo, comovido e algo tímido, aproximava-se dele sutilmente, enquanto Pamela e eu nos dispúnhamos a assistir o entendimento que se seguiria — ela ansiosa e tremente, eu sorridente e confiante. O antigo comendador, a quem eu deixara agir como bem lhe parecesse, visto não ser de minhas diretrizes interferir em assuntos tão pessoais, apunha, sobre a cabeça loura do jovem suíço, a destra espalmada em gesto protetor, enquanto lhe sussurrava às sensibilidades auditivas esta interrogação, assim estabelecendo, sem mesmo o perceber, vigorosa corrente de sugestão:

— Por que lhe não diriges missiva confidencial, como outrora, de Zurique, participando-lhe de tuas pretensões, já que te falta coragem para um entendimento pessoal?...

Surpreso, Max ergueu-se. Sentira vibrar nos arcanos de sua mente a voz imperiosa de Além-túmulo, a cujo poder não saberia resistir. Impressionado, exclamou em voz alta, insensivelmente respondendo ao bondoso amigo invisível:

— Sim, escreverei! Será a solução! Não poderei prolongar por mais tempo esta incômoda situação! Oh! Por que não me ocorreu antes essa ideia?...

Pressuroso e agitado, qual se a sugestão exterior o acompanhasse ainda, impelindo-o à ação por entre vibrações irresistíveis, procurou ele a secretária, disposta entre o mobiliário do quarto de dormir, e, sem vacilar, traçou estas singelas frases, retratando nas expressões o caráter dinâmico que possuía:

"Querida e nobre amiga,

Amo-a. Tenho-a impressa em minha alma com todo o vigor do meu ser. Proponho desposá-la a fim de algo tentar a bem da minha tranquilidade, pois que estou sofrendo por seu amor. Nada possuo além da minha honra pessoal e do radicado sentimento que lhe consagro. Ofereço-lhos a par do meu nome, certo de que não a comprometerão jamais. Se aceita, seja bondosa amanhã, quando nos reunirmos na sala do almoço. Se rejeita, ordene que me retire dos seus domínios, despedindo-me com uma carta, e será obedecida.

(A) MAX NIEMEYER."

Colocou-a, excitado, em um envelope, o qual cuidadosamente subscritou e fechou. Saiu, em seguida, pé ante pé, desceu as escadarias até o primeiro andar onde ficavam os aposentos de Pamela. E, qual colegial vivendo a sua primeira aventura sentimental, introduziu a carta sob a porta, retornando ao quarto de dormir e acomodando-se entre os lençóis, para um necessário repouso.

No velho carrilhão da Fazenda soavam as duas melancólicas pancadas anunciadoras de um novo dia...

* * *

A tragédia de Santa Maria

Quatro meses depois revolucionava-se a velha mansão de Santa Maria para a realização das bodas de sua proprietária com o técnico suíço cuja laboriosa intervenção tanto a engrandecera. A alegria era geral pelas cercanias e a própria cidadezinha de X, engrinaldada de magnólias e coqueiros, rejubilou-se ante a notícia do auspicioso acontecimento.

Todavia, notava Pamela que, não obstante o encantamento de que parecia possuído, frequentemente seu noivo deixava-se abater por crises dominantes de apreensão e incompreensível melancolia. Delicada e discreta, não se atrevia jamais a interpelá-lo, uma vez lhe reconhecendo os modos reservados, preferindo observá-lo com persistência. Foi assim que, intrigada, descobriu que, aos domingos, invariavelmente, abastecia-se ele de pequenas dádivas, úteis ou supérfluas, e visitava a Penitenciária de X para oferecê-las gentilmente aos detentos, demorando-se ali em palestras amáveis com os mesmos, aos quais intentava reanimar e confortar, porquanto, por esse tempo, já adquirira razoáveis conhecimentos do idioma português. Ofertava-lhes, destarte, vestuários, agasalhos para os dias úmidos, se os via necessitados; livros, jornais e revistas que lhes proporcionassem distrações, cigarros e até perfumes, pequenos supérfluos que para aqueles desditosos teriam o valor de grandiosas manifestações de apreço. Não raro lhes fornecia até mesmo médico e tratamento, se os via doentes, assim como a própria dieta ou alimentação condigna — pois que não ignoramos quanto são desprotegidos e esquecidos os presidiários por esse imenso torrão brasileiro, por quem de direito.

Em certa tarde de domingo, depois de realizado agradável dueto de piano e flauta em honra às visitas do dia, pois também o moço europeu cultivava a Música com apreciável dedicação, disse ele à noiva querida, entre curioso e entristecido, enquanto contemplavam a despedida do astro rei de cima dos terraços, embevecidos ante a paisagem serena e formosa que se estendia sob suas vistas:

— Tu, que, como espiritista culta, investigadora dos arcanos psíquicos, deves conhecer muitas sutilezas a respeito da alma e do caráter humanos, responde-me:

— Por que me assoberba o coração incoercível angústia sempre que me permito visitar a Penitenciária de X? Quando ainda na Europa igualmente me habituara a visitar esses nossos irmãos de humanidade, mas jamais senti porejar-me da fronte o suor da insuportável impressão, dramática e angustiosa, que me assalta em X...

Falavam em esperanto, o doce idioma que tão gratas recordações lhes sugeria e do qual usavam sempre que se fazia mister um entendimento mais íntimo. Ela respondeu, porém, em tom evasivo, intentando desanuviar-lhe as apreensões:

— És piedoso e sensível, Max... e te comove o abandono a que vês relegados nossos pobres irmãos detentos...

— Sim... É verdade que eu quisera vê-los mais suavemente tratados, internos de um reformatório, e não de um cárcere, amparados por assistência mais fraterna, que talvez os recuperasse com grandes vantagens morais. Todavia...

— Todavia...

— Hoje, pela primeira vez, tive ensejo de visitar certa enxovia quase subterrânea, pois assenta-se a três pés abaixo do nível do solo... Reconheci-a como a mesma a que, em sonhos persistentes, me vejo algemado, sob torturas morais e físicas desesperadoras... Sim, Pamela! Conheço aquele cárcere desde muitos anos! Visitando-o hoje senti que irromperam das profundezas da minha subconsciência recordações dolorosas que me feriram até o âmago do ser, falando de um pretérito terrível que minha alma ali sofreu!... Enquanto o carcereiro explicava o seu histórico, sim! eu me revia ali prisioneiro, debatendo-me entre desesperações inelutáveis, chegando a ouvir repercutirem pela estreita solidão do trágico recinto minhas alucinadas gritas de dor, de revolta e de demência... Esclareceram-me que um antigo afim da família Barbedo, acusado de desumano homicídio, fora ali encarcerado, morrendo pouco depois entre

A tragédia de Santa Maria

protestos de inocência e desesperações incontroláveis... Que sabes tu, minha Pamela, desse drama que eu presumo atroz?... Como se chamava o desgraçado prisioneiro afim dos Barbedos?...

A jovem titubeou contrafeita. Nenhum descendente de Barbedo se autorizava a comentar o deplorável passado que enlutara, quiçá para sempre, as tradições da família. Limitou-se a responder aereamente, enquanto o convidou a contemplar o poente rajado de nuvens róseas ou carmesins, consagrando ainda uma vez a suntuosidade das tardes brasileiras:

— Esse, de quem falaram, não era um Sequeira de Barbedo... mas, certamente, um grande e nobre coração a quem a desgraça perseguiu... Aliás, o crime de que o acusaram jamais ficou devidamente esclarecido... Sua morte impediu o bom andamento das pesquisas, o que faz que ainda hoje pese chocante interrogação sobre o infausto acontecimento... Não pense mais em tal, Max...

Lembrava-se das terríveis revelações contidas no diário íntimo do comendador e não prosseguiu, preferindo silenciar. Ele, porém, fitou os mosaicos do piso do terraço, pensativo, desinteressado de qualquer outra contemplação a não ser a que o arrastava para inusitado retrospecto adentro das próprias singulares apreensões; e, findos alguns instantes, retornou em tom insólito, que a Pamela afigurou saturado de expressiva emoção:

— Estou bem certo agora de que a reencarnação, que outrora tanto desdenhei, é lei cuja veracidade irresistível se impõe ao nosso raciocínio como ao bom senso de cada um. Sinto as conclusões dessa lei vibrarem, dominadoras, dentro do meu ser psíquico: eu já vivi em X uma outra vida, querida Pamela!... Perlustrei outrora estas ruazinhas ensolaradas e melancólicas, orladas de palmeiras rumorejantes... Desfrutei o convívio feliz da gente simples que aqui viveu em outras décadas... e aspirei o enternecedor aroma destes jardins galantes que circundam os chalés graciosos... Tudo isso me é tão familiar e grato ao coração que me pergunto se não nasci aqui, criei-me na Suíça e depois voltei saudoso e comovido...

Por vezes, lampejos de terror sacodem-me os nervos: avalanches de desgraças teriam caído sobre mim... Foram reminiscências que ressurgiram dos túmulos profundos da mente ao contato desta paisagem que nunca esqueci... E hoje, minha Pamela, revi-me, naquele cárcere, desesperado e infeliz!... Há dias, Antônio Miguel convidou-me a visitar o jazigo da família Barbedo, posto no campo santo de X, local que piedosamente frequenta semanalmente, ornamentando-o de lindas flores. Aquiesci. Apraz-me meditar, evocando o Criador, diante da morada dos mortos... Lá se erguia, no suntuoso mausoléu, o retrato da bela Esmeralda, sorridente, sugerindo mil impressões ansiosas e tristes... Confesso-te que íntimas lágrimas se filtraram do meu coração e súbito amargor avassalou-me a sensibilidade, como se a morte de Esmeralda me houvera despedaçado o coração... Mas, depois, Miguel, afastando-se, foi prosternar-se junto de tumba humilde e anônima, situada num recanto ignorado da quadra de indigentes... Vi o preto chorar compungido, como que atormentado por irreparável saudade... Necessariamente, interroguei-o sobre os despojos que ali jaziam, pois que chocantes emoções também a mim excitavam, enquanto ele orava. Então, a voz ainda entrecortada, os olhos rociados de pranto, ele respondeu em tom algo enigmático para mim:

— Aqui está o Sr. Dr. Bentinho, o desgraçado a quem todos acusaram, a quem supliciaram no cárcere, mas a quem somente eu sabia que estava inocente!... Eu, porém, era pobre criança escrava, de 10 anos, e nada me foi possível fazer senão chorar e orar por ele até os dias presentes!...

"Ó Pamela, minha querida! Bentinho é aquele infeliz que morreu em desesperação no cárcere da cadeia pública que visito aos domingos... e eu fui Bentinho, sou Bentinho redivivo noutra forma corporal!... Visitei o cárcere onde outrora sucumbi de dor e amargura e o próprio túmulo que guarda minhas cinzas desde muitos decênios..."

Um minuto seguiu-se. Instintivamente enlaçaram-se em dúlcido e comovido amplexo. Dir-se-ia que os liames afetivos que espiritualmente vinculavam os seus destinos, agora os faziam participar da realidade

A tragédia de Santa Maria

existente em torno de todas as singulares impressões, como reminiscências inapagáveis, que frequentemente os surpreendia. Pamela, porém, objetou convencida da sutil gravidade de tais emersões, percebendo que Max carecia de vigoroso corretivo às forças mentais que o arrastavam para suposições que, podendo ser lidimamente verazes, também mais não poderiam ser do que meros impulsos de uma imaginação ardorosa e expansiva:

— Aconselho-te, querido amigo — falou ela, ponderada, como conhecedora do complexo assunto —, a não te preocupares com insistência com o que pudesses ter experimentado em existências remotas, pois que se trata de conhecimentos desnecessários e, algumas vezes, até prejudiciais à emancipação de nós mesmos, emancipação de que não prescindiremos para os múltiplos desempenhos que somos chamados a apresentar na sociedade... Cogita, de preferência, das reformas morais, dos progressos que deverás realizar no futuro, tratando de adquirir e cultivar as qualidades comprovantes da consciência harmonizada com os áureos ditames do Nazareno... Como tu, todo aprendiz da Ciência de Além-túmulo se empenha em averiguações quanto à própria condição do seu passado existencial. Raramente o conseguem convincentemente, porém. Os dignos instrutores espirituais geralmente recomendam que nos detenhamos nos labores dessas pesquisas, pois, conhecer nosso passado espiritual constitui — como a ti vem sucedendo — antes provação do que prazer... razão por que deves despreocupar-te dos mesmos assuntos... Se o Criador, laborando nossa organização corporal terrena, delineou nosso cérebro de molde a não conseguir registrar recordações das outras existências que tivemos, foi porque o esquecimento era o que mais convinha à humanidade por facilitar-lhe os progressos a realizar...[10] Aliás, se nossos amigos do Invisível considerarem um dia a necessidade da tua ciência quanto ao passado, ela virá a ti naturalmente, de forma insofismável e convincente, sem que se torne necessário descaíres para tão chocantes apreensões... Achas que és a reencarnação de Bentinho?... Não será impossível! Ele foi um emérito

---

[10] N.E.: Ver *O livro dos espíritos*, de Allan Kardec, e obras completas de Léon Denis.

advogado, honorificado pela Universidade de Coimbra, passando ainda pela Sorbonne... Viveu em Paris durante algum tempo e visitava frequentemente a Suíça, país pelo qual nutria singular predileção... Dizem que possuía coração amorável e compassivo e que, como advogado, abrigava grande compaixão pelos réus destituídos de recursos, aos quais oferecia gratuitamente os próprios serviços profissionais, pois que da advocacia fazia antes um sacerdócio que um meio de vida...

Max ouvia-a, os olhos brilhantes, guardando silêncio. A moça prosseguiu, no entanto:

— Esqueçamos, porém, o velho drama dos Barbedos e tratemos dos nossos planos futuros, pois muito teremos a realizar ainda... Como estão as obras do novo hospital de X, que pretendemos inaugurar às vésperas do nosso enlace?...

E efetivamente inauguraram a nobre instituição para a pobreza, com a qual Pamela desejara presentear a população de sua terra natal, em regozijo pelos seus esponsais com o homem a quem amava.

Finalmente, chegara a véspera das bodas. Sóbrios e modestos, os felizes noivos nada haviam programado para a comemoração a não ser pequena reunião para os amigos mais íntimos. Porém, os colonos da Fazenda, radiantes com o auspicioso evento, organizaram festividades entusiásticas, a que Pamela houve de aquiescer a fim de não desapontá-los, privando-os de um ensejo para se divertirem.

Ora, precisamente nessa data, isto é, na véspera da desejada efeméride, a jovem noiva viu-se acompanhada durante todo o dia por uma vaga forma espiritual, que, sorridente e feliz, transitava pelos compartimentos da casa, como tomando parte no júbilo geral. Julgou reconhecê-la como a do antigo comendador Barbedo, o que sinceramente a desvaneceu, conquanto guardasse discrição sobre a descoberta, não a revelando nem mesmo a Max. Intensa comoção percorria, porém, suas

A tragédia de Santa Maria

fibras nervosas, o que seria natural, uma vez que mudaria de estado no dia imediato. Todavia, compreendia ela tratar-se antes de suave pressão magnética, proveniente do Invisível, a convidá-la a uma conjugação mais forte com as forças de entendimento espirituais. Entretanto, em virtude das atividades indispensáveis para o dia seguinte, passou-se toda a manhã e também a tarde sem que dispusesse de ocasião apropriada e serena paz para o intercâmbio com seus amigos do Além, para o qual tão delicada, mas insistentemente, se sentia atraída. Após o jantar, porém, e depois da costumeira reunião para o serão da noite, com Max e os familiares que haviam acorrido para as bodas, conseguiu fazê-lo. Recolheu-se cedo, participando ao noivo a urgência de mais amplo repouso a fim de se revigorar para as fadigas do dia intenso que se iniciaria na manhã seguinte, e, despedindo-se dele com afetuoso ósculo, convidou-o afável e carinhosa:

— Desejo, ademais, orar calmamente, agradecendo ao Senhor a inapreciável dádiva que me concede com o nosso esponsalício, rogando-lhe ainda que a ambos nos conceda inspiração e forças para o bom cumprimento dos nossos deveres de cônjuges cristãos-evangelizados, frente às nossas consciências e às suas magnânimas leis... Convido-te a orar também, no recesso do teu quarto de dormir... Deverei iniciar a concentração das minhas forças mentais, com o Espaço, às vinte e duas horas... Peço-te que me acompanhes com as tuas, às mesmas horas, para uma feliz comunhão de pensamento...

Abraçaram-se comovidamente e se separaram esperançosos e felizes.

Pamela subiu aos andares superiores, na fachada central do edifício, encaminhando-se para um dos locais da casa no qual não se permitiria jamais alterar a menor disposição decorativa. Tratava-se do gabinete de estudos de Esmeralda, a que o velho comendador, mais tarde, acrescentara sugestivos pormenores. Nesse local atraente, cuja atmosfera serena e grave emocionaria o visitante, predispondo-o a sublimes haustos do pensamento, dir-se-ia estampar-se também o cunho religioso, vibrado de corações ardentes de fé que ali teriam procurado elevar as próprias forças em busca das bênçãos celestes, por sentidas orações. Era uma grande sala atapetada, severamente mobilada em jacarandá, atestando o uso senhorial das decorações domésticas do passado. Ao longo das paredes, armários repletos de livros preciosos, em vários idiomas, álbuns de retratos e desenhos, arquivos de correspondência e apontamentos confidenciais, tudo quanto intelectualmente pudesse traduzir a sedutora personalidade da amada filha de Barbedo. Ao centro, grande mesa estilizada, coberta com valioso tecido aveludado. E pelas sacadas e balcões das janelas, entre os quais flores trepadeiras se enroscavam, reposteiros pesados emprestavam discrição e recolhimento.

— Dir-se-ia um santuário de antigos iniciados! — murmurara Pamela aos ouvidos de Antônio Miguel, quando o velho serviçal lhe mostrara as dependências da casa, à sua chegada.

Com efeito! Ao fundo, suspendia-se à parede um grande quadro a óleo retratando Allan Kardec, e, por baixo, esta inscrição singular, vazada do Evangelho do Nazareno: "Ninguém poderá entrar no reino do Céu sem renascer de novo."[11]

E outra após, sugestiva e típica a um só tempo, recordando a obra de eleição realizada por aquele emérito devassador dos planos invisíveis: "Nascer, morrer, renascer ainda e progredir sempre, tal é a Lei!"

Para além, confrontando com essa parede tornada encantadora pela ideia que expressava, deitavam portas de vidros multicores para o amplo terraço engrinaldado de jasmineiros, onde o Sol e o luar gostavam de refletir seus raios miríficos, alindando o âmbito interior como bênçãos de paz aos corações que ali se congregassem para a comunhão com as forças do Alto. Nesse mesmo local, outrora preferido por Esmeralda, habituara-se Pamela a orar diariamente, após a leitura edificante e iluminativa que sistematicamente fazia. Pequeno relógio, artisticamente esculpido

---

[11] N.E.: João, 3:3.

em porcelana, marcava vinte e uma horas quando a jovem ali penetrou, completamente só. Pelas cercanias o silêncio caíra, convidando as almas a confabulações consigo mesmas, por meio de sadias meditações. Recordando-se, porém, que convidara Max a uma comunhão de pensamentos pela prece, ao soar das vinte e duas horas, tomou do seu livro preferido, conservado invariavelmente sobre a mesa de estudo, isto é — *O evangelho segundo o espiritismo*, de Allan Kardec, e iniciou a inefável leitura preparatória:

"Amemo-nos uns aos outros e façamos aos outros o que quereríamos nos fizessem eles." Toda a religião, toda a moral se acham encerradas nestes dois preceitos. Se fossem observados nesse mundo, todos seríeis felizes: não mais aí ódios, nem ressentimentos. Direi ainda: não mais pobreza, porquanto, do supérfluo da mesa de cada rico, muitos pobres se alimentariam e não mais veríeis, nos quarteirões sombrios onde habitei durante a minha última encarnação, pobres mulheres arrastando consigo miseráveis crianças a quem tudo faltava.

Ricos! pensai nisto um pouco. Auxiliai os infelizes o melhor que puderdes. Dai, para que Deus, um dia, vos retribua o bem que houverdes feito, para que tenhais, ao sairdes do vosso invólucro terreno, um cortejo de Espíritos agradecidos, a receber-vos no limiar de um mundo mais ditoso.[12]

A mulher rica, venturosa, que não precisa empregar o tempo nos trabalhos de sua casa, não poderá consagrar algumas horas a trabalhos úteis aos seus semelhantes? Compre, com o que lhe sobre dos prazeres, agasalhos para o desgraçado que tirita de frio; confeccione, com suas mãos delicadas, roupas grosseiras, mas quentes; auxilie uma mãe a cobrir o filho que vai nascer. Se por isso seu filho ficar com algumas rendas de menos, o do pobre terá mais com que se aqueça. Trabalhar para os pobres é trabalhar na vinha do Senhor.

---

[12] KARDEC, Allan. *O evangelho segundo o espiritismo*. Cap. XIII, it. 9.

E tu, pobre operária, que não tens supérfluo, mas que, cheia de amor aos teus irmãos, também queres dar do pouco com que contas, dá algumas horas do teu dia, do teu tempo, único tesouro que possuis; faze alguns desses trabalhos elegantes que tentam os felizes; vende o produto dos teus serões e poderás igualmente oferecer aos teus irmãos a tua parte de auxílios. Terás, talvez, algumas fitas de menos; darás, porém, calçado a um que anda descalço.[13]

Subitamente, percebeu que duas mãos vagamente materializadas fechavam o livro que sustinha nas suas, indicando-lhe que finalizasse a leitura. A moça obedeceu passiva e confiante, certa de que entidades amoráveis do Além a visitavam; e logo o comendador Barbedo, sorridente, apresentou-se à sua visão, nítido e compreensivo, murmurando docemente às suas capacidades auditivas:

— Dorme, Pamela... e vem comigo... Desejo falar-te...

Premiu-lhe a fronte suavemente, com a destra como que estruturada em flocos de neve... e a moça, incapaz de resistir a uma injunção magnética dessa ordem, reclinou-se no espaldar da poltrona e deixou que seu Espírito se evolasse, ao passo que o corpo entrava em letargia por atender de boa mente às reiteradas atrações do amigo de Além-túmulo.

Encontrava-me, então, presente, coadjuvando Barbedo no amoroso intento, pouco experimentado que ainda era ele na Ciência do Invisível.

FIM DA PRIMEIRA PARTE

---

[13] KARDEC, Allan. *O evangelho segundo o espiritismo.* Cap. XIII, it.16.

Segunda Parte

Esmeralda de Barbedo

1

A NOITE DE NATAL DE 1863

Quando, parcialmente desprendida de sua indumentária corporal terrena, Pamela, em espírito, se refez do natural aturdimento que se segue ao fenômeno de desdobramento, imediatamente reconheceu, entre os presentes, o fantasma de Barbedo, ao qual entrevira antes de adormecer, bem como o do próprio Max, cujo corpo material, no momento, dormia profundamente em seus aposentos, enquanto eu, igualmente presente, preferia conservar-me incógnito.

— Minha filha — principiou meu velho amigo revelando indubitável ternura —, como prêmio às atitudes cristãs até este momento por ti apresentadas, bem assim aos razoáveis testemunhos de conformidade, renúncia, resignação no infortúnio, como até de amor ao próximo e de fraternidade, concedeu-me o Altíssimo, por intermédio da solicitude dos seus abnegados executores, a inestimável satisfação de ampliar a alegria que te visita o coração à véspera dos teus esponsais com aquele a quem elegeste. A este, que, de modo idêntico, vem atraindo as simpatias das falanges esclarecidas do mundo invisível, igualmente desejo brindar como a ti o farei, porquanto estou bem certo de que, atraindo-o neste momento para esta reunião espiritual, torná-lo-ei felicíssimo, revigorando-o, de algum modo, para as pesadas tarefas construtivas que o futuro e o dever dele requisitam após as ásperas expiações experimentadas no passado. Para tanto fostes atraídos ambos, em estado lúcido, até nós outros; e o que recebereis neste momento validareis como o presente nupcial que vos poderia eu ofertar... Certamente que, pouco experiente da arrebatadora Ciência do Invisível, e mantendo ainda a mente e a consciência obumbradas pelos caliginosos efeitos de deslizes graves, ainda não reparados integralmente, a mim mesmo não seria possível realizar os desejados intentos não fora a solicitude dos desvelados amigos e instrutores que possuo aqui, neste outro plano da vida, os quais me socorrem com sua assistência protetora e sábia. Por meio de ardentes invocações, venho suplicando ao excelso Criador me fosse concedida a grata permissão para nos reunirmos hoje. E porque eu fosse sincero, ansioso por iniciar a série de reparações que a minha própria consciência, como à Lei divina devo, enquanto vós mesmos, como acima frisei, conseguistes méritos pelo trabalho das provações bem suportadas e dos atos fraternos em favor do próximo a fim de receberdes a dádiva anunciada — aqui me tendes pronto para nos compreendermos sob as bênçãos do Nazareno... Desejo oferecer-vos a história de minha Esmeralda, que tão de perto vos fala ao coração... E amanhã, ao despertardes, para vos unirdes pelos laços do matrimônio, após conhecê-la, estou certo de que vos sentireis profundamente mais ditosos...

Ele enlaçou Pamela e Max em paternal aconchego, encaminhando-se para o terraço pitoresco que o luar prateava sublimizando a região com suas bênçãos benfazejas. Entendi haver chegado o momento da minha intervenção. E, coadjuvado por dois obreiros que me eram afins e dedicados, dispus-me a satisfazer Barbedo acionando as energias psíquicas do casal de noivos, no sentido de extrair de suas profundezas conscienciais o drama que ali fora decalcado no percurso de existência remota, mas aquietado agora pelo esquecimento que a nova encarnação impunha — misericordiosa concessão de um Pai todo bondade e todo amor...

Tratava-se de grandiosa instrução a duas almas sedentas de luz, da qual participariam, certamente, muitos outros comparsas de jornada terrena do que lhes pudesse eu facultar quanto aos segredos que o túmulo guarda — os segredos da magna Ciência do mundo espiritual, enfim. Era-me lícito o desempenho solicitado pelo amigo Barbedo. Pertencia mesmo às minhas diretrizes o delicado labor. Não me furtei, portanto, a exercitá-lo. E foi ali mesmo, suspensos no terraço, vigilados pelo esplendor do plenilúnio,[14] que estendia seu manto argênteo sobre as messes pujantes que se multiplicavam em bênçãos pelos campos e colinas bem cuidados, enquanto dulçorosos perfumes turibulavam ao ar as carícias inefáveis das suas generosas essências, que o antigo senhor de escravos, revivendo dos escaninhos da alma sacrossantas recordações, começou a falar, incitando, porém, Pamela e o jovem suíço a igualmente avivarem dos refolhos do ser aquilo que a reencarnação arredara para os planos sombrios da alma, ao mesmo tempo que eu e meus afins assistíamos a todos três:

— Quando Esmeralda nasceu — lembrou ele —, realizavam-se festividades incomuns nesta velha mansão de Santa Maria... Era a noite do Natal de 1863... e nossa casa regurgitava de nobres amigos que fugiam do clima abrasador da Corte, concedendo-nos a honra de veranearem conosco, em nossos domínios. Minha Fazenda, que então contava com o serviço braçal de cerca de quinhentos escravos africanos, era próspera e risonha, com 300 alqueires de extensas plantações e gado de boa raça, e cujo produto me enriquecia vertiginosamente...

A tonalidade em que se expandia meu velho amigo traía acentuada comoção, tornando-lhe as vibrações mentais indecisas, trêmulas. Aos olhos do casal de noivos, porém, à proporção que avançava o patético relatório, profunda transformação operava-se em todo o perímetro da pitoresca mansão... Mas para que nossa história tome o conveniente curso, favorável à boa compreensão, como ao possível devaneio do leitor sobre suas singelas páginas, tomaremos a liberdade de nos apossarmos das recordações do velho Barbedo, narrando os fatos como se fossem criação nossa...

* * *

---
[14] N.E.: Lua cheia

...Seu nome era afidalgado e imponente, porque descendia de ancestrais portugueses agraciados, nos tempos de D. Maria I, com títulos nobiliárquicos muito honrosos, frutos dos bons serviços pelos mesmos prestados ao Reino na longínqua colônia portuguesa do Brasil: Antônio José de Maria e Sequeira de Barbedo,[15] pois que a família, em recebendo a honra, adotara o próprio nome da soberana, assim homenageando--a perpetuamente através da descendência. Nascera em Coimbra, a cidade universitária do velho reino de Portugal, tão culta e formosa nas suas linhas clássicas ou típicas, quanto afável e romântica ao luar, quando as guitarras e os violões dolentes dos irrequietos estudantes, preludiando doces canções de amor, harmonizados às vozes dos seresteiros boêmios que se divertiam à noite, estudavam com a luz do sol e quase nunca repousavam do esforço duplo, despertavam dos sonos virginais as moçoilas sonhadoras, que acorriam às persianas das janelas gradeadas, timidamente, emocionadas e suspirosas, a espioná-los entre um sorriso e muitos sonhos inefáveis...

Antônio de Barbedo era médico, muito culto e portador de impecável distinção. Uma vez graduado, com orgulho empunhando seu pergaminho honroso, transplantou-se sem mais delongas para o Brasil, depois de, primeiramente, contrair núpcias com a linda menina conimbricense Maria Susana de Queirós, formosa qual madona da Renascença, cuja pele alva e acetinada eclipsaria a delicadeza da própria camélia dos canteiros. Contava ele então 23 anos e era guapo rapagão, trigueiro e forte, ao passo que a esposa não atingira sequer os 20.

Os antigos Barbedos, que desde o reinado de D. Maria I conheciam o Brasil e nele experimentaram lides aventurosas — como legítimos lusitanos que eram — com a comitiva de D. João VI, que, em 1808, aqui se homiziara temeroso da prepotência do guerreiro corso,[16] também aqui aportaram no intento de se fixarem para sempre, adquirindo, então, extensas faixas de terras pelo interior do país. Retornaram alguns, mais

---

[15] Nota do autor: O leitor não se esquecerá de que os nomes das nossas personagens são fictícios.
[16] Nota do autor: Napoleão I, Imperador da França.

tarde, à metrópole de além-mar, a Antônio de Maria, porém, tocando, posteriormente, como herança de um avô paterno, as eiras já cultivadas da mansão de Santa Maria. Viera ele, pois, acompanhado da jovem e meiga esposa, cioso de riquezas fáceis, certo de que, com o suor do braço escravo e a fecundidade da terra, fácil se lhe tornaria a realização dos sôfregos intentos. Todavia, a propriedade era assaz desconfortável, conquanto já cultivada; o local excessivamente desolador para abrigar a linda flor que era Maria Susana, a qual vicejara em Coimbra entre fidalgos e intelectuais e se educara em Paris com as freiras de Sion. Tudo isso compreendendo, e também que à jovem esposa seria impossível sentir-se ditosa habitando tão melancólico ambiente, Barbedo que, de outro modo, amava também a profissão abraçada, isto é, a Medicina, adquiriu então, na Corte, agradável vivenda em São Cristóvão, ali residindo e clinicando o ano todo, reservando-se, porém, o prazer de agradáveis veraneios de fim de ano em Santa Maria, acompanhado de grupos de amigos e forasteiros, na sua maioria portugueses como ele. A fazenda, confiada a administradores e capatazes igualmente portugueses, competentemente dirigida por lavradores experimentados, também trazidos de Portugal, e servida pelos braços infelizes, mas vigorosos, de escravos africanos que dia a dia mais aumentavam de número e de valor, progredia e se aformoseava tanto, que não seria de admirar que, bem cedo, se assemelhasse às encantadoras quintas de Portugal.

Antônio de Maria adorava a esposa. Possuía aquele caráter ardente e assaz sentimental dos lusitanos, arrebatado nas atitudes comuns, generoso no íntimo e honrado a toda prova, ambicionando riquezas para a independência própria e o bem-estar dos descendentes, convicto da superioridade pessoal em face da sociedade. Boníssimo no lar, sincero amigo daqueles com quem entretivesse relações de amizade, retratava, todavia, igualmente o caráter dos homens de posição da sua época: orgulhoso dos próprios valores e predicados, excessivamente severo com os desgraçados escravos, os quais comprava a peso de ouro em hasta pública ou a outros senhores, e aos quais, por isso mesmo, considerando exclusiva propriedade sua, tratava com menor senso de proteção e solidariedade que o concedido aos cães que lhe rondavam o domicílio ou os cavalos, sobre cujo dorso se aprazia de exibir os próprios dotes de elegância nas tardes de domingo, pelas alamedas ensombradas e pitorescas da antiga Tijuca — hoje transformada no bairro aristocrata e sonhador da grande capital. Esquecia-se Barbedo, ao recomendar a feitores e capatazes vigilante rigor para com os infortunados filhos da África — de cujo labor jorravam o ouro que o enriquecia e o bem-estar para os seus familiares —, de que as lágrimas e as desesperações, daqueles corações dilacerados, bem poderiam ecoar nos tabernáculos celestes como brados de protesto e socorro, assinalando-o como algoz ou marcando seu futuro com responsabilidades cuja gravidade o faria tremer se lhe fosse concedida a possibilidade de descortinar as linhas do porvir.

Não raro ele, que tanto amava a esposa, se desfazia de um escravo, vendendo-o a outro proprietário, sem cogitar de que o desgraçado possuísse também um coração transbordante de afetos por uma companheira que lhe fosse cara, da qual irremediavelmente se separaria, para sempre, sem os alentos da esperança de um retorno compensador. Tampouco se detinha na inquirição de que este ou aquele escravo destinado à venda possuísse filhos a quem igualmente amasse, e dos quais inconsoláveis saudades lhe despedaçariam o coração até que o evento bonançoso da morte lhe refrigerasse as ânsias do martírio moral!

De uma feita, certa escrava, muito jovem, preferira o suicídio a ser vendida a outros proprietários, separando-se daqueles que lhe eram caros ao coração — pais e irmãos. Encolerizara-se ele então até o furor. E, por não lhe ser já possível expandir a própria revolta seviciando a morta, ordenou o espancamento dos pobres pais inconsoláveis, que não souberam evitar o desastre, assim lhe causando prejuízos financeiros. Do varandim confortável que deitava para o pátio dos castigos, e por entre saborosas baforadas de fumo do seu precioso cachimbo, Barbedo assistiu, impassível, ao suplício dos dois desgraçados, que, presos ao pelourinho pelos braços erguidos, atados por pesadas correntes, foram chicoteados até desfalecerem, o dorso nu aberto em chagas, ensanguentado!

Dotado de apreciáveis qualidades, por outro lado, como incontestavelmente era, seria Barbedo tão desumano, incapaz de um aceno de piedade e compaixão para com o próximo?

Oh! ele era, simplesmente, a mentalidade da época, o caráter marcante de um senhor de escravos!

E eis, por isso mesmo — como tão lucidamente revelou um luminar da Espiritualidade[17] — as sociedades brasileiras, que noutras décadas se acomodaram a servir de palcos para tão dramáticos acontecimentos, hoje suportando impasses cuja desoladora origem se reporta à tirania que assinalou a escravatura no Brasil: os poderosos senhores de ontem arrastando-se em reencarnações miseráveis, sorvendo o fel de insolúveis impossibilidades em círculos dolorosos de provações expiatórias, esquecidos e relegados à sua própria condição pelos magnatas e opulentos do momento, ou seja — os antigos escravos que não souberam perdoar e esquecer os dias sombrios do passado!

Quando, três anos após o matrimônio, o jovem médico Antônio de Barbedo compreendeu que sua esposa, Maria Susana, seria mãe, facultando-lhe a inaudita felicidade de torná-lo pai, sua alegria atingiu as raias do indescritível! Todas as possibilidades de ventura entrou ele a sonhar então para a estabilidade do futuro daquele amado entezinho a quem entrevia nas telas da imaginação estendendo-lhe os bracinhos graciosos, a sorrir gentilmente, requisitando-lhe beijos e afagos incansáveis, chamando-lhe docemente — pai! Dos sonhos à realização havia apenas um passo. Resolveu movimentar os próprios cabedais, pensando em que o futuro daquele rebento querido do seu amor deveria ser faustoso e álacre, sem quaisquer possibilidades para a intromissão de dissabores! Para obtenção de tais anelos, porém, mais ambicioso se tornou, multiplicando negociações de maior vulto, ampliando as fontes de produção e, necessariamente, extorquindo do braço escravo mais esforço e dedicação, desempenhos acumulados, exaustivos e cruciantes!

---

[17] N.E.: Epaminondas de Vigo — personagem de *Memórias de um suicida*, da mesma médium.

Assim, mil fantasias arquitetou e dispôs durante a espera da adorável criaturinha que deveria florescer em seu lar. Da França longínqua chegaram móveis suntuosos para o futuro descendente dos Barbedos, bem assim brinquedos e primorosas lãs que o agasalhassem. Das aldeias de sua terra natal vieram linhos e bordados, enquanto de Flandres chegaram rendas preciosas e mil utilidades supérfluas e caprichosas — esquecido de que os filhos de suas míseras escravas eram enrolados em trapos, porque lhes não favorecia ele a esmola de uma dádiva com que aquecê-los decentemente!

E foi assim que, naquele ano de 1863, porque o calor na metrópole se apresentasse excessivo e o estado melindroso de Maria Susana se incompatibilizasse com o clima, transportou-se para Santa Maria, tencionando ali permanecer até o advento feliz por que tanto suspirava. Mas, zeloso de que a nostalgia não deprimisse demasiadamente os nervos já fatigados da linda senhora, fez que viessem também com eles grupos de amigos joviais, músicos e cancioneiros amáveis e talentosos para saraus empolgantes, e até pequenas companhias de teatro, que se revezavam na temporada, tudo às suas expensas, e as quais ao velho Solar emprestavam o cunho suntuoso de uma pequena corte da Europa.[18]

Na véspera do Natal, como seria de esperar, os festejos recrudesceram. Durante o dia, que surgira límpido, de céu magicamente azul, iluminado por um sol feérico, movimentara-se a Fazenda em alacridades incontidas e ininterruptas. Regurgitavam de hóspedes as vastas dependências do casarão, a música não cessava pelos alpendres e varandins. Pelos pátios e jardins e até pelos pomares, mesas se enfileiravam, enquanto jovens escravos serviam licores, refrescos, frutas, comestíveis variados, com que brindavam os forasteiros. A pedido de Maria Susana, que nutria horror pela escravidão, educada que fora em piedosos princípios entre as freiras de Sion, forneceram-se trajes novos aos cativos, descanso e alimentação cuidada e farta, o que lhe

---

[18] N.E.: Esse fausto era comum entre os fazendeiros ricos de outrora.

valeu louvores e bênçãos de quinhentos corações agradecidos. À tarde, porém, para surpresa dos familiares, a jovem senhora sentira-se mal, agravando-se a indisposição de minuto a minuto. Informado, Barbedo, que, cauteloso, procurara cercar-se de mais três médicos como ele, a fim de garantir o bom êxito da maternidade da esposa, fez que esta se recolhesse aos próprios aposentos, proporcionando-lhe o máximo conforto e todas as atenções do seu coração afetuoso. Entrara-se em lutas para o advento feliz do fruto abendiçoado dos seus esponsais! Satisfeito, conquanto algo apreensivo em face dos sofrimentos da jovem mãe, ele se rejubilava compreendendo que aquele filho tão desejado e já tão querido viria ao mundo na própria noite do Natal, prenunciando ao seu vaidoso entendimento de pai feliz o veludoso porvir que se rasgaria para o entezinho que viria recamar seu lar de risos e alegrias. Todavia, as horas se passavam, a noite caíra completamente e o estado de Maria Susana não oferecia tranquilidade, antes enervava, preocupando a quantos a rodeavam. Pela noite adentro sintomas inquietantes se apresentaram. Ansioso, afligindo-se de momento a momento, Barbedo a tudo providenciava, cercado dos colegas que, igualmente, esforçando-se quanto estivesse em suas forças, não ocultavam apreensões pelas surpresas que o estado da doente oferecia.

Maria Susana debatia-se entre sofrimentos e ânsias desesperadoras! Ordens foram expedidas para que cessassem as festividades e ruídos de qualquer natureza. Escravas dedicadas aos serviços domésticos e damas que haviam acorrido ao veraneio multiplicavam-se em tentativas de auxílio aos médicos, no propósito sincero de salvarem a parturiente, que já apresentava perigos de morte! Antônio de Maria, desesperado, banhado em lágrimas, não abandonava a cabeceira da esposa, que já não o reconhecia, já não lhe respondia às súplicas ardentes, incapacitada para as reações que o caso exigia. Humildes e santamente devotas na sua comovedora simplicidade, as escravas, que bem queriam à linda senhora de olhos cor do céu pela terna bondade com que as tratava, iam e vinham pelos corredores, aflitas, a orarem entre lágrimas às suas primitivas convicções religiosas, recomendando-lhes a saúde e a vida da jovem enferma.

E pelos salões imensos, pelos pátios e varandins o silêncio pesara angustioso, na expectativa atroz, acompanhado de temores e ansiedades...

Finalmente, alguns minutos após a meia-noite, débil vagido de criança recém-nascida ecoou pelas dependências mais próximas dos aposentos de Susana, seguido do choro, comovente pela sua fragilidade, de um Espírito que ingressava em novas vestes carnais para o cumprimento de deveres e testemunhos inapeláveis! Porém, duas horas depois, surpreendendo os amigos e familiares, a linda flor que fora Maria Susana dobrava-se para sempre sobre o hastil, cerrando os olhos cor do céu à luz do mundo, inanimada, silenciosa, simples e discreta como sempre fora...

E assim nasceu Esmeralda...

2

BENTINHO

Por esse tempo ainda me não fora dada a honra de entreter relações de amizade com o rico senhor de Santa Maria. Minha clientela, se bem que vasta, limitava-se quase que exclusivamente entre as classes desfavorecidas da sociedade; e, por outro lado, movimentos políticos, que particularmente me afetavam, absorviam-me tanto que me não deixavam tempo para ampliar o círculo de minhas relações sociais. Em 6 de janeiro de 1864, no entanto, fato impressionante ocorreu sob o critério de minhas atividades profissionais, ensejando-me contato com o Dr. Sequeira de Barbedo, o qual se estenderia até o Além-túmulo, pelos dias presentes e, certamente, se estenderá pelo futuro afora...

Chovia torrencialmente e eu já me recolhera ao leito, depois de agradável dia passado na intimidade da família, durante o qual fora comemorada a passagem da poética data de Reis. Haviam soado às onze horas e o sono pesava-me sobre as pálpebras, no suave aconchego que a chuva ainda mais dulcificava. Subitamente, reiteradas batidas da sineta colocada no portão de entrada sobressaltaram-nos, acorrendo um serviçal pressuroso a ver do que se tratava em hora tão inoportuna e sob tão impiedoso aguaceiro. Era um escravo de casa abastada, espécie de mordomo, requisitando meus serviços profissionais para seu senhor — um colega meu, que residia pelas proximidades, e cuja filha recém-nascida dir-se-ia prestes a exalar o último suspiro, enquanto ele próprio, o pai, debatia-se entre os tormentos de um envenenamento ocasionado por tentativa de suicídio e crises pasmosas de alucinação e depressão, alternadamente. Vesti-me à pressa, muni-me do que julguei mais necessário e atendi ao chamamento com a melhor vontade de ser útil, certo, no entanto, de que o temporal que sacudira a cidade, alagando as ruas, impedira a presença, no Solar do meu novo cliente, de um médico de renome ou do próprio assistente da família. Uma caleça, como então se usavam para as pequenas jornadas, aguardava-me à saída, conduzida por dois escravos que tiritavam, encharcados pela chuva até os ossos. Chegando ao local verifiquei tratar-se de residência luxuosa, também compreendendo, porém, que a desgraça abatera sobre aquele lar com toda a truculência das suas ímpias investidas.

Um jovem de pouco mais de 25 anos acabara de perder a esposa, e, inconformado até o desespero, de tal sorte exagerara os embates da própria dor que chegara a tentar o suicídio durante uma crise mais forte de alucinação, somente não conseguindo a consumação do sinistro intento graças à intervenção protetora de um amigo que o acompanhava. Por outro lado, débil criança recém-nascida arquejava, a respiração dolorosamente comprometida, apresentando sintomas inquietantes de broncopneumonia e desnutrição. O infeliz pai, acometido de exasperações, quisera morrer antes de ver sucumbir a criança, uma vez que apenas alguns dias se passaram desde o trespasse da esposa, e, por isso, tentara o suicídio.

Diante da gravidade da situação, pois duas vidas eram depositadas em minhas mãos a fim de que as salvasse para os desígnios do Criador a seu respeito, vacilei por um momento, não atinando a qual delas deveria socorrer em primeiro lugar. Apelei rápida, mas sinceramente, para a misericórdia do Todo-Poderoso, a suplicar sua intervenção por intermédio da inspiração que me concederia o seu amor, pois que — se, por essa época, eu não me incorporara ainda às fileiras espíritas, visto que nem mesmo a gloriosa Codificação levada a efeito pelo eminente Allan Kardec não se encontrava ainda concluída — nutria o mais entranhado e respeitoso amor pela crença num Ser supremo portador de bondades infinitas para com a humanidade. Imediatamente, raciocínio feliz aclarou-me as indecisões momentâneas: salvar uma vida dos malfazejos abismos do suicídio não seria um duplo dever, mais gloriosa vitória?... Punha-me em ação, portanto, sem perda de tempo, atendendo ao desejo de salvar o tresloucado conforme as possibilidades facultadas pelos recursos da época, enquanto pensava na criança, auscultando-a em rápidos intervalos, providenciando compressas quentes para o tórax, ditando receituário que amigos presentes anotavam, e cujos medicamentos escravos prestimosos iam buscar a minha casa por mais próximo de onde nos achávamos e certeza de encontrá-los. Pela madrugada conservava-me ainda à cabeceira dos doentes e pelo dia avante ali me deixara estar, em luta ininterrupta para salvar a ambos. E tão misericordiosa fora a intervenção celeste que eu evocara à entrada, que, às três da tarde, quando de lá me retirei a fim de repousar algumas horas e depois voltar, meu jovem cliente dormia sereno, já fora de perigo, enquanto a pequenita sugava normalmente o seio farto da ama que com ela viera do interior.

Como o leitor compreendeu, meus novos clientes eram Antônio de Barbedo e sua filha Esmeralda. Essa peleja sem tréguas custou-me um longo mês de perseverantes esforços e fadigas constantes. Inconsolável com a inesperada viuvez, Barbedo habituara-se às minhas visitas, encontrando certo reconforto em nossas palestras. E por afinidades especiais que somente a onisciência do Criador interpretará a contento, afeiçoou-se de tal forma a mim e aos meus familiares, que dispensara a assistência dos demais clínicos e nossa presença em sua casa era sempre esperada com visível ansiedade, dando-se ele por muito satisfeito quando lhe aceitávamos os convites para o almoço ou o jantar dos domingos ou quando me tinha presente à mesa do chá ou do café da tarde. Se, porém, lento fora o seu restabelecimento físico, por meio de tratamento rigoroso, que eu dirigira afeiçoando-me ao caso, pois, além do envenenamento, padecera ele também choque nervoso violentíssimo, com tristeza assinalo que, moralmente, só muito mais tarde, já na velhice, pôde ele verdadeiramente recuperar-se. Como amigo, via-me obrigado a uma assistência moral idêntica à do médico; e valia-me então de mil subterfúgios para afastá-lo da ideia obcecante da falta da esposa, inclusive aconselhá-lo a interessar--se pela política e demais problemas sociais, pois eu mesmo, por esse tempo, vivia fases de atribulações políticas muito absorventes. Pouco a pouco recuperou-se, passando a venerar a filha com todas as forças do seu coração apaixonado, nela reencontrando a graça e a formosura da morta inesquecível, pois a pequenina crescia saudável e risonha, revelando os lindos traços de Maria Susana, conquanto também traduzisse a tez levemente amorenada do pai e os belos olhos, grandes e escuros, da raça lusitana. Muitas vezes aconselhei-o a contrair novo matrimônio, ao que respondia grave e resoluto:

— Jamais contrairei novas núpcias. Maria Susana decalcou-se muito fortemente em meu coração, para que me permita substituí-la em minha vida! Criarei e educarei sozinho a minha filha... e afianço-lhe, meu caro amigo, que lhe não faltarão afetos e atenções!... Jamais! Jamais lhe darei uma madrasta! Pressinto que me arrependeria, se o fizesse!

No entanto, uma irmã recém-viúva do próprio Barbedo emigrara para o Brasil e prontificara-se a zelar pela menina, o que foi aceito de boa mente, passando a digna senhora e mais dois filhos de tenra idade a residirem sob seu teto. Quando Esmeralda completou 2 anos, compreendendo Barbedo que retardara já de muito o momento de levá-la à pia batismal, convidou--me e à minha esposa para sermos os padrinhos, agradecido pela dedicação com que a ele próprio e a filha tratávamos, pois que muito havíamos contribuído para a boa assistência devida à linda criança até a vinda de sua tia — Sra. Conceição, para o Brasil. Anuímos com boa vontade e esse foi mais um elo a solidificar os laços de afinidade já existentes entre nós.

Ora, na própria noite em que, pela primeira vez, eu transpusera os umbrais do domicílio de Barbedo, informaram-me de que, ao verificar o

passamento da esposa naquela inesquecível noite de Natal, surpreendera-
-se tão exasperadamente que, passados que foram os primeiros dias de
praxe, amigos e familiares trataram de removê-lo da Fazenda, cuidadosos de lhe ministrarem tratamento mais eficiente, visto recearem a perda
de sua razão. Alucinado, seu primeiro impulso fora estrangular a própria
filha recém-nascida, responsabilizando-a pela perda irreparável que sofrera, sendo mister ocultar a pobre criança de suas vistas. Após, passara
a responsabilizar a todos que o cercavam, os convidados inclusive, terminando por ordenar tratos cruentos aos míseros escravos, aos quais
acusava de magias e sortilégios, contra a morta, em represálias a ele próprio, ao mesmo tempo que às Potestades divinas igualmente acusava pela
dor que o esmagava, entre blasfêmias e alaridos selvagens. Não consentira, todavia, em abandonar a Fazenda sem que a criança o acompanhasse,
apesar de perceber que todos não a desejavam expor aos rigores de uma
viagem em tão tenra idade. Vendo-a adoecer em consequência dessa viagem, enchera-se de remorsos, recorrendo à ideia do suicídio no intuito
de se furtar ao inferno que dentro dele mesmo crepitava com virulência.

Dois anos depois, como dissemos, estava curado. Contudo, de sua
personalidade desaparecera aquela esfuziante alegria manifesta em todos
os atos, as atitudes prazerosas reveladoras da felicidade que lhe resplan-
decia no ser, e que antigos amigos e comensais lhe conheceram antes.

No ano seguinte, isto é, em 1865, dramáticos acontecimentos sacu-
diram a pátria brasileira, enlutando-a confrangedoramente. Iniciara-se
a guerra com o Paraguai, e Barbedo, temeroso de algo desagradável e,
ademais, necessitando multiplicar negociações com os produtos de sua
lavoura, transportara-se para a Fazenda, acompanhado da família, ainda porque o Brasil necessitaria abastança de gêneros alimentícios a fim
de assegurar o equilíbrio de suas populações, e ele, como leal amigo dos
brasileiros, desejara com estes cooperar no setor que lhe estava afeto.
Entregou-se então à agricultura como jamais o fizera e nunca mais cli-
nicou, desgostoso por lhe não ser possível salvar a esposa, a quem tanto amava. Esmeralda, pois, foi criada em Santa Maria, sob os cuidados

da tia e a afetuosa complacência do pai, para quem passara a ser a razão máxima da existência, e crescia revelando encantos progressivos. Muitas vezes, por insistência do amável amigo, passei deliciosas temporadas na pitoresca mansão, refazendo-me das agitações da metrópole, tendo, assim, ocasião de observar como era linda criança, meiga e delicada como sua mãe, de quem herdara os traços fisionômicos, mas voluntariosa e inteligente como o pai. Aos 5 anos não consentia que se castigassem os escravos! O pátio dos suplícios mantinha-se deserto e tranquilo, deixando de ressoar pelos ares os estalidos dos chicotes e os gemidos lancinantes dos indefesos supliciados. E se o pai, que jamais se permitia contrariá-la, entendia dever exercer a antiga severidade, ordenava os castigos em locais muito distanciados da residência da família, a fim de que a amorável criança de nada se apercebesse. Não raro a Sra. Conceição encontrava-a entre os negros, pelos jardins ou mesmo nas senzalas, sentada nos joelhos deles, divertindo-os com suas graças e travessuras ou a brincar com as crianças cativas da sua idade, às quais muito queria e admirava. Dentre estas, duas meninas particularmente mereciam a sua atenção: Maria Rosa, sua irmã colaça, filha da ama que a amamentara, vivia a seu lado, na Casa-grande, por exigências suas, pedindo mesmo ao pai que a admitisse à mesa das refeições da família; e Juanita, linda mestiça de grandes olhos melancólicos, cujo pai, um capataz espanhol, desaparecera sem jamais dar notícias, e cuja mãe, mestiça qual a filha, morrera pouco antes. Se lhe confeccionavam vestuários novos, de que muito se envaidecesse, exigia que o mesmo se fizesse às suas companheirinhas cativas. E acontecia então que, quando eu para lá me transportava, a repousar durante o veraneio, era alacremente recepcionado por uma corte de pequenas escravas negrinhas como ébano, que me consideravam padrinho, pomposamente vestidas como a linda "Sinhazinha", a qual, gentilmente, comandando-as, me rodeava, no que era imitada por aquelas, todas gentilmente solicitando minhas bênçãos, à espera das guloseimas e pequenas prendas que lhes levasse prazeroso...

No entanto, Esmeralda era descendência dos orgulhosos "e Sequeira de Barbedo", os quais ostentavam no nome a honrosa distinção conferida por

A tragédia de Santa Maria

uma soberana — aquele "de Maria", que lembrava os pergaminhos assinados por D. Maria I. Impossível permitir que a formosa criança crescesse ao lado de escravos africanos, educando-se no contato com as senzalas, ombreando com filhos de pais cativos cujo destino implacável lhes acenava com os rigores da enxada e o látego aviltante dos capatazes sobre o dorso nu.

Antônio de Maria, apreensivo, em tudo meditava enquanto observava o desenvolvimento da filha. Urgia afastá-la do ambiente malsinado, dando-lhe educação à altura da sua posição social e da cultura materna, pois não seria razoável que a filha de Maria Susana sofresse a humilhação de receber, apenas, uma educação medíocre. A princípio pensou interná-la em algum educandário existente no Brasil, mas a tempo refletiu que, assim sendo, anualmente a menina acorreria a períodos de férias em Santa Maria, o que a todo custo desejava evitar intentando desabituá-la da estima pelos escravos. Deliberou então transportá-la para Portugal, confiando-a aos cuidados de parentes ainda lá existentes, dentre estes os pais de Maria Susana e uma sua irmã que tomara ordens religiosas e vivia nas "Doroteias"[19] como educadora de moças.

E assim foi que, ao completar a menina os 7 anos, por uma aprazível manhã de inverno, serena e dulcíssima, como somente as condições climáticas das plagas cariocas sabem oferecer, meus olhos se entristeceram até a saudade, contemplando a meiga criança desfazer-se em lágrimas ao se despedir da carinhosa tia que a embalara com afagos maternais, bem assim da escrava negra que a criara fielmente, cujos olhos intumescidos se nublaram de sentido pranto.

Esmeralda partira rumando à Europa, em companhia do pai. Santa Maria já não poderia contar com o anjo bom que a abrilhantara com a graça da sua meiguice e a proteção à triste escravatura...

* * *

---
[19] N.E.: Antigo educandário para moças, em Lisboa.

Por essa afastada época, a pequena cidade de X destacava-se pela sua importância comercial e agrícola, pois era um dos mais florescentes e afamados centros da província do Rio de Janeiro, com suas lavouras superabundantes, município rico preferido pelas personagens de destaque social, que para ali acorriam edificando palacetes para o veraneio, adquirindo terras e levantando agrupamentos rurais muito futurosos. De outro lado, a salubridade climática, o encanto sugestivo da cidade, eternamente engrinaldada de palmeiras esvoaçantes e jardins floridos, atraíam não só a fina flor da diplomacia ou da fidalguia que pululava em volta do Trono, como outras classes igualmente destacadas na sociedade, tais como capitalistas, corretores, estrangeiros ricos, portugueses afortunados, que ali edificavam igualmente graciosos chalés ou chácaras, onde gostavam de passar o verão. Muito próxima do Rio de Janeiro, X era como o presépio ideal que a todos satisfazia. E, por isso mesmo, se nos dias atuais vive apenas do encantamento das recordações, melancolicamente sonolenta com seu casario invariavelmente fechado, seu passado, no entanto, foi por muito tempo de esplendor e alacridade, porque o Império lhe concedeu tudo o que fosse nobre, galante e cavalheiresco! Suas festas foram famosas, frequentadas por multidões endinheiradas, que não vacilavam em despender fortunas para a satisfação do capricho de um dia — porque o braço escravo ali estava incansável e prestativo, pronto a suprir os déficits porventura verificados por ocasião do balanço das contas. Seus bailes suntuosos, comentados até na própria Corte, faziam estremecer de orgulho aquelas ruazinhas pitorescas, perfumadas a rosas e magnólias, que se superlotavam de carruagens e ricas viaturas guardadas por escravos agaloados.

Ora, algum tempo antes de Barbedo demandar a terra natal a fim de levar a filha querida, aportara na galante cidade pequena família radicada desde muito no Rio de Janeiro, cujo primogênito, contando apenas 12 anos quando o apresentamos ao leitor, preparava-se, nas melhores escolas da Corte, para cursar a Universidade de Coimbra em ocasião oportuna. Ali se estabeleceu então a família, por evitar o clima excessivamente quente da capital do Império, em virtude do estado precário da saúde do seu chefe querido, adquirindo esplêndido chalé rodeado de aprazível chácara — a que denominaram Chalé Grande, dado o seu aspecto verdadeiramente senhorial — e mais tarde pequena fazenda de lavoura, acomodando-se de boa mente ao excelente clima. Tratava-se do casal Souza Gonçalves e seus filhos Bento José e Dulce.

Não sendo propriamente ricos, os Souza Gonçalves possuíam o suficiente para manter progressiva a propriedade adquirida, com escravatura razoável, sustentar vida social condigna e permitir boa educação aos filhos. O chefe, português de nascimento, entendera mandar estudar o filho em Coimbra e esforçava-se tanto quanto possível para vê-lo graduar-se em Direito e leis, enquanto a mãe, descendente de magistrados e advogados brasileiros, coadjuvava os esforços do esposo, orgulhosa da vivacidade do filho, cuja inteligência, aos 12 anos, prometia triunfos e muitas glórias para o nome da família. Chamava-se o rapazote Bento José de Souza Gonçalves, mas, alcunhando-o a irmã de Bentinho, passara ele a ser conhecido pelo diminutivo do seu nome até entre os colegas de bancos escolares e, mais tarde, até mesmo em Coimbra. Era audaz e irrequieto, inteligente e lúcido, declamando bons poetas aos 12 anos, versejando e cantando com bonita voz aos 13, discursando galhardamente aos 14, lecionando aos colegas, na mesma época, latim e francês, que falava e escrevia correntemente com essa idade; embriagando-se à noite, aos 15; amanhecendo à mesa do jogo, arrastado pelas más companhias, onde perdia parte da mesada fornecida pelos pais, vaidoso de imitar, tão cedo, luminares das letras brasileiras da época, tais como Castro Alves, Fagundes Varela e alguns outros que ainda hoje encantam o bom gosto dos leitores aplicados. As férias de fim de ano, contudo, ele as desfrutava em X, no dulçoroso aconchego do lar paterno, feliz por se sentir desobrigado das disciplinas enfadonhas que o forçavam a permanentes esforços e preocupações. E era de vê-lo, risonho e traquinas, a tez afogueada pelos rigores do Sol, acompanhado de outros rapazes da sua idade, dando-se a galopadas desenfreadas no dorso nu das alimárias do seu pai, pelas ruas ensombradas de X ou de fazenda em fazenda, pelas estradas poeirentas, em visitas amistosas aos vizinhos. E, pelas noites de luar, fugindo à vigilância paterna, reunindo-se aos boêmios locais para serenatas românticas, cantando ao violão pelas esquinas silenciosas quando o sereno refrigerante acendia o perfume das plantas que engalanavam a cidade. Tais desregramentos, em tão verdes anos, acabaram por despertar as iras do generoso pai, a quem leais amigos e o próprio correspondente na Corte tornaram ciente dos desagradáveis acontecimentos. Desesperado, o Sr. Souza Gonçalves entendeu retirar o filho do Rio de Janeiro, irrevogavelmente, aplicando-lhe severos corretivos, mesmo corporais, que muito o humilharam. Aprisionou-o rudemente na fazenda, obrigando-o a conviver com escravos, capatazes e animais, dele exigindo severo discernimento para as operosidades campestres, medida que aos brios do jovem estudante ofendia tacitamente, diminuindo-o no conceito de si mesmo. Um ano depois, no entanto, atendendo às súplicas da esposa, já atacada de grave enfermidade que a levaria ao túmulo, o velho Souza aquiesceu em fazê-lo tornar aos estudos, compreendendo-o possivelmente curado das leviandades da juventude, mas, em vez de encaminhá-lo novamente à Corte, tão logo se dera o passamento da boa companheira dos seus dias, dispôs-se a uma viagem a Portugal, ali deixando-o sob os cuidados do avô, com amplas e rigorosas recomendações a seu respeito.

E, com efeito, destituído da benévola tolerância dos pais, entristecido ante a falta do carinho materno, vivendo em meio estranho e ambientes incontestavelmente mais disciplinados, e, ademais, dirigido pelo pulso férreo de um segundo pai, bem-intencionado na sua austeridade e a quem se julgaria um carcereiro, o jovem Bento José de Souza Gonçalves depressa se habilitou para o ingresso na famosa Universidade, onde anualmente luminares da intelectualidade se honorificavam com o grau arduamente conquistado.

Estenderemos nossos humildes comentários dentro em pouco para além-Atlântico, em busca das nossas personagens na generosa terra lusitana.

3

INVIGILÂNCIA

Vigiai e orai, para não cairdes em tentação. O espírito, na verdade, é forte, mas a carne é fraca.

(JESUS CRISTO)[20]

Antônio José de Maria e Sequeira de Barbedo deixou-se permanecer em Portugal pelo espaço de dois anos. Indispensável seria — afirmava judiciosamente — acompanhar a filha, auxiliando-a a adaptar-se aos novos costumes, revigorando-a com sua presença afetuosa até que se harmonizasse com a parentela a que não estava habituada, mas que tudo tentava a fim de cativá-la, bondosa e amoravelmente. A menina, porém, demorava a esquecer os afetos deixados no Brasil e afirmaremos, lealmente, que jamais esqueceu o berço natal, os campos cultivados da próspera e rude fazenda onde se ouviam as toadas dolentes ou compungidas dos escravos a recordarem a distante Luanda ou a Guiné sonhadora que, sabiam, jamais voltariam a habitar! A Sra. Conceição; a negra Balbina, que a amamentara com desvelos maternais; Maria Rosa, sua filha — que mais tarde seria mãe de Antônio Miguel; a linda mestiça Juanita, sua corte de negrinhas ataviadas de berrantes vestidos e grandes laços à cabeça, qual ela própria usava e exigia para aquelas, eram recordações que

---

[20] MATEUS, 26:41.

à bondosa criança arrancavam lágrimas inconsoláveis, temendo o angustiado pai que a saudade chegasse a comprometer-lhe a própria saúde. Mas é bem verdade que o tempo e a ausência são os melhores conselheiros para o coração que precisa esquecer. Pouco a pouco, a filha de Maria Susana conformou-se. Novos afetos povoaram-lhe o ingênuo coração, retendo-lhe as atenções no círculo em que vivia. Encontrava-se em idade escolar e os estudos lhe desviaram os pensamentos para novas e interessantes preocupações. Outras companheiras gentis e prestimosas tiveram a magia de esfumar de suas lembranças os vultos humildes das negrinhas que, no entanto, não a puderam jamais olvidar, as quais por ela choravam entre lamentos de saudades, desprotegidas que ficaram em sua ausência e bem cedo levadas aos árduos misteres da lavoura, provando as dilacerações do tronco ou do pelourinho, pois que o pátio dos castigos reiniciara a sinistra programação de flagelações e ignomínia...

Instalada nas Doroteias, em Lisboa, com recomendações paternas para uma educação aprimorada, no fim de dois anos a pequena Esmeralda, então já cônscia dos deveres escolares e manifestando boa disposição física, moral e mental, foi pelo pai entregue aos cuidados de avós e tios, os quais com prazer se prestaram a velar por ela, ficando ele livre para retornar ao Brasil, a fim de reassumir a direção dos seus interesses. Barbedo atingira então a mais bela aparência do homem, pois contava 34 anos. Vigoroso e atraente, adquirira certa beleza máscula impressionante, que não passaria despercebida a quem quer que fosse e ao belo sexo ainda menos. Seus familiares aconselharam-no, prudentemente, a retornar ao Brasil de posse de um novo matrimônio. Ali estavam, ao seu alcance, jovens de boas famílias, graciosas e dignas donzelas, que se dariam por muito felizes de se lhe unirem pelo casamento. Todavia, fiel ao errôneo traçado que se impusera, desatendera às leais sugestões recebidas e voltou à Santa Maria completamente só, decepcionando mais de uma gentil patrícia, que dele esperavam atitudes mais amáveis...

Entretanto, a solidão de que se cercava não tardou a envolver seu ardente coração em ondas deprimentes de neurastenia e nostalgia. A insônia torturava suas noites, povoando-as de desoladoras preocupações. O mau gênio alterou-lhe a paz interior, infelicitando as horas que vivia e alterando-lhe as disposições orgânicas, que se ressentiam dos embates nervosos. A fim de distrair-se, dedicava-se ao trabalho com ardor excessivo, desculpando-se com o pensamento de que seria necessário oferecer a Esmeralda um futuro luminoso, que a compensasse da desdita de ser órfã de mãe ao nascer e de se ver exilada em um educandário, afastada do berço natal e dele próprio, seu pai! E, assim sendo, necessariamente maiores exigências exercia sobre os escravos, que choravam sob o ardor de disciplinas feudais.

Muitas vezes, apreensivo, temeroso do futuro e sentindo algo indefinível que se desabaria sobre ele como em ricochete, em virtude da aspereza com que havia por bem tratar os desgraçados cujo trabalho o enriquecia, aconselhei-o a renovar os métodos no trato com a escravatura, lembrando-lhe a qualidade do gênero humano, que, oriundo de um mesmo Criador, seria o mesmo às vistas de Deus. Gargalhava então, com displicência impertinente, rebatendo minhas observações com remoques deste teor:

— Vossas ponderações são próprias da ideologia dos filósofos e dos santos, meu caro compadre, mas não o reflexo positivo da realidade! Uma raça inferior, primitiva como esta, não se igualará jamais ao europeu civilizado! Não discuto as sutilezas da Criação. Deixo-as aos exegetas, aos representantes da Igreja, únicos em quem reconheço autoridade para resolverem o assunto... Sou comerciante, nada mais! E, como tal, justo será que aspire a prosperidades para meus interesses... Se a esses escravos comprei com o meu ouro; se os alimento e agasalho às minhas expensas, tenho sagrados direitos sobre eles, e eles me deverão obediência e veneração...

Um dia participou-me que empreenderia uma viagem pelas capitais do Brasil, que ainda não tivera ocasião de visitar. A solidão em Santa Maria enlouquecia-o. O clima implacável da metrópole deprimia-lhe a saúde. Necessitava de repouso e distração que o ajudassem a vencer o enervamento de que se sentia possuído, assim também o tédio exasperador que aniquilava a sua vida. Aprovei a resolução, aconselhável por qualquer médico, desejando-lhe sinceramente os melhores resultados. E lá se foi então para o Recife, após pequenas temporadas em duas ou três cidades da Bahia, desejoso de contemplar Olinda e os vestígios da passagem, em Pernambuco, do príncipe de Nassau, em cujo nome tocava frequentemente, com altivez e desdém...

Certa noite, no salão de jantar da pequena hospedaria em que se domiciliara, Barbedo lia os jornais recém-chegados da Corte, abstraindo-se totalmente de quanto o cercava. A noite estava quente e deliciosa, e as janelas abertas deixavam chegar até ele rajadas contínuas do aroma doce das mangueiras em flor, que proliferavam ao redor da pitoresca mansão. Ao longe o oceano, entontecido pela força indômita da maré cheia, fustigava as praias com arremetidas selvagens, elevando ao ar gemidos bravios, como de raivas inconsoláveis... Havia muito a ceia terminara. Os demais comensais se retiraram em algaravias álacres, dirigindo-se à rua a fim de desfrutarem o frescor das praias, enquanto ele continuara absorto na leitura, sem desviar o olhar do enredamento das intrigas políticas que enchiam as colunas dos ditos jornais. Não obstante, percebia vagamente que alguém se postara do outro lado da mesa, fronteiriço a ele, e que, como ele próprio, ali se imobilizara, sem atender às delícias da noite serena que avançava, enluarada. Tratava-se, porém, de percepção intuitiva, mais do que positivada por suas faculdades motoras, uma advertência do consciente, sensação fluídico-magnética que lhe desagradava, mas das quais sua atenção mental-racional ainda não participara, fazendo-o tomar conhecimento objetivo do que realmente se passava.

Subitamente, ao virar de uma página, seu olhar resvalou sobre um vulto, destacando-lhe as formas. Ainda assim, absorto, retornou automaticamente à leitura, disposto a prosseguir. Porém, tão celeremente quanto acabara de distinguir o mesmo vulto, seus olhos, sua mente, suas percepções de volta às fixações normais do mundo externo, retornaram sobre aquelas formas, agora realmente lhe prendendo a atenção. Tratava-se de uma mulher que orçaria pelos 25 anos, de compleição vigorosa, como em geral apresentam as pessoas afetas aos trabalhos menos leves, alta e morena, bastante bonita e sedutora no seu tipo, com grandes olhos negros, faiscantes e buliçosos, lábios vermelhos e arqueados, mas polpudos e grandes, indiciadores de indomável ardência passional, de sensualismo pronunciado, enquanto os cabelos, negros e fúlgidos, muito empastados de óleos caseiros, esparramavam-se, negligentes, sobre as costas, e os trajos, meio desleixados, eram de inferior tecido de cor berrante.

O ilustre Sequeira de Barbedo franziu os supercílios, chocado. A jovem fitava-o provocantemente, como se desejasse absorvê-lo com os olhos, enquanto um meio sorriso impertinente lhe alongava mais o traçado da boca, em que belos dentes, talvez demasiadamente graúdos para uma boca feminina, mas incontestavelmente alvos e limpos, se deixavam à mostra. O jovem fazendeiro conhecia-a de vê-la servir à mesa desde que chegara a Recife. Sabia-a chamar-se Severina Soares e ser sobrinha da proprietária da hospedaria. Casualmente ouvira os demais hóspedes comentarem, a seu respeito, que fora seduzida e abandonada com uma filha de tenra idade, e que não se conduzia à altura da dignidade feminina. Não lhe dirigira, porém, jamais a palavra. Não se sentira atraído por seus encantos, visto que não se preocupara com a insignificância da sua individualidade, não lhe podendo descobrir, portanto, qualquer detalhe de sedução. Orgulhoso e taciturno, não seria a uma singela servente de hotel que baixaria os olhos pouco interessados em conquistas sentimentais. Vendo que a moça não desviava o olhar ou demonstrava timidez ante sua expressão de desagrado por se ver assim contemplado, antes parecendo agir propositadamente, interrogou, servindo-se de tonalidade rude:

— Poderei inteirar-me da razão por que estará aí a fitar-me parvamente?... Deseja alguma coisa?...

— Sim! — respondeu audaciosa, entre cínica e desdenhosa. — Desejaria contemplar seu belo porte durante a vida inteira...

O viúvo de Maria Susana levantou-se. Estrito observador do respeito aos tetos alheios, dispôs-se a retirar-se sem responder à inusitada provocação, despreocupado de qualquer aventura a respeito da sobrinha de sua hospedeira, para a qual, absolutamente, não se sentia inclinado. Mas esta, prometendo-se não perder terreno e certa de que ensejo mais propício não tornaria a encontrar para os fins que trazia em mente, deteve-o, suplicante, tomando-lhe do braço:

— Rogo-vos que não se vá, Sr. Doutor, e que releveis o gracejo... Sim, desejo falar-vos... desejo algo de vossa bondade... Sou paupérrima, quase miserável, como vedes... infeliz servente de um hotel, humilhada, menosprezada por parentes rigorosos que me aborrecem e que atiram de má vontade com o pão que me sacia a fome... Tenho uma filha, que conheceis, a qual vive enfermiça porque não disponho de recursos para medicá-la convenientemente... Não posso nem mesmo comprar-lhe uns sapatinhos com que lhe proteger os pés, e a pobrezinha, apesar de doente, vive de pés descalços... Sei que sois médico... Venho pedir-vos a caridade de examinar minha filha, prescrever o tratamento, ajudar-me na obtenção dos medicamentos, visto que os não posso comprar...

Sentimento indefinível fez vibrar o coração do antigo facultativo. Por um instante, múltiplos pensamentos lhe atropelaram o cérebro. Severina não mentia: ele próprio tivera ocasião de perceber algumas vezes os maus-tratos infligidos a ela como à sua filha, pelos familiares de quem dependia; o rigor com que eram ambas suportadas, e a criança enferma era de todos conhecida, pálida, mirrada, os pés descalços, o ventre obeso denunciando anemia e desnutrição, a tosse rebelde e incômoda prenunciando bronquite crônica. Subitamente, lembrou-se da sua adorada Esmeralda. Oh! E se ele próprio não pudesse trazer aquela filha querida, razão mais forte da sua existência, protegida pelo conforto que lhe assegurava? E se fosse Esmeralda, e não a filha de Severina Soares, que não possuísse míseros sapatinhos com que proteger os pezinhos e se trajasse com roupinhas rotas, enfermiça e frágil como essa?...

A tragédia de Santa Maria

Atingida a sua sensibilidade paterna pelas expressões doridas daquela jovem mãe, a quem interpretou sincera e aflita, bem assim a sua condição de médico, desanuviou-se-lhe o semblante e foi bondosamente que retorquiu:

— Traze-me tua filha, pobre mulher, para que a ausculte... Atenderei aos teus desejos...

E, com efeito, assim procedeu, iniciando tratamento conscencioso na pobre criança e humanitariamente provendo suas necessidades, que reconheceu totais. Não obstante, tão bela ação realizava ele por mero dever profissional e humanitário, absolutamente destituído de intenções subalternas a respeito da humilde servente do hotel. Esta, porém, observando-o dedicado, a prover a carência de recursos para o tratamento da pequena enferma, pretendera vê-lo assim se conduzir por desejar tornar-se amável para com ela própria. Entregara-se, portanto, à esperança de conseguir o amor de Barbedo, insinuando-se de qualquer forma em sua vida por intermédio da infeliz situação daquela filha que a ele inspirava compaixão; e, por isso mesmo, não perdia ensejos de se aproximar dele, criando até mesmo possibilidades de ser desrespeitada. Violenta paixão exaltava os sentidos primitivos da bela pernambucana, desorientando-lhe a mente e incendiando-lhe o coração. Barbedo era encantador; e a altivez com que se conduzia, a fria indiferença por ele manifestada em assuntos sentimentais, como o orgulho que lhe transparecia das atitudes normais, eram fatores que a excitavam imoderadamente! Sabia-o, de outro modo, riquíssimo, liberto de quaisquer compromissos passionais, o que fortalecia porventura ainda mais suas insanas aspirações. Oh! se esse homem incomum pudesse amá-la!... Se a desejasse, ao menos, para companheira da sua solidão, estabelecendo convívio permanente entre ambos!... Se consentisse em transportá-la para o Sul, instalando-a em sua fazenda, onde não mais viesse a sofrer a humilhação da miséria e do menoscabo infligidos a ela e sua filha pela própria parentela... confessar-se-ia compensada de quantos dissabores a sorte adversa lhe fizera provar! Temia vê-lo partir de um momento para outro sem que nenhum entendimento amistoso estreitasse as relações entre ambos! E, compreendendo que jamais lograria de sua parte atitudes menos respeitosas ou indiferentes, dispôs-se a provocar situações irremediáveis, que possibilitassem a realização dos seus intentos...

E assim foi que o orgulhoso descendente dos Sequeira de Barbedo, a si mesmo estranhando, permanecera no Recife durante três longos meses, subjugado pelas ardências amorosas da astuta pernambucana, de quem se tornara amante, cúmplice, portanto, de lamentáveis transgressões às leis do decoro e da moral!

O viúvo de Maria Susana certamente não se comprometeria arrastado por um sentimento de vero amor, porquanto este é inseparável dos costumes dignificantes. Antes, contaminado por subalternos arrastamentos, deixara-se vencer pelas teias infernais de uma condição deprimente, depois de haver rejeitado oportunidades nupciais que melhor assentariam ao caráter do homem honrado.

Quando, algum tempo depois, o jovem fazendeiro regressara ao Solar de Santa Maria, seus escravos e servidores, assim os comensais mais íntimos, surpreenderam-se vendo descer da caleça de viagem, que seguira nos rastros do cavalo que o conduzia, uma mulher, alta e morena, de feições duras e pouco simpáticas, mas grandemente bonita, acompanhada de uma menina cuja aparência débil e desgraciosa não sugeria senão 7 anos, quando, na realidade, contava 10, um ano a mais, portanto, do que a pequena Esmeralda, que continuava no internato de Lisboa.

* * *

Pouco a pouco Severina Soares introduzia sua própria displicência no recinto doméstico, que dirigira a princípio a título de simples zeladora, à falta de uma legítima senhora, para, com o decorrer dos dias, insinuar-se sutilmente, concedendo-se direitos que, em verdade, não possuía! Escandalizada e ofendida com a intromissão indébita, a Sra.

A tragédia de Santa Maria

Conceição preferira retirar-se da fazenda para a Corte, não se adaptando ao indecoroso proceder do irmão. Este, não obstante cônscio do mal que praticara, conservava-se discreto, não concedendo à amante senão limitada liberdade na direção dos domínios, enceguecido, porém, pelo próprio orgulho, que o inibia perceber o avanço que a moça pernambucana tomava na autonomia do antigo Solar. Tratava-a Barbedo com altivez, sem jamais lhe demonstrar afetos; no entanto, fornecia-lhe, e à filha, o mais desvanecedor conforto, o que a ambas permitia o se ataviarem de grandes damas, a despeito da ausência de graças naturais, que nelas não existiam. Por outro lado, Severina teria o dever de se apresentar discretamente, como simples zeladora da casa, o que a irritava tacitamente; e à própria criança, a quem medicara com bondade debelando-lhe o mal físico, meu altivo compadre não concedia senão um trato severo e respeitável, dela exigindo a máxima consideração à sua autoridade. Intimamente, singular aversão, vaga e indefinível, nutria por mãe e filha, e, muitas vezes, em momentos de íntimas perquirições, indagava dos próprios pensamentos porque concordara em trazê-las para o próprio lar, lamentando a fraqueza que o arrastara a penalizar-se tanto de uma como de outra.

Os anos passavam... Da intimidade doméstica o acontecimento avançara até o domínio do público... e ainda que o rico fazendeiro desejasse contrair matrimônio, em família considerada e proba, já não seria possível, porque não encontraria quem em sua palavra confiasse para tão séria finalidade! Cada hora escoada à frente das rotas de Barbedo, conservando a ligação impudica, seria um novo elo a entrelaçá-los, permitindo a Severina um triunfo a mais e àquele incapacitando para um rompimento que dia a dia menos probabilidade tinha de se efetivar! Não raramente, a sagaz nordestina ousara averiguar possibilidades para a legalização da situação. A ambição sobre os haveres de Antônio de Barbedo criava em sua mente cúpida o desejo de se tornar realmente a senhora daquelas imensas propriedades, legitimar a filha, facultando--lhe o uso do nome ilustre, assim provendo-lhe futuro auspicioso a par da herdeira que sabia existir em além-mar, como no coração saudoso de seu pai! A tão ingênuas insinuações, porém, Barbedo gargalhava, hostil e desprezativo, quando não reprimia tão ambiciosos ímpetos com observações chocantes, ofensivas. Todavia, Severina Soares perseverava nos mesmos intentos, não esmorecendo na peleja a respeito daquele a quem sutilmente cada vez mais enredava nas próprias maquinações...

Aberto que foi este parêntesis a fim de equilibrarmos nossas informações em marcha inteligível, afastemo-nos de Santa Maria em busca do oceano, o qual transporemos voltando a Portugal — cenário encantador a que não nos permitiremos dispensar para estas singelas narrações.

4

CORAÇÕES EM FLOR...

Já vistes o botão de rosa branca, alvo e imaculado, sobre cujas cetinosas pétalas os raios do sol nascente estendem suas inefáveis fulgurâncias, docemente colorindo-o entre ósculos de luz reconfortadora e revivescente?...

Assim era Esmeralda de Barbedo ao completar as 17 primaveras, risonhas e prometedoras!

Esbelta, linda, graciosa, estampava também na fisionomia cândida e afável aquela vivacidade radiosa e bem-humorada das criaturas muito jovens, que esperam do transcurso da existência todas as benesses, descortinando um porvir, por meio do prisma dos próprios sonhos, absolutamente idêntico ao ideado pelas ânsias sublimes do coração florescente. Bondosa até a piedade, sincera e amável até a dedicação, seu caráter seria como o escrínio estelífero[21] em que as mais formosas manifestações da nobreza de princípios cintilavam quais joias de inusitado valor!...

---
[21] N.E.: Cheio de estrelas; estrelado.

Corria o ano 1880... e o mês de dezembro, que se anunciava chuvoso e álgido, trouxera-a do internato de Lisboa para a encantadora Quinta Feliz, nos arredores de Coimbra, onde residiam seus avós maternos e em cujo convívio invariavelmente passava as festas de Natal e Ano Bom. Seus lindos cabelos escuros, como os do pai, caem em madeixas veludosas sobre os ombros graciosos, depois de caprichosamente organizados ao alto da cabeça, na qual cachos de anéis fartos são atados por faceiro laço de fita branca, enquanto elegante vestido de lã, também branca, aprimorando-lhe o talhe delicado, torna sua inconfundível estampa obra-prima de graça e beleza, só comparável aos anjos retratados pelo pincel dos artistas do passado.

Encontra-se alegre e felicíssima a linda descendente dos altivos "de Maria e Sequeira de Barbedo", nessa tarde plúmbea[22] em que a reencontramos depois de tantos anos de ausência. E, sentada ao seu magnífico Pleyel para concertos, com que os avós acharam por bem presenteá-la nesse fim de ano, e em cujo harmonioso teclado ensaia as mais ternas canções que o sentimentalismo romântico de Portugal lhe vem inspirando, ela sorri e canta, a voz dulçorosa e angelical, esperando repeti-las para os convidados durante a festa que os carinhosos avós oferecerão em sua honra, pela passagem do seu próximo aniversário natalício. No entanto, essa festa terá lugar antes mesmo do Natal, porque essa data fulgurante e auspiciosa para a cristandade evoca também luto e mágoas para os de Queirós e Sequeira de Barbedo, visto que assinala o passamento da linda flor que fora Maria Susana, mãe de Esmeralda. Mobilada com sobriedade, a sala, meio patriarcal, apresentando distinção e bom gosto regional na sua decoração, está como que velada por sugestiva penumbra, propícia aos sonhos fagueiros que volueteiam em torno daquele cérebro ainda não contaminado pelas desarmonias mentais, pois os reposteiros das sacadas estão descidos, devido às chuvas, enquanto pelos aparadores próximos as últimas rosas rescendem seus derradeiros perfumes, aprisionadas em ricas jarras de faiança. Lá fora estende--se a Quinta Feliz qual presépio exuberante de encantos, com suas eiras

---

[22] N.E.: Relativa ao chumbo, que tem sua cor. Tristonha, soturna, pesada.

ricamente cultivadas, os olivais fecundos e os vinhedos suntuosos cultivados com esmeros paternais pelo próprio Dr. Ambrósio de Queirós — o velho pai de Maria Susana, que não desdenha a Agricultura nas horas em que os deveres da sua profissão de apóstolo da Medicina não o mantêm muros afora do lar. Os canteiros de rosas e papoulas, os gerânios encarnados e os cravos rubros das janelas, já mortos, encharcados pela chuva até as raízes, já não irisam com suas graças desvanecedoras os jardins que, na primavera, reviverão em festas de cores e perfumes, sob os cuidados do paciente Queirós. Lá estão os loureiros altivos, os choupos e os castanheiros emprestando majestosa beleza ao ambiente... E, além, o bosquete de cedros e faias onde a família almoça aos domingos, durante o verão, com as sebes de madressilvas contornando pitorescamente a entrada principal da aprazível residência...

Em dado momento a jovem suspende o trabalho em que se empolga, retira do gracioso bolso do vestido uma volumosa carta, já lida e relida muitas vezes, e novamente lê, entre risonha e comovida, os olhos ameigados a cada nova frase que distingue, o coração precípite e enternecido, o patético poema que se segue, porque a carta retrata lealmente o estado vibratório-emocional do nobre coração que a ditou:

"Minha adorada Esmeralda,

A nossa querida amiga Pamela Cesarini participou-me tua chegada a Coimbra, à tarde de ontem. Aqui me tens, minha querida, depositando a teus pés os meus mais efusivos cumprimentos de boas-vindas, ansioso pelo dia em que poderei cumprimentar-te pessoalmente... isto é, por essa festa do teu aniversário, que, há um ano, desde o teu regresso ao Internato, eu espero com saudade! Oh! como decorreu lento, irritante na sua morosidade, este ano de 1880, para que me fosse permitida a ventura de novamente contemplar tua angelical beleza! Quero-te tanto, Esmeralda!... E se as fulgurações do nosso amor um dia deixarem de aclarar meus atos e meu destino, serei o mais desgraçado dos homens, e sucumbirei, certamente, sob o peso de tão áspera desdita! No decorrer deste ano, impossibilitado de te ver, sem o refrigério de poder confessar-te minhas ânsias, pressentimentos sombrios combaliram-me a mente, criando sonhos angustiosos para o meu sono, durante os quais me via desgraçado a debater-me na tétrica solidão de um cárcere, despojado dos tesouros do teu amor! Mas, agora, que voltas a Coimbra e que tão doces esperanças me acenas por meio do noticiário de Pamela a teu respeito, asseverando que sou bem-querido pelo teu coração, desvaneceram-se os temores, porque minha alma se reconfortou e aqueceu com a bênção da tua presença! Há um ano apenas que os Céus me permitiram a ventura de conhecer-te. Ah! foi pelo Natal passado, naquela outra comemoração do teu aniversário! Retornaste, depois, ao Internato e eu permaneci em Coimbra, havendo-nos visto e nos falado apenas duas vezes mais! Não obstante, minha querida, hoje sinto como se há séculos vivesse escravizado ao doce jugo do teu amor, nutrindo a impressão de que dataria de um passado longínquo e impenetrável as afinidades que nos irmanam!... Apresso-me a dar-te a notícia feliz de que cumpri religiosamente as recomendações por ti feitas a mim, à despedida para o teu regresso a Lisboa, há justamente um ano: abandonei definitivamente a boêmia, esqueci para sempre o jogo, querida Esmeralda! Esqueci-o porque tu me pediste, os lindos olhos nublados de pranto, que o fizesse, por teu amor! Espero, por isso mesmo, ser lealmente correspondido no intenso amor que te consagro, porque asseveraste que — se meus costumes se fizessem dignificantes dedicar-me-ias teus afetos, aceitando minha mão de esposo, que, então, te ofereci, para quando nossa idade e a conclusão de nossos estudos o permitirem... Duvidarás da veracidade do que afirmo? Oh! dize a Pamela que pergunte a Daniel — ele tem sido o meu companheiro de todos os momentos!... Pamela asseverou-me que visitarás a Suíça, provavelmente estacionando em Zurique, na próxima primavera, antes de ingressares no educandário das freiras de Sion, em Paris, onde aperfeiçoarás os teus estudos. Ah! Antevejo os dias venturosos que desfrutaremos através das formosas paisagens suíças, pois que tantas alegrias hei proporcionado a meu avô, no curso de Direito que venho fazendo na Universidade, que o excelente velhinho entendeu presentear-me com uma estação de férias na Suíça! Como anseio pela primavera, que nos encaminhará àquele país encantador, permitindo-nos convívio diário!...

Pamela irá visitar-te... Levar-te-á esta carta... Oh! como a invejo! Ela apressa-me, não posso continuar... E, no entanto, quisera dizer-te ainda tantas coisas que me transbordam do coração!..."

Ora, a vibrante missiva trazia por assinatura o singelo diminutivo de um nome próprio que, da intimidade de um lar brasileiro, se transportara com o seu portador para Portugal, tornando-se popular e benquisto entre os estudantes e jovens de Coimbra: Bentinho!

Radiante, a filha de Barbedo ocultou novamente a preciosa dádiva ofertada ao seu coração, e recomeçou a melindrosa tarefa que se impusera ao piano.

Efetivamente, um ano antes, durante encantadora festa na Quinta Feliz, Esmeralda tivera ensejo de travar conhecimento com seu jovem patrício Bento José de Souza Gonçalves, que, como sabemos, o pai enviara do Brasil, esperançado de que novos métodos disciplinares o tornassem útil à família e à sociedade.

Não se iludira o zeloso genitor. O jovem Souza Gonçalves que, por essa época, contaria 22 primaveras, aplicara-se ao estudo tão ardorosamente que bem depressa atingiria o bacharelato, honorificando-se em Direito e leis, pois, destacava-se como dos melhores universitários de Coimbra. Seus méritos eram brilhantes e incontestáveis. Discursava com ardor e veemência tais que, durante simples exemplificação para a cátedra, dir-se-ia fazê-lo em um tribunal, causando admiração aos próprios mestres pela profundeza dos conhecimentos e eloquência da lógica. Crescia-lhe o valor pessoal, porém, quando se sabia dele que também era inspirado burilador do verso clássico, que em Portugal, e Coimbra, principalmente, tão ao gosto dos intelectuais tem sido até os dias presentes; e seus poemas, vazados em sadio idealismo, tornaram-se, como as teses e os discursos, aplaudidos por quantos os conheciam.

Entretanto, só a muito custo, e graças à poderosa influência de Esmeralda sobre o seu coração, pôde Bentinho dominar o hábito de jogar as cartas, desastroso pendor cujos reflexos muitos desgostos acarretariam para o seu futuro, ativado pelas perniciosas companhias de que se rodeara desde a juventude passada em liberdades excessivas na capital do seu país. Em Coimbra, logo de início, frequentemente valia-se do aviltante recurso de mercadejar com os próprios livros e até com o próprio vestuário, a fim de solver dívidas importunas, fatos esses cuja notícia, se chegasse ao conhecimento do velho Sr. Gonçalves, valer-lhe-ia repressões humilhantes para um estudante do seu valor! Excetuando-se esse lamentável traço de inferioridade, mostrava-se o jovem brasileiro portador de tão apreciáveis qualidades morais e intelectuais e tão cativante cavalheirismo, que impossível seria às pessoas de suas relações não se renderem às simpatias que de sua personalidade irradiavam. Dentre seus mais íntimos amigos, destacava-se a família Cesarini, de origem italiana, cujos títulos nobiliárquicos a tornava sumamente respeitável. Daniel e Pamela eram, pois, irmãos; e confrontando o Solar de sua residência com as propriedades dos Souza Gonçalves, tornara-se fácil à vivacidade dos dois jovens um entendimento amistoso para toda a família, ainda porque Pamela, graciosa boneca de 15 primaveras, se educava em Lisboa no mesmo Internato em que vivia Esmeralda. Fora, portanto, por meio dos nobres Cesarini que Bentinho lograra aproximar-se da filha de Barbedo, quando apenas dela ouvira falar pela graciosa Pamela.

Por esse tempo, o moço estudante apresentava-se fisicamente como dos mais belos tipos dos mancebos de sua época. Moreno e delgado, um tanto fino de talhe, possuía grandes olhos negros, vivos e penetrantes, e fronte ampla indicando inteligência e capacidade. Seus cabelos eram também negros e fartos, algo compridos como de uso entre os elegantes, artistas e intelectuais de então, a roçarem pela nuca, enquanto fino bigode, luzidio e bem tratado, e a indispensável "mosca" entre o lábio inferior e o queixo lhe emprestavam acentuada dignidade e distinção fisionômica muito recomendável — traço característico dos varões do século passado.

Esmeralda amava-o quanto poderia fazê-lo um coração na sua idade. Por isso mesmo fora com a mais profunda lealdade que ternamente lhe afirmara o propósito de perseverar no seu afeto até a possibilidade do matrimônio. Então, durante a festa, observando-os, belos e muito cultos, ambos revelando incomuns dotes artísticos, pois que Bentinho compusera delicado poema saudando a aniversariante, e o declamara sob o agrado e as simpatias gerais, para, em seguida, encantar os assistentes, fazendo-se ouvir à flauta, acompanhado ao piano pela formosa Esmeralda, que se apresentava radiante de felicidade — o velho Dr. Queirós pela primeira vez pensou na possibilidade de vê-los unidos em matrimônio, uma vez compreendendo os dois jovens simultaneamente atraídos por visível inclinação amorosa. Por outro lado, apresentado ao digno médico um ano antes pelos Cesarini, o moço brasileiro, tão digna e altivamente se ativera no convívio das novas relações de amizade, que conquistara definitivamente a estima de toda a família de sua amada. Nessa noite, portanto, ao vê-los exuberantes de vida e mocidade ao compasso das valsas ou atentos a novos números musicais, pensava o velho avô em que não seria desagradável uma aliança entre os Souza Gonçalves e os Sequeira de Barbedo, a despeito dos comentários que pretendiam afirmar não serem os primeiros capazes de ombrear financeiramente com os segundos, visto que o genitor de Bento José não teria logrado, em além--mar, a emancipação econômica que conseguiram os de Maria, o mais alto padrão de vida possível a pequenos titulares de Portugal e do Brasil.

Entrementes, pelos dias subsequentes avolumava-se a terna afinidade do coração dos dois jovens brasileiros, e tal se revelava a grandiosidade desse sentimento que dentro em pouco o moço doutorando se viu apontado como padrão dos mancebos ponderados e conscientes das responsabilidades assumidas perante a consciência própria, como perante a sociedade. Dedicara-se, efetivamente, à conquista de um futuro alicerçado em situações respeitáveis, abrilhantado pelos próprios valores pessoais, já que lhe escasseava a fortuna material ou financeira. E foi sob o impulso generoso de tais disposições que se escoaram as derradeiras etapas ainda necessárias à conquista do seu grau de doutor em Direito e leis.

* * *

Ei-los, porém, na aprazível Suíça, por eles visitada durante dois anos consecutivos, desfrutando as deliciosas férias de verão entre os encantamentos da aprazível mansão dos cantões e dos mais belos lagos... Acompanhada pelos Cesarini, Esmeralda deixara-se levar entre sonhos e alacridades durante toda a etapa do veraneio magnífico. O moço advogado incorporara-se à comitiva e lá se fora, igualmente exuberante de felicidade, peregrinando, ao lado de sua amada, de cidade a cidade, de cantão a cantão, em visitações agradáveis e fecundas, porque assaz instrutivas, durante as quais não sabia o que mais admirar — se a hospitalidade afável e generosa do seu laborioso e comedido povo ou a exuberância e beleza das suas paisagens sonhadoras. Ambos, ao lado da meiga Pamela e de Daniel, escalavam montanhas coroadas de pinheiros opulentos, galgando alturas, para, de mãos entrelaçadas, se darem o prazer de contemplar, extasiados, os magnificentes panoramas de vales verdes e frescos primorosamente cultivados, que os regatos murmurejantes cortavam, despenhando-se de alturas vertiginosas; ou as faldas dos montes relvados onde o gado se nutria chocalhando as campainhas monótonas sob o olhar vigilante do pastor, a cantar as melodias doces e tristes do seu cantão. Para além os picos gelados dos Alpes maciços, inacessíveis à sua fragilidade de jovens citadinos, mas eternamente luzindo ao Sol suas geleiras quais fantásticos diamantes, nos quais floresciam as edelvais imaculadas, lindas espécies da flora do gelo, que somente o arrojo e a audácia dos verdadeiros alpinistas poderiam colher ou contemplar. Mas aqui, sobre a montanha, eis um tapete de florezinhas agrestes, delicadas, sob as carícias do Sol do estio, ornamentando o trajeto que faziam: são os miosótis cor do céu, a digitális vermelha, as campânulas graciosas, giestas e arnicas da cor de ouro, o precioso acônito de flor azul, que Esmeralda vai colhendo prazerosa, entre risos, levando-as consigo como doces relíquias de horas inesquecíveis de felicidade! Zurique foi, porém, dos locais visitados, o que mais profundamente lhes penetrou a sensibilidade! Aquelas ruas longas e muito limpas, como imersas em sonhos pacíficos, o cais do Limmat, pitoresco e sereno, cortado de pontezinhas graciosas sob o frescor da arborização perfumosa; seus edifícios majestosos apontando para o firmamento setas ou torrezinhas agudas e chaminés sugestivas; o lago famoso, junto do qual a alma se embevece enternecida, como alentada para atitudes mais nobres, decalcaram-se tão sentidamente em seus corações que de certa feita, entre comovido e pensativo, falava o moço brasileiro à sua amada, enquanto contemplavam a paisagem linda, do terraço do hotel:

— Se deveres sacrossantos me não chamassem ao Brasil, deixar-me-ia ficar residindo nesta hospitaleira mansão da Terra, que é a Suíça... Tenho a vaga impressão, minha querida, de que se nos fora possível realizar agora os nossos esponsais, e fixarmos aqui a nossa residência, seríamos plenamente felizes... ao passo que frequentemente súbitos e estranhos terrores me surpreendem o coração ao raciocinar que somente em nossa pátria nos poderemos unir para sempre... como se uma vez ali algo desesperador se abatesse sobre nós...

Ela, porém, ingênua e confiante, fazendo-se adorável em sua meiguice, pousou sobre a dele a sua mão delicada, e murmurou conciliadora e esperançada:

— Foste, como eu, educado na Europa... Tuas impressões não passam de falazes preocupações de quem dentro em breve deixará os centros mais civilizados do mundo pelas plagas natais que, conquanto muito queridas, jazem em longitude desanimadora, ainda envolta nas brumas de intrincados problemas... Tenho certeza, porém, de que, ainda assim, sob a doçura daqueles céus brasileiros que jamais esqueci e entre o esplendor daquela flora incomparável, tão rude quanto promissora, seremos inteiramente felizes, embalados pelo amor que transfigura nossos corações...

Ele contemplou-a enternecido e suas mãos se apertaram num gesto afetuoso... E então, sob o dulçor das brisas frescas que passavam farfalhantes, e o zimbório azul em que as primeiras estrelas se acendiam puras e cristalinas, suas almas se transportaram comovidas, e seus corações se buscaram felizes, no doce contato de um ósculo extraído do mais sagrado escaninho do ser...

5

MÃE E FILHA

Desde o Natal de 1863 o Solar de Santa Maria não se vira assim engalanado — as bandeirolas multicores esvoaçando, presas a longos fios de cordéis, entre ramarias de bambus armados em arcos de triunfo, tomando toda a região que partia da estrada real às estradas principais e laterais do curioso edifício, estendendo-se ainda pelos pátios e jardins, pois não esqueçamos de que a imponente residência era disposta em feitio de E, com três fachadas distintas, destacadas do corpo do edifício e orladas de varandins e terraços magníficos, em toda a extensão do mesmo, permitindo, porém, acesso independente para o interior, por todas elas, num labirinto caprichoso de entradas e passagens artísticas de comunicações interdependentes.

Os alpendres e sacadas, igualmente embandeirados, apresentam rosas e cravos entrelaçados entre as ramagens dos bambus que se enroscam às grades e aos corrimões das escadarias. E, de vez em quando, o frágil sino da capela, repicando festivamente, avisa a um operador consciencioso que é hora de espocar novos foguetes, que sobem ao espaço entre o chiar característico da pólvora que se queima, deixando um rastilho interessante de fumaças e faíscas. E novos rojões estalam detonando no ar, para temor das velhinhas tímidas e das crianças, e prazer dos moços. Aí se vê a filarmônica da fazenda, pitoresca no conjunto que apresenta os músicos constituídos de escravos agaloados, mas de pés descalços,[23] que se encontram a postos, sobre um palanque igualmente ornamentado, cônscios da importância do papel que representam, nesse dia auspicioso, os instrumentos muito polidos luzindo aos reflexos do sol rescaldante o seu metal cor de ouro. As mais gradas personagens da localidade acorreram, reunidas para a celebração de um acontecimento jubiloso. E os escravos, formados como batalhão para a revista, abriam alas ao longo da entrada do centro, envergando trajes novos — camisas de algodão cru e calças de zuarte azul, para os homens; bata de algodão cru e saia de zuarte preto, para as mulheres. Entre estas destacava-se uma, ainda muito jovem, pela real satisfação que deixava transparecer no semblante de descendência africana, e que trazia pela mão um "moleque", seu filho, de 4 anos. Era Maria Rosa, a irmã colaça da filha do rico proprietário de tão vastos domínios. A seu lado, a outrora pequena e linda mulatinha Juanita, agora soberba rapariga de 20 anos; e, fronteiriço a ambas, na coluna feita pelos homens, Cassiano Sebastião, seu noivo, mulato cantador e valente, perito nas "congadas", a que emprestava sabor incomparável de animação, dono de boa e sensual voz, que arrebatava as jovens escravas quando entoava ao ar as loas ardentes ou melancólicas ao embater da enxada reluzente ou ao rinchar do engenho, ou ainda ao som da viola humilde e dolente, nas noites de luar, quando às próprias "sinhazinhas" encantava e enternecia...

Entre os habitantes de X que acorreram à festividade, destacaremos apenas um, conquanto outros ali houvesse dignos de menção: o Dr. Bento José de Souza Gonçalves, que deixara a Europa recentemente, de posse do seu honroso pergaminho, e que, requisitando das leis do Império a necessária concessão, mantinha banca de advogado na Corte de S. Sebastião do Rio de Janeiro, assim como em X.

---

[23] N.E.: A um escravo não era permitido o uso do calçado.

A tragédia de Santa Maria

A expectativa entre a pequena multidão é, pois, de alegria e jubilosa ansiedade. Todos sorriem... O velho escravo Anacleto, que levara nos braços, vezes sem conta, a filha de Barbedo quando, pequenina, se intrometia pelas senzalas ao encalço de Maria Rosa, envergando, radiante qual simplório adolescente, as calças novas de zuarte, incluído no batalhão de escravos, dava à língua e ria incessantemente, externando a alegria que lhe inundava a alma.

Não obstante, em Santa Maria dois corações havia que se estorciam em ríctus de amargurosas apreensões; duas almas solitárias pela inferioridade das tendências malévolas; duas individualidades em quem as paixões desordenadas medravam à sombra de refalsado egoísmo, incentivando o conluio de sentimentos íntimos, tais como a inveja e o ciúme, o despeito e a ambição indomável, e em cujas mentes as sombrias sugestões do mal sopravam desoladoras inspirações. Eram Severina Soares, a antiga amásia do Sr. Sequeira de Barbedo — agora elevado à honra da comenda pela magnanimidade do Sr. D. Pedro II —, e sua filha Ana Maria. Mantinham-se ambas embebidas no fel de múltiplas odiosidades, à margem da satisfação geral, chocadas por angustioso despeito.

É que Esmeralda de Barbedo chegaria naquela tarde ao berço natal, de regresso da Europa, já concluídos os estudos. Um pajem acabara de desmontar do cavalo, que galopara sem esmorecimentos desde a estrada de X anunciando que a linda sinhazinha desembarcara do trem de ferro à Estação, tomara a caleça e não tardaria a entrar em sua casa, pois a carruagem rodava veloz, puxada a quatro cavalos ligeiros e resistentes... O pai fora esperá-la à Corte e desde muitos dias se achava ausente do lar, mas conferenciara com administradores e superintendentes sobre o melhor programa a se realizar para uma condigna recepção à sua herdeira, e agora, à espera, tudo era emoção e alegria em Santa Maria. Voltava, porém, acompanhada dos avós, nossos antigos amigos Dr. Ambrósio de Queirós e esposa, os quais, inconformados com a separação da neta querida, deliberaram aventurar-se à viagem intentando obter do genro a permissão para sua volta definitiva a Portugal, em sua companhia.

Outra finalidade, no entanto, teria o sacrifício dos generosos velhinhos: — patrocinar junto do altivo Barbedo o pedido da mão de Esmeralda pelo Dr. Souza Gonçalves — ou Bentinho, como o tratavam na intimidade. A moça confessara aos avós os afetos que lhe incendiavam o coração pelo jovem patrício, e este, por sua vez, lealmente vazara para o entendimento dos venerandos amigos as próprias ânsias e pretensões, solicitando-lhes os bons ofícios junto do pai de sua amada, em seu favor. E eram, pois, esperados, nessa tarde, com maior ansiedade e emoção pelo mesmo Dr. Bento José de Souza Gonçalves, mais que por outro qualquer circunstante. Observando, porém, as faustosas honrarias com que Barbedo houvera por bem surpreender a filha, o ex-universitário de Coimbra a si mesmo perquiria se o ricaço comendador iria até a generosidade de conceder a mão de sua herdeira a um simples advogado pouco menos do que pobre. Enquanto, porém, os músicos executam novas peças do seu vasto repertório, os foguetes espocam, os sinos da Capela bimbalham, os negros aguardam sob um Sol causticante e Bentinho medita... sigamos a linha das suas elucubrações a fim de nos inteirarmos de pormenores acerca de seus passos:

Ele deixara Portugal cerca de dois anos antes de Esmeralda regressar ao Brasil. O avô e o pai, cotizando-se, compreendendo que o rapaz desejava realmente progredir, mandaram-no escolher entre a herança que deveria receber por morte de ambos e a bolsa de aperfeiçoamentos na França. Bentinho opinou pela última e, ansiando por um ideal cultural avantajado, ilustrou-se ainda mais ao contato com mestres franceses. Encontrava-se na Alemanha, porém, para onde partira em busca de outros conhecimentos, quando alarmante notícia o levou a alterar as programações que se traçara: uma carta de Dulce, procedente da longínqua X, e datada de dois meses antes, comunicava-lhe a enfermidade incurável que surpreendera seu pai e a necessidade do seu regresso à pátria a fim de assumir a direção dos negócios. O jovem doutor, sem mesmo voltar a Portugal, antes despedindo-se dos entes queridos que ali o esperavam por meio de extensas missivas em que expunha o imperativo das circunstâncias, embarcou incontinente para o Brasil, onde chegou a tempo de cerrar os olhos do velho pai, que expirara em seus braços. Assumida a direção da propriedade, radicais transformações se operaram na mesma. Dulce casara-se em sua ausência, havia muito, residindo no interior de S. Paulo, a ela nem ao marido interessando uma propriedade meio arruinada, já em decréscimo de produção. Comprou-lhe então ele o patrimônio, intentando esforçar-se por levantá-lo para o progresso pleno, e, com efeito, logo de início orientou movimentação nesse sentido, enquanto se repartiu nos desempenhos da sua profissão obtendo lauréis crescentes na defesa das causas que lhe foram entregues.

Bento José educara-se na Europa. Saturara-se de adiantadas ideias sociais e do liberalismo dos povos mais civilizados. Perlustrara capitais onde a cultura atingira pináculos inconfundíveis, iluminando consciências para diretrizes mais modernas. Repugnou-lhe, portanto, até a aversão, o ter de se equilibrar, planejando elevação social, na força da escravatura, valendo-se do braço escravo sofredor e humilhado. Seu próprio caráter, generoso e liberal, pautava-se por normas opostas à política escravocrata dos partidos conservadores. Ademais, a campanha abolicionista, havia muito iniciada com ardor, atingira então o seu mais inflamado nível nos mais adiantados centros brasileiros. A erudita eloquência de Joaquim Nabuco, de Rui Barbosa, de José do Patrocínio, de José Mariano e tantos outros generosos defensores da liberdade dos homens de cor — flamejava quais raios opulentos de luz sobre as consciências, apontando a urgência de uma alforria geral, ainda que os cofres da nação baqueassem à falta de braços para a grande lavoura. Tornaram-se os abolicionistas apóstolos de uma grande causa, venerados pelas multidões, que não regateavam aplausos aos seus transportes de idealistas alumiados pelas chamas do progresso. Pelas colunas dos jornais, em panfletos esparsos pelas ruas, em comícios de teatros e clubes; pela boa literatura e até em peças teatrais — exigiam os democratas e liberais a extinção da escravatura — nódoa ignominiosa maculando o pavilhão nacional tão digno de glórias legítimas!

Bentinho tornou-se abolicionista! Filiou-se aos grandes centros cívicos[24] que se batiam pelo grandioso ideal patriótico e seus discursos, e seus artigos espalhados por todos os jornais liberais da metrópole como da província, assim os seus panfletos, tornaram-se veementes, ardorosos, intransigentes para com as classes conservadoras ao solicitarem medidas governamentais imediatas para se extinguir a escravidão. Todavia, antes de tão audazes atribuições, corajoso e nobre até a admiração, alforriara a própria escravatura sem omitir o mais tenro rebento de suas senzalas, tornando-a em homens livres, trabalhadores assalariados. Tão sugestiva atitude custou-lhe, porém, ódios irreconciliáveis, ataques e críticas impiedosos, de vizinhos e adversários interessados na lavoura servil e escravocratas inveterados, além de imensuráveis sacrifícios financeiros a fim de conseguir manter em forma a fazenda, cujos trabalhadores, agora ameados, eram dignos colonos recompensados honrosamente pelos serviços que prestassem. Porém, uma vez alforriados, muitos deles se negavam a continuar sujeitos ao trabalho, ainda que assalariados, preferindo a negligência, o ostracismo e a miséria a se curvarem a deveres que lembravam a prepotência dos senhores ou o azorrague dos capatazes, o que resultara para Bentinho, em pouco tempo, lamentáveis perdas financeiras, visto que, impossibilitado de tocar suas culturas à falta de braços suficientes, estas desapareciam rapidamente, num triste ocaso de grandezas. Ser-lhe-ia necessário, a fim de reerguer o patrimônio, o alvitre comum naqueles entristecedores tempos: alugar escravos a outros proprietários, que receberiam a paga, enquanto aqueles prosseguiriam na obrigação de darem à lavoura o maior dos seus esforços, mas ao jovem doutor, abolicionista e liberal, repugnava a medida, porventura mais deprimente do que manter a própria escravatura.

E o resultado fora que, à falta de colonos, os cafezais definhavam, os milharais apodreciam nos campos, passado o tempo apropriado à sega, enquanto o feijão se perdia sob a chuva, corroído pelas lagartas, sem mãos hábeis que o recolhessem aos celeiros...

---

[24] N.E.: "Sociedade Brasileira contra a Escravidão" e "Associação Central Abolicionista" eram dos mais importantes.

Bento José pensava em tudo isso contemplando os 550 escravos do comendador, formados à frente da Casa-grande, e a opulência de suas eiras, e, no íntimo, exclamava, reconfortado pelas aprovações da consciência:

— Ao menos estarei a coberto de pretender erguer-me sobre pedestais humanos...

— Em que meditais, Sr. Dr. Gonçalves, tão absorto vos encontro, desinteressado das festividades?... Há meia hora os demais moços vos procuram desgostosos por não vos aliardes a eles para a animação dos folguedos...

Era Severina Soares, que se acercara sutilmente, acompanhada pela filha, a quem enlaçava pela cintura.

Voltou-se bruscamente o moço advogado, enquanto disfarçado constrangimento lhe carregou a fisionomia. Levantou-se e cumprimentou-as polidamente, oferecendo-lhes cadeiras.

— Não pensava, minha senhora — asseverou evasivamente —, apenas contemplava a ornamentação caprichosa que alegra este auspicioso Solar...

A pernambucana sacudiu os ombros num gesto de enfado, e, com desprezível trejeito labial, retornou:

— Quando o dinheiro é excessivo e não se encontra em que gastá-lo, deitam-no fora, Sr. doutor!... É o que faz esse opulento comendador, que se torna ridículo e inconsequente em tudo que se relaciona à filha, a quem idolatra qual velho piegas de ribalta... Julga, pelo que se vê, o mundo pequeno em demasia para ela... e costuma dizer que sacrificaria a própria vida se soubesse assim lhe causar prazer...

— Assim agem os pais grandemente amorosos, minha senhora... O Sr. comendador certamente não será o único a afirmá-lo...

— Mas é excessivo em suas concessões e deitará a perder a própria filha, que, ao que dizem, escraviza-o aos próprios caprichos... Não bastavam as viagens à Europa quase anualmente, por exigências dela... nem o vertiginoso dispêndio com os estudos, primeiro em Lisboa, depois em Paris e não sei onde mais... como se a menina precisasse tornar-se algum doutor... Dizem que ela é uma sumidade!... e que está muita acima de minha Ana Maria, em instrução, o que não será de admirar, porque esta é apenas afilhada, enquanto que a outra é filha única!... Oh! Ela é habilitada em línguas estrangeiras, em música, como em prendas domésticas... Diz o pai que é também poetisa, declamadora, cantora, não sei o que mais... O que virá ela fazer nesta fazenda, com tanta sabedoria, é que não compreendo... Para que há de uma mulher ser tão adiantada?... Não me escandalizarei se, um dia, a tal moça der um desgosto ao pai... Dizem que...

Ele interrompeu, porém, cauteloso e constrangido, a despeitada facúndia da interlocutora, e, abrupto, indagou, sem atinar com outra coisa que a interrompesse:

— E a menina Ana Maria quando retornará ao Internato a fim de concluir os estudos?...

— Oh! — acudiu sorridente a antiga zeladora, supondo real interesse pela filha, na expressão inadvertida de Bentinho. — Muito breve, talvez ainda este ano... e então poderá casar-se, segundo o desejo de Barbedo... Quisera eu que também se instruísse na Europa, como a "outra"... Mas o comendador é ingrato e egoísta, opõe-se intransigentemente...

Ana Maria, no entanto, fitava Bento José com ansiedade e fascinação. Desde que, regressando da Europa, o moço advogado procurara relacionar-se com o genitor de sua amada, como amigo que era da família Ambrósio de Queirós, de Coimbra, a jovem pernambucana enamorara-se dele, certa de que as reiteradas visitas pelo mesmo feitas, ao Solar, seriam de preferência intencionais a ela, e não ao comendador. Necessariamente, o advogado rendia-lhe as homenagens do polimento,

A tragédia de Santa Maria

porquanto, Barbedo, apresentando-lha como sua afilhada e pupila, certamente para ela atrairia as atenções devidas às pessoas de consideração. Por essa época, Severina e sua filha haviam tomado grande ascendência sobre o comendador, a qual, insensivelmente, estendera-se sobre toda a mansão. Perceberia este a lenta insinuação da amásia em sua vida ou, encegado pelo orgulho ou pelos afazeres, supô-la-ia tão desinteressada, na sua falsa condição de zeladora, quanto ele próprio desejaria conservá-la?... O certo era que, com o tempo, Severina sentira-se credora de todos os direitos pertinentes a uma esposa legítima, mesmo da fortuna de Barbedo, boa parte da qual esperava herdar um dia. Por sua vez, Antônio de Maria, afastado das mais caras afeições de família, que reanimar poderiam o seu ardoroso coração para as nobres aspirações sentimentais, habituara-se sutilmente à companhia da atraente mulher, que não regateava esforços para conquistar-lhe as simpatias e conservá-las. Certamente, não a amava ele. Queria-a, tão somente, dela necessitando na solidão de que se cercara, acomodando-se aos afetos que inspirara. Severina, ao contrário, amava-o profundamente, a si mesma permitindo todos os recursos a fim de conservar-se a seu lado, fosse na vexatória situação a que se via relegada desde longa data ou como legítima consorte que esperava ainda ser. Já em numerosas ocasiões instara com impertinência para que a desposasse, legitimando, depois, Ana Maria, em cujas veias não corria o sangue dos Barbedos, como sabemos, pois que, em verdade, a pobre menina continuava sem paternidade, arrastando a humilhação de ser considerada, no conceito próprio, infeliz produto de uma união ilícita e inconfessável. No entanto, o viúvo de Maria Susana, em cujo caráter o orgulho sobrepujava o sentimento, negava-se ao ato que julgava desdouro para a tradicional honra da família. Não obstante, custeava de boa mente a educação da menina, fornecendo-lhe bons mestres e permitindo-lhe consideração e conforto em seus domínios, prometendo, ademais, à mãe exigente, perene proteção até o advento do casamento.

Ora, tornando-se comensal assíduo de Santa Maria, Bentinho, a princípio, não atinara com as intenções de que se via alvo por parte de Severina e sua filha. Cumulavam-no ambas de atenções e gentilezas, algo exageradas para pessoas de boa educação, mas compreensíveis em personagens afeitas aos impulsos de paixões desordenadas. Requestavam-no assiduamente para companhia em passeios, festas, bailes etc., ao que o moço advogado anuía por distinção, esperando colher valioso concurso futuro para os intentos junto do comendador, isto é, as pretensões quanto à mão de Esmeralda, que continuava nutrindo, pois supunha mãe e filha leais e respeitosas no sentimento que afetavam. Assim era que jamais se furtava a uma valsa com Ana Maria, durante os numerosos saraus a que acorria, acompanhando-as, concedendo-lhes, perfeito cavalheiro, respeitosas gentilezas. Radiantes, as duas interesseiras damas acreditaram tratar-se de uma requesta amorosa; e, a fim de que a ausência de Ana Maria não viesse a esmorecer o entusiasmo do suposto pretendente, Severina Soares participara ao velho senhor de engenho que sua filha desejava descansar das longas fadigas escolares; e, incautamente, retirara-a do colégio onde havia muito tratava de educar-se. Barbedo aquiesceu, desinteressado de que a filha de sua amásia fizesse ou não boa figura na sociedade...

Até que, de uma feita, em certa tarde de domingo, em que, por alguns minutos, casualmente se viram a sós, depois de, com os demais comensais, haverem saboreado o café no alpendre de mármore que o ouro do Sol da tarde lourejava de inexprimíveis tonalidades, Ana Maria, traindo a impaciência de que se deixara invadir a propósito das atitudes discretas do rapaz, a este surpreendeu com a seguinte incômoda perquirição:

— Pretendo em breve retornar ao colégio, Sr. Dr. Gonçalves, a fim de concluir o curso que encetei...

Ele virou-se polido e amável, consoante ordenavam os ditames da boa educação:

— Felicito-vos, senhorita, pela louvável resolução... Uma menina bem-educada é o que de mais encantador existe para aqueles que têm a ventura de rodeá-la...

A tragédia de Santa Maria

— Tenho protelado minha permanência aqui — tornou sorridente, encantada ao deslocar as expressões do interlocutor em favor das próprias suposições —, esperando que nossa situação se defina de vez... e desejaria que me esclarecesse sobre o que pretende tentar... quanto... quero dizer...

Bentinho voltou-se, fitando-a incompreensivo, o pensamento em rodopios inquietantes, vislumbrando no enunciado imprudente desagradáveis consequências.

— Não compreendo, senhorita... — murmurou incapacitado para dizer algo mais expressivo.

— Refiro-me a... Quando pretendeis falar a meu padrinho a nosso respeito?...

Insólito constrangimento confrangeu o íntimo do moço advogado. Compreendera o suficiente para avaliar a difícil situação em que as circunstâncias o haviam colocado. Jamais alimentara — era bem certo — quaisquer entretenimentos sentimentais na alma ingênua e fútil da filha de Severina. Suas homenagens cavalheirescas, de homem de boa sociedade, haviam sido interpretadas erroneamente, o que se tornaria grave, dado os projetos conservados a respeito da pessoa de Esmeralda. Urgia desvencilhar-se da ridícula situação. E foi empertigando-se enfadado, que retrucou, cumprimentando-a para retirar-se:

— Queira perdoar, senhorita... Mas creio haver um mal-entendido... pois que não me assistem razões para falar ao comendador a nosso respeito...

E, dessa tarde em diante, não só espaçara as visitas a Santa Maria como se esquivava da companhia de Severina e de Ana, o que muito profundamente as confundia e amargurava.

Todavia, secreta esperança insistia em alvoroçar o coração da simplória pernambucana e de sua mãe, que ansiava por vê-la consorciar-se com alguém que, como o Dr. Souza Gonçalves, pudesse elevá-la no conceito da sociedade.

Naquela tarde, pois, conversavam ao alpendre com indisfarçável constrangimento por parte do jovem advogado, que se escandalizava ante as displicentes expressões de Severina referentes a Barbedo e sua família. Ela, porém, percebendo-o taciturno e discreto, continuou, pois que, não ignorando que ele fora educado em Coimbra e ali conhecera Esmeralda e seus progenitores, receava algo indefinível obstando às doces aspirações da filha, resultante daquele antigo conhecimento:

— Que ideia formais da filha do comendador, que hoje finalmente retornará ao lar paterno? — exclamava curiosa, enquanto Ana Maria torcia as fitas dos vestidos fitando Bentinho a cada instante, e este perscrutava a estrada que se estendia além, marginada de mangueiras, a descobrir a carruagem, que tardava.

— A melhor possível, minha senhora! — respondeu sem vacilar, abotoando o casaco de talhe impecável, traindo impaciência. — É a mais encantadora menina que conheço... e orgulho-me de ser contado entre o número dos seus amigos...

A antiga zeladora ia responder talvez com um remoque. Subitamente, porém, insólitos rumores atraíram a atenção coletiva.

O serviçal postado na torrezinha da Capela fez vibrar com alvoroço os pequeninos sinos. Novos e contínuos foguetes espocaram, agora com maior intensidade; e, a um aceno do mesmo serviçal, agitando uma bandeira branca, a filarmônica pôs-se a executar álacre e vibrante marcha triunfal: a carruagem esperada despontara na curva do caminho, seguida de mais outra e de uma comitiva de cavaleiros amáveis que as escoltavam, além dos escravos batedores do caminho — Esmeralda voltava ao berço natal qual rainha triunfante esperada com saudade!

A tragédia de Santa Maria

Num gesto espontâneo e vivaz, que atraiçoava a ansiedade tanto tempo recalcada, Bentinho precipitou-se pela escadaria, esquecendo todas as conveniências...

E quando, finalmente, a viatura estacou à beira do primeiro lance de escada, ele próprio abriu a portinhola, fazendo descer sua formosa prometida, assim os bons amigos conimbricenses...

Prorromperam os escravos em saudações ardentes... Alegrias incontidas jorraram de todos os corações reunidos para uma sincera homenagem de boas-vindas... Ela virou-se esbelta e feliz, perscrutando o renque formado pela escravatura. E então viram os convidados algo que jamais conceberiam: Esmeralda reconheceu alguns dos seus antigos amigos das senzalas — Balbina, a boa ama que a amamentara com o próprio seio... Anacleto, que a conduzira nos braços vezes sem conta... Luciana, a bordadeira, que lhe confeccionava os vestidos das bonecas como os da sua corte de negrinhas... Atirou-se nos braços de Balbina e chorou sobre seu ombro, estendendo a mão a Anacleto, que a osculou com a galanteria de um perfeito cavalheiro, enquanto Maria Rosa e Juanita se aproximaram, atendendo a exigências suas...

— Tu, Maria Rosa, com um filho nos braços!... Se contas a minha idade!... — admirou, observando que a irmã colaça trazia um preto pequenino.

— É o afilhado de sinhazinha... Não foi o nosso trato, quando pequeninas?...

Riram-se todos, e ela retorquiu:

— Venham falar-me à Casa-grande... Trago-lhes presentes...

Acercaram-se os convidados e os escravos se dispersaram, bendizendo-a, para as danças e festividades em sua honra. Severina e sua filha, porém, mantinham-se a distância, não coparticipando da alegria geral. Preferiam observar a movimentação da balaustrada dos alpendres, arredias e despeitadas quais duas aves agourentas...

6

VITÓRIA FÁCIL

Durante alguns meses Esmeralda ignorou a verdadeira situação de Severina Soares no domicílio de seu pai. Supunha-a serviçal remunerada — pois via-a diligente e imperiosa na direção doméstica, não raro arbitrária e despótica nas decisões como no trato com escravos e serviçais, o que a levava a constranger-se, sem, contudo, permitir-se a manifestação das íntimas impressões.

Desde os primeiros dias notara a herdeira de Barbedo não haverem as duas zeladoras estimado a sua presença. Dir-se-iam contrafeitas, agastadas, não lhe dispensando jamais a atenção devida e não lhe dirigindo a palavra senão em resposta às suas perguntas, por monossílabos descorteses e visivelmente hostis. Bondosa e tolerante e portadora de acurada educação, a encantadora recém-chegada interpretou tais atitudes como frutos da incivilidade, compreendendo-as brutalizadas na convivência rude da fazenda. Em vez de se prevenir ou agastar-se, pois, procurou atraí-las, ora tentando fazer de Ana Maria uma companheira amável para as horas cotidianas ou à mesma Severina cumulando de gentilezas, certa de que, com a sucessão dos dias, desfar-se-iam as desagradáveis impressões que causara.

No entanto, tão hostis atitudes por parte das duas senhoras não passaram despercebidas à sagacidade do velho Dr. Queirós e sua digna consorte, os quais se dedicaram a uma discreta, mas perseverante observação dos fatos. A audaz desenvoltura de Severina na direção da casa, seus modos soberbos, validando imperiosamente a humilde condição que exercia, bem cedo levaram ao conhecimento do venerando clínico português o que realmente se passava. Ao próprio comendador, colocado em situação difícil em presença da filha como dos sogros respeitáveis, não passavam despercebidas as atitudes incivis da antiga amásia, que se diria impaciente por apresentar, aos olhos daqueles, a vergonhosa ligação, a qual a todo custo ele próprio desejaria ocultar. Reiteradas e violentas altercações sucediam-se então na intimidade dos aposentos de ambos, pois que, muito vasto, o edifício permitia habitações isoladas e até independentes umas das outras.

Propunha Antônio de Maria, compreensivo e conciliador, a Severina e sua filha o deixarem definitivamente a fazenda pela residência na Corte, comprometendo-se ele a prover-lhes conveniente habitação, sustento farto e condigno, situação favorável na sociedade e suas próprias visitas periódicas, pois que — dizia atormentado — temia os conceitos da filha a seu respeito, educada que fora à sombra de princípios nobres e virtuosos, ante os quais os deslizes da moral seriam recebidos com intransigentes reprovações. Mas a antiga zeladora negava-se a um entendimento alegando os quinze anos de dedicação incansável a ele como à sua casa prestados, debulhando-se em lágrimas ou desfazendo-se em súplicas a cada novo arrazoado por ele exposto.

— Mas... não vos abandonarei, minha querida amiga!... Continuarei, a ti como à tua filha, dispensando a mesma proteção! Sereis as mesmas em meu coração!... Convirá, porém, que partais, visto que não estimais minha filha e vos chocastes com sua presença... e a fim de se evitarem possíveis contrariedades futuras...

— Continua, ilustre comendador! — replicava displicente. — Continua com semelhantes pretensões e serei eu mesma que confessarei à linda sinhazinha os direitos que eu e minha filha adquirimos nesta casa durante cerca de quinze anos!...

Ele sorria, superior e acintoso, e interrogava chasqueado:

— E quais os direitos que tendes vós outras, minha pobre amiga, senão aqueles que, espontaneamente, eu consentir em outorgar-vos?... Não vos prometo, por isso mesmo, vida faustosa na Corte?...

Indignada, os olhos esfuziantes de revolta, os lábios lívidos e contraídos, a ardorosa criatura treplicava audaciosa:

— Desejas porventura tratar-me qual a uma desprezível concubina, a quem se procura ofuscar com palacetes, rendas e joias?... Eu quero direitos, Sr. comendador! para mim e minha filha!... Dá faustos à tua filha, que viveu longe de ti entre arminhos e flores, e deixa-me aqui, nesta casa onde vives e onde desejo morrer!... Por que não a levas? Por que a trouxeste?... Que existe aqui para encantá-la e prendê-la?... Tu, a quem apenas conhece, pois que nem mesmo foi criada por ti?... Ah! Ah! Percebo, Sr. comendador! Atiras-me para longe, onde me atormentarei de saudades tuas, pois quero-te acima de tudo neste mundo, recebendo migalhas dos teus favores, quando a felicidade ficará aqui, contigo! Afastas-me para, quando menos o esperar, tu me surpreenderes com um casamento, relegando-me ao desespero por uma noiva que tua filha te impuser! Repeles-me depois de tantos anos de terno convívio, para que me consuma de angústias em qualquer recanto de S. Cristóvão ou da Tijuca, quando aqui te regalarás com teus parceiros, entre alegrias e bajuladores?!... Oh, não!... Jamais sairei desta casa! Isto me pertence também, pelo muito que zelei por tudo e pelo muito que te tenho amado!... Se desejas paz, leva daqui a tua filha, que não precisa disto para ser feliz!... Leva-a daqui, leva-a! porque, quanto a mim, ficarei para sempre!...

E pela noite adentro, até que os primeiros albores do dia despontassem no horizonte longínquo, desfazendo a sonolência das aves ansiosas pelos raios vivificantes do Sol generoso, prosseguiam as lamentáveis cenas, porque nem ele igualmente se dobrava às injunções da rude criatura, irritado ante o desrespeito daquela que, intimamente, talvez tivesse razão, mas a quem desprezara desde o primeiro dia, e da qual, efetivamente, desejaria apartar-se:

— Perdão, senhora! — retorquia autoritário. — Deveis lembrar-vos de que a intrusa neste Solar sois vós, e não a minha filha!... Esmeralda está em sua casa, no berço em que nasceu!... Nestas dependências soltou ela o primeiro vagido no instante em que veio ao mundo e em que sua mãe exalou o derradeiro suspiro!... Em o nosso jazigo de X estão sepultados os despojos de sua mãe; ali ficarão os meus, um dia, e até os dela própria... mas jamais os vossos, senhora Severina Soares!... Compreendeis agora?...

"Vós e vossa filha deveríeis considerar-vos muito ditosas por não expedi-las eu antes para o Recife, onde vos encontrei, medida que não tomarei, porquanto, realmente, não sou mau, e atendendo, efetivamente, aos serviços agora alegados e à companhia que realmente me fizestes durante a minha solidão! Sabei, pois, senhora zeladora — que Esmeralda de Barbedo é hoje, e será futuramente, a única senhora nestes domínios! Que deseja aqui residir para sempre e que nada, ouvistes? nada a retirará da sua mansão a não ser a vontade ou os caprichos dela própria!..."

Vencida e com o coração a se estorcer em ondas de fel, a ciumenta mulher prorrompia em pranto exaltado. Enfadado, o atribulado varão retirava-se procurando repouso noutro aposento. E no dia seguinte Ana ouvia de sua mãe, despeitada e tremente, o fiel relato do quanto se passara, ao passo que Esmeralda, casta e mentalmente sadia, tudo ignorava, de nada se apercebia...

Entrementes, profundas modificações a formosa menina estabelecera não apenas nas disposições interiores da aprazível residência, mas nos próprios alicerces da direção exterior da mesma. Deu-se pressa em recolher Balbina, a antiga ama, já debilitada e enferma, a qual, com efeito, falecia logo depois; Rosa Maria e seu filho, bem assim Juanita, das rudes tarefas nos cafezais para os seus serviços particulares no interior doméstico. Forneceu-lhes indumentárias, agora, se não idênticas à dela própria, pelo menos muito agradáveis às vistas de outrem — pois que as uniformizou ao gosto das servidoras domésticas francesas — atitude que tacitamente irritou as duas senhoras zeladoras, aprofundando em seus corações o fel neles contido. E, fiel ao programa de bondades que se traçara, um mês após o regresso à casa paterna levou à pia batismal o filho já crescido de Maria Rosa, juntamente com seu pai, a quem impusera o dever de ser o padrinho, dando-lhe o nome, como sabemos, de Antônio Miguel, pois, até então, muito apesar das 4 primaveras do petiz, era ele apenas conhecido pela alcunha de "Moleque". Esmeralda, porém, fez mais. No próprio dia do batizado presenteou o afilhado com uma carta de imediata alforria, não obstante reconhecê-lo protegido pela chamada Lei do Ventre Livre; o mesmo exigindo da bonomia de seu pai, que nada lhe sabia negar, para Balbina, Rosa, Juanita e Anacleto, a este e à ama facultando, então, bem-merecido repouso, dada a idade já avançada que contavam, pois que, só mais tarde, em 1886, surgiria o alvitre da "Lei dos Sessenta".

Eu admirava, enternecido, o caráter generoso de minha afilhada, a qual frequentemente me visitava em nossa residência de São Cristóvão, amável e bondosa até a ternura e a dedicação. Era humilde e simples de coração; e, abolicionista ardorosa até os arcanos do coração, levava o interlocutor à meditação com os conceitos profundos que emitia e as réplicas de alta eloquência moral e filosófica sobre democracia, liberalismo, religiões e fraternidade! Em tão verdes anos, Esmeralda conhecia Rousseau e os mais famosos propulsores democratas da Revolução Francesa, discutindo o assunto à luz de tais acentos de lógica como se vivera a atormentada época, o que muito me surpreendia, pois que, se ainda hoje uma jovem de sua idade é refratária a semelhantes teses, nas sociedades de então, e principalmente em Portugal e no Brasil, seria inconcebível que tal se realizasse.

Certa vez ouvia-a discutir com o pai, loquaz e lucidamente, vencendo-o nos argumentos, sobre a necessidade de imitar o gesto do Dr. Bento José, concedendo alforria geral à escravatura. Encantado e orgulhoso com a inteligência da filha que o Céu lhe concedera, o comendador fizera-a sentar-se em seus joelhos, beijando-lhe carinhosamente as mãos e as faces; e, feliz no seu costumeiro gargalhar, virara-se para mim e os sogros e exclamara enternecido:

— Tal qual a mãe!... Maria Susana pedia-me o mesmo há mais de vinte anos! Oh! as minhas dificuldades em explicar-lhe que, se a atendesse, a grande lavoura desapareceria!...

E para a menina, comovido:

— Sabes, minha filha, porventura, que, se te atendesse assim de pronto, grandes transtornos adviriam para o teu Solar?... Tenho meditado, efetivamente, no palpitante assunto e podes crer que o meu maior desejo seria colaborar com as nobres inclinações do teu coração... Sinto-me, outrossim, exausto das manhas e malandrices destes negros, a quem nem mesmo castigos corporais têm demovido de suas pirronices... Acredita-me, querida, preparo Santa Maria para não baquear inapelavelmente com a alforria geral que não tardará a nos surpreender — não proveniente deste ou daquele, mas por lei expedida pela própria Coroa...

— Que os Céus vos ouçam, meu pai!... Deixai-me, porém, dirigir com os meus próprios métodos *estes negros*, como denominais os vossos servidores, e dois importantes resultados colheremos para nosso gáudio: — corrigir-se-ão bem depressa de suas *manhas* e *pirronices* e, quando fulgir, finalmente, sob os céus brasileiros, a libertação geral — tereis sinceros amigos que colaborarão na vossa lavoura assalariada, engrandecendo-a em vez de enfraquecê-la...

Entre risadas bem-humoradas ouvia-o perguntar à linda interlocutora, enquanto eu próprio admirava a cena cheio de inefáveis impressões:

— E quais os teus métodos, minha querida?... Oh! nem pensar desejo de ver-te à frente desta falange primitiva!...

Ela, porém, olhos pensativos distendendo forças mentais em busca de recordações dulçorosas, replicou em dilatado suspiro, furtando-se ao regaço do genitor para sentar-se ao piano e cantar doces melodias, qual anjo cuja presença atraísse as miríficas blandícias do Céu:

— Tratá-los-ia como a irmãos e amigos que realmente são de todos nós — pois que somos criaturas derivadas de um único Criador e Pai, e não como a animais escravizados... Conceder-lhes-ia direitos e proteção, como personalidade integrante de uma raça algo mais avançada em civilização, não me subordinando jamais ao papel de algoz por afligir-lhes os corações, deles fazendo perenes inimigos!... Ó meu pai! Se lêsseis o que eu li, encontrado por mim e Pamela na biblioteca do cavaleiro de Cesarini!... Se tivésseis meditado, como eu, sobre aqueles arrebatadores ensinamentos provenientes das mais puras fontes que poderiam jorrar sobre a Terra!...

Intrigado, o orgulhoso escravocrata ia responder exigindo, decerto, explicações, mas a voz argêntea da gentil menina elevou-se qual a do rouxinol mavioso em noite de plenilúnio, presenteando-nos com adoráveis trechos do seu mavioso repertório. Bentinho, que se achava presente e não interferira, aproximou-se do estrado em que se erguia o lindo Pleyel e, empunhando a flauta de que se fizera acompanhar, seguiu-a em dueto assaz romântico e enternecedor. E nessa noite não mais se tratou de abolição...

* * *

Antônio de Barbedo descera da sua elegante carruagem à frente do portão do belo Chalé Grande, onde, em local aprazível de X, residia o Dr. Souza Gonçalves. Entrara sem cerimônias, festejando o grande terra-nova — Soberano — que fazia as vezes de porteiro, o qual, fiel amigo, saltitava alegremente à sua frente, conduzindo-o ao varandim de entrada. A residência do jovem poeta era o que se poderia classificar de uma residência de artista. Se, em Santa Maria, se destacava a imponência do luxo que a riqueza empresta, no Chalé Grande, como chamavam os habitantes de X à residência de Souza Gonçalves, sobressaía o gosto decorativo, desde os jardins, onde viveiros de pássaros felizes e aves da fauna brasileira, de plumagem em cores vivas, emprestavam nuanças paradisíacas. Romãzeiras graciosas formavam extenso renque do portão à entrada do Solar e pessegueiros cheirosos, esparsos pelos canteiros, deixavam pender de seus galhos benfeitores os frutos evocativos das quintas orientais; e frondosas acácias, e ipês multicores, e coqueiros pensativos e nostálgicos e ainda mangueiras majestosas engrinaldando a habitação, deitavam sugestivas sombras às aleias e aos canteiros, em cujos seios rosas olentes, lírios imaculados ou violetas discretas exalavam essências penetrantes. O interior, severo, silencioso, mesmo nostálgico, pois o moço doutor morava só com alguns criados, era decorado ao gosto europeu; e, pisando-se aquelas salas e gabinetes, tinha-se a impressão de haver penetrado um interior doméstico suíço, tanto suas disposições e utensílios lembravam a agradável permanência do seu proprietário nos poéticos cantões da aprazível terra de Guilherme Tell.[25]

Ali mantinha ele o seu escritório de advocacia, e Barbedo, recebido por um criado grave — negro liberto, considerado por seu antigo senhor —, foi encontrá-lo absorvido no estudo de autos importantes de certa causa que aceitara.

Havia cerca de um mês que se dera o pedido da mão de Esmeralda pelo antigo universitário de Coimbra. Meu velho amigo Barbedo estimava o jovem advogado e notei a satisfação com que a mim mesmo participara o evento. Sua delicadeza de princípios e nobre consideração fora mesmo ao extremo de ouvir minha opinião antes da resposta decisiva ao pretendente — pois nesses afastados tempos, polidos e cavalheirescos, os padrinhos de batismo influíam grandemente no quanto se relacionasse

---

[25] N.E.: Herói lendário suíço, personagem do alemão Johann Christoph Friedrich von Schiller, caçador com célebres qualidades de arqueiro.

com os afilhados. Eu admirava, como ele, o jovem Souza Gonçalves, em seu caráter reconhecendo dotes, e não trepidei em felicitar o meu compadre por mais esse triunfo de sua vida, o qual também a mim sabia agradavelmente. Fora, portanto, bem-vindo o pretendente e Esmeralda considerada sua prometida desde alguns dias.

Como seria de prever, o fato carreara contentamento para todos os corações, quer em Santa Maria, onde até o último dos escravos se rejubilou com a sugestiva novidade, quer em X onde Bento José contava, além de intransigentes inimigos, também largo círculo de admiradores e afeiçoados.

O jovem leitor que me fez a honra de alcançar este capítulo, perdoar-me-á tais minudências, indispensáveis que serão para esclarecimentos posteriores.

No entanto, a surpresa fora demasiadamente rude para a morena Ana Maria, cujas pretensões sobre um esponsalício com o advogado, cruamente desfeitas, chocaram-na até o desalento, levando-a a enfermar.

Havia já alguns dias que, deprimida pela humilhação de se reconhecer repudiada, absolutamente certa que estava de que ele não ignorava o afeto que a ela inspirara, porquanto nem ela mesma procurara encobri-lo, Ana se entregava a crises impressionantes de pranto e exasperação, indo ao extremo de prometer à sua desolada mãe o pôr termo à própria vida. Severina, porém, igualmente esmagada nas aspirações quanto à filha, procurava ocultar dos demais habitantes da casa a excitação da mesma, declarando-a atacada de forte *influenza*,[26] a requerer absoluto repouso. Em vão Esmeralda, penalizada, desejara auxiliar a ambas por acompanhar a doente no intuito de oferecer-lhe reconforto, totalmente ignorando o ódio de que se tornara alvo. Reconhecendo-se, todavia,

---

[26] N.E.: Doença infecciosa aguda de origem viral que acomete o trato respiratório, ocorrendo em epidemias ou pandemias e frequentemente se complicando pela associação com outras infecções bacterianas.

indesejada, recolhera-se à discrição, sem, contudo, esquecer quanto fosse necessário àquela que, em vez de rival, supunha uma amiga de sua casa.

Entrementes, impressionado, o comendador fizera vir o médico sem delongas, o qual, prescrevendo apenas drogas calmantes e muito repouso, diagnosticara excitação nervosa consequente de choques profundos. Então, meu compadre desejara inteirar-se do que se passara. Insistira preocupado. E Severina, a quem sentimentos torpes impulsionavam frequentemente, não resistiu ao arrastamento de tecer um sistema sutil de enredamentos mesquinhos, esperançada de que as relações entre o antigo amásio e o advogado fossem estremecidas, resultando impossibilidades ou dificuldades nos esponsais de Esmeralda. Fizera-o, porém, por mera represália, compreendendo que de suas feias atitudes não surgiriam esperanças para o coração apaixonado de sua filha.

Assim foi que, às instâncias do meu velho amigo, asseverara-lhe que o Dr. Souza Gonçalves iludira torpemente Ana Maria em seus sonhos de moça, comprometendo-lhe mesmo a reputação por toda a parte, porquanto a requestava sem constrangimentos, assim impedindo-a aceitar homenagens de outros jovens; que, como era do seu conhecimento, ele a visitava frequentemente, indo a Santa Maria, desculpando-se com as atenções a ele próprio, Barbedo; que a homenageava com galanteria, acompanhando-a, e à própria Severina, a teatros, excursões e bailes, o que fez que esperassem ambas que ele definisse os próprios sentimentos, pedindo-a em casamento. Ao contrário disso, no entanto, preferira ele a mão de Esmeralda... o que, aliás, não seria admiração, porquanto Ana, paupérrima e sem nome, não atrairia ao matrimônio um homem como aquele — arruinado de bens de fortuna, havido como dissipador, que se fazia de abolicionista intentando atingir a propriedade alheia por mero despeito... Violenta discussão seguiu-se ao insultuoso enunciado. A Barbedo não constava fossem verídicas as asserções da amásia a respeito daquele em quem preferia ver um simples coração de idealista, do qual se irradiariam os ardores que só a mocidade sabe externar durante as competições superiores em que via empenhado o futuro genro, isto é, as batalhas de um movimento social elevado. Outrossim, lembrasse ela que as pretensões de Ana teriam padecido equívoco ante as maneiras cavalheirescas de Bentinho, visto que ele e Esmeralda se amavam desde os dias da juventude, em Coimbra, havendo, portanto, pacto de esponsais entre ambos desde muito...

Todavia, tais foram as insinuações da pérfida criatura que Antônio de Maria, impressionado, resolvera entender-se com o futuro genro e, naquela tarde em que os pessegueiros casavam essências com os olores do roseiral, ali estava ele encaminhando-se para o interior do Chalé Grande.

Durante uma hora os dois homens se entenderam polida, mas francamente.

Barbedo expusera os motivos de sua visita, fiel à franqueza e lealdade da galharda raça de que descendia, como a lhe pedir satisfações do engodo a Ana Maria e suposto interesse na fortuna de Esmeralda. O moço advogado revoltara-se naturalmente até o âmago do ser, corando, indignado, a cada nova advertência do interlocutor vazada das queixas de Severina, cuja intromissão no caso não tentara este ocultar, a todas repelindo altivamente; e só não se excedendo em atitudes repressivas graças à generosa compreensão que procurara ter do acontecimento e à educação de que era portador. No entanto, asseverara ao futuro sogro que, efetivamente, no decorrer da primeira juventude e, mais tarde, nos primeiros tempos passados em Coimbra, desviara-se para os excessos do jogo, mas que, lentamente, e graças às ponderações da maioridade, se corrigira do nefasto hábito, jamais alimentando qualquer nova inclinação para o mesmo. Amava Esmeralda com todas as veras da sua alma. E, por isso mesmo, jamais poderia ter atraiçoado a sua confiança, desrespeitando a sua ausência como a ele mesmo, Barbedo, por meio da ação indigna de uma infâmia, na pessoa de Ana Maria Soares; como até propunha, veementemente, fosse o matrimônio com Esmeralda realizado sob absoluta separação de bens, a fim de que jamais o suspeitassem de outro móvel que não o grande sentimento que à jovem noiva tributava.

Satisfeito, o comendador apertou-lhe a mão, reputando-o sincero na própria conceituação. Mas, ao se despedirem, postados no aprazível varandim de entrada, até onde Bentinho o acompanhara, Barbedo depôs a destra sobre seu ombro, em gesto amigável e confiante, proferindo, porém, tremenda objurgatória, que teve a ação de sacudir as potências espirituais do digno moço, qual se uma nuvem pressaga[27] o envolvesse com pressentimentos desconcertantes:

— Vossas explicações satisfazem-me plenamente, Sr. Souza Gonçalves! Calaram-me profundamente no coração as expressões saturadas de sinceridade que acabo de ouvir e analisar. De outro modo, sendo meus sogros, desde muito, vossos amigos, e sabedores de vossas inclinações afetivas por minha filha, hão seguido vossos passos por mil formas sutis e insuspeitas, aqui como na Europa, e, por isso mesmo, foram os primeiros a reconhecerem a maledicência dos arrazoados da senhora Severina... Sei que Esmeralda vos ama... Dou-lha, portanto, para esposa com toda a alegria do coração de um pai que deseja feliz a sua única e idolatrada filha!... Casar-vos-eis, porém, sem o alvitre de separação de bens, que nem Esmeralda aceitaria... Conheço, oh, sim! os maus pendores de Severina, a ignorância que lhe afeia o caráter... Todavia... — prestai atenção nas minhas advertências deste momento e retende-as com segurança nos arcanos do coração, pois que as extraio das profundezas dos meus sentimentos paternais...

Retirou a destra do ombro do jovem doutor, descobriu-se solenemente, alçou os olhos comovidos ao céu opalino, cujas nuvens se mesclavam de colorações róseas sob as radiações suaves do entardecer, para, em seguida, circunvagá-los pelo parque pitoresco, e acrescentou grave e profético:

— ...Todavia... Juro-vos pelo Criador supremo de todas as coisas, cuja sabedoria do nada extraiu as resplendências deste céu que nos contempla e desta natureza que encanta nossas mais sensíveis cordas da

---

[27] N.E.: Que anuncia coisa futura; que prognostica ou prevê.

alma, que, se tornardes minha filha infeliz, avolumando amarguras sobre o seu coração ou de seus olhos fazendo correr as lágrimas das desilusões, para os infernos que fordes, neste mundo ou no outro, sereis castigado, ela será desafrontada, porque eu saberei vingá-la!

Sob a serenidade da tarde paradisíaca, os dois homens se contemplaram por um instante que a ambos se afigurou profundo qual sequência de funéreos pressentimentos. A doçura do coração de Bentinho, porém, consagrado aos mais ternos encantamentos a que o amor conduz, fê-lo esboçar, com um sorriso confiante, toda a fé que sua alma depositava no futuro, porque, novamente apertando a mão de Sequeira de Barbedo, replicou serenamente:

— Então viverei tranquilo, Sr. comendador, porque mais depressa a mim mesmo destruiria do que criaria desgostos para o coração de Esmeralda!

— Eu assim o espero, senhor! — foi a resposta.

* * *

Os dias decorriam venturosos para os dois jovens corações que suspiravam pelo momento feliz em que, à frente do altar, trocariam o anel simbólico, elo sacrossanto a unificar para sempre suas vidas! Movimentação intensa se verificava no Solar de Santa Maria. Emissários partiam para a Europa à procura, a peso de ouro, de mobiliário, utilidades, enxoval caprichoso para a noiva feliz, que se rodeava de prendas custosas, levadas antes pela boa vontade do pai e dos avós em servi-la do que pelas ambições pessoais, simples e singela que sempre soubera ser. Souza Gonçalves, por sua vez, cônscio da grande responsabilidade que assumia, multiplicava-se em atividades heroicas, no louvável intuito de conquistar, de uma vez para sempre, a confiança do futuro sogro e conservar a da noiva muito querida, que em seu coração depositava ilimitada fé! E era de vê-los — belos como a própria encarnação da alvorada confiante nas glórias do zênite, um ao outro idolatrando-se quais almas gêmeas assinaladas pelo favor celeste!

Plenamente harmonizados em seus pendores característicos, pareciam embalados em dulçorosas bênçãos do Alto, e, muitas vezes, contemplando-os atentos num estudo, fosse sobre uma sonata de Beethoven,[28] que magistralmente executavam — ela ao piano, ele à flauta — ou de um concerto de Mozart,[29] fosse sobre as Belas-Letras, que admiravam com o fervor de veros artistas, senti meus olhos orvalhados pela doçura do mais grato enternecimento! Jamais o esplêndido Solar dos de Maria atingira tão grande fastígio artístico e suas festividades alcançaram tão resplendentes lauréis, como nos tempos de Esmeralda, que a todos os movimentos que presidia cercava dos encantos inefáveis da sua personalidade culta e angelical! Alma educada em princípios de legítimas virtudes, ela como que saturava o ambiente em que vivia com as doces e puras irradiações do seu coração isento de outras expressões que não as do verdadeiro bem. E amando o noivo com as mais fervorosas blandícias capazes a um coração leal, ela segredava às rosas do seu jardim, como aos arvoredos do parque ou aos bem-te-vis gárrulos, que aos seus pés vinham receber as migalhas diárias, as gratas emoções que dilatavam seus pensamentos para mais largos voos dos seus sonhos de menina! E balbuciava a sós, durante os solitários passeios pelo jardim silencioso do Solar venerando, os olhos docemente erguidos para o Céu, em prece cândida cujas vibrações se alongariam pelas imensidões do Infinito:

> *Obrigada, meu Deus, por permitires à tua serva tão extensa felicidade! Sinto-me envolvida nos haustos sublimes de um grande amor!... Que tuas bênçãos paternais perfumem as rotas daqueles que me querem tanto!...*

Todavia, ofuscada pelas candências que de si mesma irradiavam, a linda criatura não percebia que era seguida de bem perto pela sombra obsessora de um passado nefasto, encarnada na figura de dois abutres humanos, odientos e temíveis, que lhe corvejavam os passos, invejosos daquela imensa ventura...

---

[28] N.E.: Ludwig Van Beethoven (1770–1827), compositor alemão.
[29] N.E.: Wolfgang Amadeus Mozart (1756–1791), compositor austríaco.

A tragédia de Santa Maria

Em certa manhã de domingo, achando-se ausentes seus avós, Esmeralda foi surpreendida em seus aposentos pela irrupção tumultuosa da antiga serviçal de sua casa — Severina Soares. Vinha debulhada em pranto, o rosto convulsionado, o corpo sacudido por estremeções nervosos. Atirou-se-lhe aos pés a bela pernambucana e, sem dar tempo à jovem de voltar a si da surpresa, exclamou, em atitude melodramática:

— Ó menina, minha filha! Socorrei-me, porque sou uma grande desgraçada! Vosso pai é cruel, impiedoso! Expulsou-me desta casa, a que tenho servido com tanta lealdade, e mais à minha pobre filha... e que será de nós ambas, inexperientes e desprotegidas?...

Severina, porém, mentia quando exagerava a atitude do amásio, o qual, como não ignoramos, apenas insistia na sua transferência para a capital do Império. Barbedo empreendia então as últimas *démarches*[30] para a consecução do intento que o atormentava com insistências obsessoras; e, naquela manhã, durante tempestuosa discussão a respeito do caso Ana Maria, participara ele à bela pernambucana que, na semana imediata, deixariam ambas a Fazenda com destino à Corte. Mas a singular criatura, enredada em desorientadores complexos, amava Barbedo com veemente paixão, e de forma alguma desejaria separar-se dele.

Vendo-a, porém, presa de tão lamentável estado, a jovem procurou serená-la rodeando-a de atenções e cuidados, esquecida já das hostilidades diárias. Até que, observando-a mais serena, insistiu para que se explicasse. Narrou então a nordestina as suas imensas desditas anteriores ao conhecimento com Barbedo; sua imensa paixão por este, fingindo não compreender a bruteza da insensatez que cometia contra a delicadeza do amor filial da menina; confessou sem constrangimentos a ligação que a ambos prendia desde tantos anos; o amoroso convívio que embalara seus

---
[30] N.E.: Ação realizada com empenho e diligência; esforço, providência.

corações quando ela, Esmeralda, se educava na Europa; os desesperos que lhe trucidavam o coração ao ser violentada a uma separação que repugnava às mais ocultas fibras da sua alma.

Condoída, e surpresa das atitudes paternas. Esmeralda deixou-se levar pela bondade que lhe era apanágio do coração e misturou as próprias lágrimas ao pranto da alucinada mulher, prometendo intervir. E, com efeito, nesse mesmo dia a formosa herdeira de Santa Maria convidou o pai a uma conversação íntima na encantadora ambiência do seu gabinete de leitura. Sem rodeios, a noiva de Bentinho feriu o assunto, solicitando com firmeza a permanência das duas senhoras no lugar que ocupavam desde tantos anos e surpreendendo o digno titular com este desconcertante arremate para os brios de um pai:

— Conheço toda a vossa melindrosa situação, meu querido pai! E creio não ser bastante honrosa para a vossa consciência a solução com que tencionais encerrar o entristecedor caso, no qual antes prefiro contemplar um drama assaz pungente que ação leviana praticada por quem, como vós, até aqui se pautou pelas mais justas diretrizes...

Constrangido, houve o comendador de se confidenciar com a filha, afirmando o que lhe não seria mais possível negar, mas expondo, em seguida, à sua ponderação, a inconveniência de manter as duas mulheres em sua casa; o obsidiante desejo de se libertar da presença de Severina — conquanto tencionasse ampará-la a distância — desejo que em seu imo repercutia qual rebate assustador, advertindo-o de desgostos futuros, não omitindo nem mesmo a narrativa de pesadelos continuados e desconcertantes, que o assaltavam à noite, durante os quais Maria Susana se tornava visível às suas percepções, banhada em lágrimas, suplicando-lhe afastasse de Santa Maria, sem tardança, Severina e sua filha. E rematara o longo discurso prometendo pensar nos alvitres que Esmeralda apresentava, pois que, generosa até a admiração, a moça rogara ao pai desposasse a zeladora, assim criteriosamente epilogando um drama iniciado à revelia das leis da moral e do dever.

— As hostilidades a que vos referis, meu pai, provocadas pela infeliz senhora — ponderava enternecida —, têm origem no descaso com que desde o início a tratastes... Severina ama-vos acima de tudo e ama também a filha, o que muito abona a seu favor... e não sei que dor maior e que maior revolta existirão para um coração que se sente arder em haustos contínuos por outrem, do que o se reconhecer relegado a uma situação humilhante... Se durante tão dilatado espaço de tempo ela foi digna de partilhar da vossa vida íntima, fiel e nobremente como qualquer esposa virtuosa, não obstante o passado obscuro e deprimente que viveu, será justo que abafeis preconceitos e falsas razões que vos inibem dela fazer vossa legítima consorte!...

— Não avalias a profundidade do sacrifício que de teu pai exiges, minha querida filha! — interpunha ele, sentindo o rubor tingir-lhe as faces. — Não desejo negar que tenho nutrido pela senhora em questão certa parcela de amizade e gratidão, atendendo mesmo ao muito que ela me há querido e auxiliado... Mas daí a torná-la minha esposa, compartilhando de todos os meus direitos, integralmente jungida ao meu destino, a distância é grande... Acredita, Esmeralda! Severina revela tão inferiores qualidades de caráter que não só temo legitimar esta infeliz situação como até desejo, com efeito, afastá-la desta casa...

— E somente agora meu pai observou tais inferioridades?... Durante tantos anos vividos em comum não se vos tornou possível fornecer à pobre deserdada reeducação capaz de permitir-lhe a aquisição de mais nobres qualidades?... Tais inferioridades não serão antes produtos das revoltas frente às ininterruptas humilhações que desde a juventude vem experimentando?... Acreditai, meu pai, e permiti que vos cientifique de certos conceitos que hei aprendido em literatura empolgante, que desejo também conheçais: — o amor é o verdadeiro elemento de redenção! A estima, a proteção moral dentro do lar, a dignidade, como a consideração que fornecermos a Severina e a Ana corrigirão todas essas deploráveis anormalidades!... Por quem sois, meu pai! Corrigi vosso deslize enobrecendo a situação com uma atitude à altura da vossa honradez e da reputação brilhante que conquistastes...

Pobre Esmeralda! Apenas vislumbrando pálidas nesgas das verdades eternas — não compreendia que o trabalho caritativo e sublime do amor levará séculos a adelgaçar as couraças do egoísmo que contorna o coração humano, a fim de redimi-lo! Vivendo em ambiente íntimo em que só o amor penetrava blandiciando todos os seus pensamentos e atitudes, esquecia-se de que a razão também é conselheira e que indispensável será aliá-la ao amor a fim de que o equilíbrio se torne perfeito e a harmonia prevaleça!

Nos dias subsequentes o assunto preferido nas conversações íntimas de pai e filha eram ainda os mesmos. A jovem insistia. O pai esquivava-se. Consultados os avós, discretos e dignos, conservaram-se neutros. Observando, sorrateira, a batalha que se feria no conselho da família, a astuta pernambucana fazia-se humilde e resignada, permitindo-se uma atitude que antes deveria ter sido a única que adotasse, enquanto a filha, retraindo-se, conservava-se nos próprios aposentos. Chamados a opinar no melindroso caso, eu e o Dr. Bento José preferimos a abstenção da responsabilidade de um assunto que somente aos Barbedos dizia respeito. Esmeralda, porém, soube ater-se com tão generosa elevação de vistas que, impressionado e aturdido ante os arrazoados por ela expostos, o orgulhoso comendador aquiesceu às suas instâncias.

E assim foi que, mesmo antes do consórcio da filha, Barbedo fez de Severina Soares sua legítima esposa.

7

OS ESPONSAIS

Alguns meses decorreram sem quaisquer incidentes.

Toda a vida doméstica de Santa Maria desfrutava solene paz. Das violentas discussões do antigo casal de amantes apenas recordações prevaleciam no coração dos esposos. Satisfeita a mais cara aspiração de sua alma, Severina dava asas ao orgulho, impondo-se à sociedade sem constrangimentos, exigindo todas as demonstrações de apreço. Procurava, entretanto, corrigir as inconveniências passadas, agora se mostrando risonha e amável por todos os motivos, declarando sem rebuços que à enteada era que devia a felicidade e a consideração que desfrutava entre as pessoas de bem, assim a posse definitiva do coração do homem amado. Satisfeito, Barbedo acomodava-se ao novo estado, tornando-se confiante a cada novo dia em virtude da visível transformação apresentada pela esposa. E Esmeralda ria-se prazenteira, ouvindo a madrasta expor os arrebatamentos do próprio coração em presença de qualquer pessoa, asseverando desejar ser tão ardentemente querida por Bentinho como seu pai amado era por Severina. Algumas vezes a ouvi dizer à madrasta, em presença de todos os familiares durante os serões amenos:

— És adorável, minha boa Severina, na tua simplicidade e na veneração que dedicas a meu pai!... Oh! Quisera que me desses lindos irmãozinhos... para que, futuramente, os meus filhinhos tivessem os próprios tios para companheiros de folganças e traquinagens...

A pernambucana gargalhava feliz; e, sem abandonar o crochê, que eternamente tecia, agitando-se nervosamente em sua confortável cadeira de balanço — de preferência posta no alpendre dos seus apartamentos, dos quais não só se avistavam os de Esmeralda como até para eles se passaria sem que alguém se apercebesse —, respondia, num suspiro:

— Se assim fosse, minha felicidade estaria completa, querida menina!...

Entrementes, a jovem herdeira pusera em prática os excelentes projetos expostos ao pai e tudo em Santa Maria se revestira de novo aspecto renovador e humanitário. Suplícios, castigos e até prisões para os escravos foram definitivamente suprimidos desde muito! Os labores habilmente distribuídos, sem motivos de exaustões para nenhum deles. A alimentação mais farta e bem cuidada, assim o vestuário dos negros, sempre limpo e não mais roto. Criara uma escola na fazenda — qual ser angelical que a tudo provesse beneficiando os deserdados do mundo —, a fim de alfabetizar os filhos dos escravos. Dera melhores mestres aos músicos, assim abrilhantando suas mentes, que se inclinaram a mais altas aspirações artísticas. E a Maria Rosa como a Juanita ela própria ministrara o aprendizado de numerosas artes domésticas, as letras inclusive, a ambas tornando excelentes governantas e prendadas donas de casa.

Certificando-se de que Carlinda — a filha de sua tia, Sra. Conceição — se preparava para o casamento, fê-la transportar-se da Corte para ao pé de si, generosamente responsabilizando-se pelos mesmos preparativos. E, depois, inteirada de que Cassiano Sebastião, o simpático mulato cantador, desejava esposar Juanita, mas que, como escravo, não lograria o intento, uma vez que esta era liberta, obteve do pai a sua alforria, assalariando-o, após, junto de Bentinho, passando então o fiel rapaz à categoria de copeiro e cozinheiro do Chalé Grande.

Severina enchia-se de despeito, ressentida, por observar que Esmeralda agia livremente, descuidada de solicitar autorização dela, agora única senhora em Santa Maria, para todas aquelas empresas que, absolutamente, não lhe agradavam ao coração. Todavia, fiel aos novos métodos que se impusera, a tudo sorria esperançada em vitória nova: — a perfilhação de Ana por Barbedo e a aquisição do respectivo dote, tendo Esmeralda por intermediária. Quanto às pretensões sentimentais de Ana Maria a respeito de Bentinho dir-se-iam arquivadas nos recessos da alma de ambas. Esmeralda continuava ignorando que a enteada de seu pai supusera-se escolhida do jovem advogado e que o houvesse ardentemente desejado por esposo, uma vez que, receosos de acabrunhá-la, colocando-a em situação melindrosa, este e seu pai jamais lhe participaram o desagradável acontecimento, não se animando Severina também a tanto. Em verdade, porém, o coração de Ana Soares nada mais era do que a candência devoradora do vulcão indócil sob a irremediável impossibilidade de se expandir.

Este, pois, era o panorama doméstico do meu amigo de Maria e Sequeira de Barbedo quando, finalmente, raiou o dia dos esponsais de nossa Esmeralda com o Dr. Bento José de Souza Gonçalves.

Oh! quantos anos se passaram desde então!... Mas, ainda assim, contemplando-os nos dias atuais, felizes e sorridentes na fruição de uma existência nova, em que as provações expiatórias não intervêm, porventura ainda mais docemente conchegados ao vero sentimento de amor que enlaça suas almas, ambos a se desdobrarem em lides abendiçoadas de trabalho útil e amor ao próximo nas eiras da Terceira Revelação — não me posso inibir à lembrança da forte emoção que também experimentei naquela tarde festiva do dia 24 de junho de 1884, ao ver Esmeralda envolvida nos seus amplos vestidos de cetim branco, a fronte linda de madona ornamentada de mimosas flores de laranjeiras e véus diáfanos estirados quais vaporizações imaculadas — chegando ao altar feérico da própria Capela da Fazenda pelo braço do pai, a fim de se unir em sacrossantos laços matrimoniais ao homem bem-amado pelo seu coração! Nessa tarde, também eu senti lágrimas umedecerem-me as pálpebras, ao passo que indefinível travo de angústia me resfriava o ser até os recôncavos da alma, alertadas que ficaram as minhas faculdades psíquicas por súbitos e insuportáveis pressentimentos.

Contemplei-a à luz sugestiva das tochas e ao evolar do incenso sutil, enquanto, do coro, cânticos enternecidos se elevaram em hosanas ao Excelso, aos sons maviosos do harmônio. Observei o altivo comendador Sequeira de Barbedo desfazer-se em lágrimas beijando os véus níveos que recobriam sua filha, quando o sacerdote abençoava a união! Vi o Dr. Queirós grave e quedo ao lado da esposa chorosa, como diante de um ataúde que se iria para sempre... e surpreendi, vagamente apavorado, Severina Soares fitando os noivos com olhares flamejantes de ódio e inveja, ao mesmo tempo que abraçava a filha sufocada em pranto.

E a mim mesmo interroguei apreensivo:

— Que sombria torrente de presságios angustiantes se alastra por aqui, ó meu Deus! invadindo corações antes reunidos para um ato solene de verdadeiro júbilo?...

O Solar, porém, regurgitava de convidados provindos da Corte como das circunvizinhanças. Decorado com intraduzível bom gosto, dir-se-ia antes encantador refúgio apropriado aos folguedos feéricos das musas do Olimpo! Os apartamentos de Esmeralda — justamente localizados no corpo central do edifício construído em E — eram o que de mais belo e harmonioso meus olhos já haviam contemplado!

Pelos pátios, desde o entardecer a escravatura se divertia sem constrangimentos, porquanto a formosa desposada lhe concedera feriado em todo o dia, e plena liberdade, oferecendo ainda indumentária condigna, farta mesa de comestíveis variados, nos pátios internos, e barris de bom vinho que eram alegremente esgotados; e à noite, enquanto nos nobres salões da Casa-grande dançavam os convidados ao som de duas magníficas orquestras, rodopiando ao encantamento das valsas ou saltitando ao vibrar de uma polca, sorridentes ante as surpresas da quadrilha sempre bem-vinda, pelos pátios os escravos se desdobravam em entusiasmos não menos febricitantes, ao som das suas violas ou ao bater monótono, mas sugestivo, do "Caxambu", enquanto, com entonações ora dolentes e docemente magoadas, ora festivas e álacres, cantavam ternas nênias à linda sinhazinha, pulavam e dançavam recordando antigos costumes da sua tribo distante; choravam ou bendiziam num vozerio em que depunham toda a sua ternura por aquela que era como expressão celeste em suas vidas. Aqui, organizavam rodas e tiravam o desafio, cada um empenhado em melhor exaltar os dons da querida sinhazinha que se casava; acolá, era Cassiano Sebastião que cantava em voz rude e bela as canções da época — misturando-se aos escravos quando já era liberto —; mais além, um grupo de negras já encanecidas, mas alegres até o delírio, porquanto o bom vinho lhes entontecera o cérebro, não sabendo mais o que fazer a fim de exaltar a mimosa menina que tinham visto nascer e agora viam casar, já roucas e exaustas batiam palmas cadenciadas em admirável ritmo, voltando-se para a esquerda e à direita, tecendo meia roda; e, em algazarra ensurdecedora, cantavam à guisa de saudação por elas próprias inventada no momento, conforme lhes permitia o meio linguajar de que dispunham:

Sinhazinha hoje casou,

Neste dia de São João,

P'ra benzer o casamento

Veio o santo de balão.

Sinhô Velho está contente,

A negrada bebe vinho.

Canta e ri Santa Maria:
Sinhazinha fez seu ninho.

O noivo de Sinhazinha,
Quem o trouxe foi São João,
É Nhô Bento, sim sinhô!
P'ra ele também bênção!

E tão bárbara e singela homenagem seria, certamente, das mais leais e enternecedoras de quantas, naquela noite auspiciosa, o feliz casal de noivos recebera!...

Entrementes, sucederam-se nos salões da Casa-grande danças bem portuguesas, levadas a efeito por amigos e compatriotas de Barbedo em honra àqueles que, filhos de portugueses, haviam crescido e se educado em Portugal, conquanto nascidos no Brasil. Fados e cançonetas seletas de Coimbra, amoráveis canções do Minho ou das vilas do Ribatejo, formosas toadas de feitios bem lusitanos, assim as danças dos quatro cantos de Portugal; tudo desfilou ali pelo correr da noite, aos olhos enternecidos de Esmeralda e Bento José, que se emocionavam às ternas reminiscências dos encantadores costumes do formoso rincão onde se iniciara o romance dos seus corações, cujo glorioso pináculo seria, aquela deliciosa festa! E tal foi o entusiasmo dos bons lusitanos recordando, saudosos até as lágrimas, as suas pitorescas aldeias distantes, mas jamais esquecidas, que a própria desposada houve de satisfazer-lhes o capricho das saudades cantando escolhidos números do folclore de Portugal, no que era exímia... E o próprio comendador como o grave Dr. Queirós houveram por bem abandonar a sisudez da cerimônia afidalgada para se misturarem aos alegres pares que lembravam as belas festanças das aldeias natais com suas danças típicas...

Feliz e comovida ante tudo que a rodeava, a encantadora noiva não se negou a mostrar-se em seus lindos trajes aos seus queridos servidores negros, descendo aos pátios ternamente enlaçada pelo braço de Bentinho, a fim de receber de perto as homenagens de que era alvo... E foi bem certo que ambos se divertiram e enterneceram até os recessos da alma, presenciando a sinceridade externada daqueles corações incultos, mas leais! Porém, bondosa e vigilante, fizera recolher aqueles que se mostravam deprimidos pelos excessos do vinho; e, rindo-se com o noivo, sem constrangimentos, descobrira Anacleto engravatado e bem calçado, exangue ao lado de um barril de vinho, já em estado de completa embriaguez, mas ainda com forças para erguer o vasilhame, despejar o vinho sobre si mesmo, sem tato para encontrar a própria boca, e repetir, quase ininteligivelmente, a saudação que desde manhã cedo não cessava de fazer àquela a quem outrora carregara nos braços:

— Viva sinhazinha!... Viva nhô Bentinho...

...E tudo indicava que nova etapa de alcandoradas venturas raiara para o Solar de Santa Maria nesse dia aprazível de S. João!...

Todavia, assim não foi!

FIM DA SEGUNDA PARTE

Terceira Parte

A tragédia

1

PRENÚNCIOS FUNESTOS

[...] Quem sabe, aliás, se, descendo ao fundo de vós mesmos, não reconhecereis que fostes o agressor? Quem sabe se, nessa luta que começa por uma alfinetada e acaba por uma ruptura, não fostes quem atirou o primeiro golpe, se vos não escapou alguma palavra injuriosa, se não procedestes com toda a moderação necessária?[31]

Dois meses depois do auspicioso enlace, o Dr. Queirós e sua esposa despediram-se, lacrimosos, da neta querida, a fim de regressarem à Europa, de onde se achavam ausentes havia mais de um ano. Barbedo, que, havia cerca de três anos, não visitava o berço natal, acompanhou o sogro, levando consigo a esposa exultante e feliz diante desse novo triunfo. Quanto a Ana Maria, cuja educação ainda ficava muito a desejar, retornava ao Internato enquanto a mãe viajava, empenhando-se o padrasto, no momento, em lhe proporcionar a melhor educação possível, o que seria novo estímulo para Severina presumir para muito próximo a realização do seu fagueiro ideal materno: a reunião do nome opulento dos Barbedos à assinatura obscura e humilhada de Ana Maria, por uma legítima adoção de seu marido em favor desta.

---
[31] KARDEC, Allan. *O evangelho segundo o espiritismo*. Cap. X, it. 15.

Não obstante, um observador atento surpreenderia no âmago de Antônio de Maria tácito constrangimento a oprimir-lhe o peito, em virtude do seu novo estado, pois o certo era que, a despeito da conformidade que se esforçava em demonstrar, intimamente o rico senhor se confessava desgostoso consigo próprio por haver anuído às ponderações da filha, unindo-se para sempre a uma mulher a quem verdadeiramente não amava. Todavia, calcava nas profundezas do ser as repugnâncias que tão acremente o perseguiam, esforçando-se diariamente por bem cumprir os deveres de esposo e chefe, procurando honrar e elevar em consideração e estima aquela que partilhava o seu nome. E, no intuito de elevar o grau da sua educação, proporcionando-lhe meio de convivência em centros mais civilizados, deliberara viajar enquanto Esmeralda, felicíssima ao lado do esposo, ficara a coberto das hostilidades ou dissabores que a presença de Severina e sua filha porventura acarretassem.

Assim foi que cerca de um ano e meio transcorreram, durante os quais a linda desposada dir-se-ia flutuar entre sonhos de inefáveis venturas, tornando a própria existência, como a daquele a quem amava, repleta de legítimas blandícias, a tudo presidindo com os encantos que de si mesma irradiavam. Sob sua direção a fazenda prosseguira próspera e alentada pelo advento de novos progressos, apesar das agitações abolicionistas se multiplicarem. Outras propriedades, porém, decaíam pela displicência dos fazendeiros e mesmo pelo temor deles à frente da ameaça de libertação geral. Em sua fazenda, a escravatura, dócil e reconhecida pela sua atraente bondade, laborava em torno dela, alegre por ajudá-la e reconhecê-la satisfeita com os seus esforços por bem servi-la. Muitas vezes refugiei-me, por esse tempo, das preocupações intensas da vida na capital, no ambiente paradisíaco do Solar de Santa Maria, onde Esmeralda e Bentinho imprimiam tão acentuado tom de arte e beleza, que me levava a refletir em que essas duas almas se teriam unido sob os beneplácitos divinos para felicidade dos mortais que a seu lado fruíssem a dita de viver! Jamais se pôde esfumar de minhas recordações os suaves dias do verão daquele mesmo ano de 1884 que ali passei, os serões da noite, no salão de recepções da nobre residência, durante os quais minha afilhada e seu esposo proporcionavam aos comensais horas inesquecíveis de seleto entretenimento, homenageando-os com a boa música que ambos sabiam executar ou com a palestra lúcida que desenvolviam sobre qualquer assunto.

Durante aquele mesmo tempo, por uma tarde em que visitava a sua biblioteca, localizada no último andar dos apartamentos por ela habitados, com vistas para o pitoresco terraço — dependência entrevista pelo leitor na primeira parte destas narrativas —, ali encontrei, surpreendido, a segunda edição das obras completas de Allan Kardec, à Esmeralda ofertadas pela família Cesarini, com expressiva dedicatória. Curioso, interroguei-a, confessando-me ela, só então, que desde os dias escolares se convertera à fé espírita, orientada pelos senhores Cesarini, e que em suas inabaláveis convicções era que se firmava o segredo da singular serenidade, da felicidade sem jaças e alegria de viver e progredir que se irradiavam de toda a sua personalidade, acrescentando que seu avô igualmente se passara para as hostes kardequianas atraído pela singular magia destacada da encantadora Ciência que eleva a alma humana no conceito de si mesma, afinando-a pelo diapasão do bem! Limitei-me a sorrir, admirando em minha afilhada a lucidez mental que lhe permitia, em tão verdes anos, ater-se com as mais transcendentes elucubrações que as preocupações humanas poderão defrontar!

Entrementes intensificavam-se as lutas abolicionistas e o Dr. Souza Gonçalves dividia-se afanosamente entre os próprios deveres profissionais e aquelas *démarches*, comparecendo a reuniões de clubes democráticos onde seu verbo inflamado e brilhante explodia por entre os próprios arrebatamentos de idealista ardoroso e entre o entusiasmo coletivo que lhe não regateava aplausos e colaboração. Republicano fervoroso, batia-se igualmente pela mudança do regime, frequentemente viajando para a Corte e para as províncias de S. Paulo, Minas Gerais e até da Bahia e de Pernambuco, a serviço da propaganda dos ideais que também eram os da maioria dos brasileiros.

Esmeralda admirava até a veneração o caráter vigoroso e intrépido do marido, aplaudindo com ardor e incentivos sempre novos suas atuações patrióticas. E porque o entendesse abnegado e desprendido em suas nobres lides, favorecia os clubes de que fazia ele parte com generosas quantias em dinheiro, dadivosas ou de empréstimos legais, tributos — afirmava ela, bondosa — com que auxiliaria a humanitária causa da abolição. Não obstante, jamais cessava de recomendar ao esposo cautela e prudência nas expansões, porquanto não ignoravam ambos que ferazes inimizades adquiria ele diariamente, entre as classes conservadoras e os produtores agrícolas das circunvizinhanças, os quais não desprezavam ensejos de combatê-lo e ameaçá-lo com represálias e vinganças, dada a incrementação que suas desassombradas atuações forneciam às ideias vigentes no país.

E assim decorria a vida do casal, entre afetuosidades e peripécias sociais muito ao sabor de ambos, quando Barbedo, ainda em Portugal, recebe duas cartas consideradas assaz importantes pelos seus conceitos, as quais decidiram seu retorno precipitado ao Brasil. A primeira fora expedida pelo seu procurador no Rio de Janeiro — advogado conservador intransigente, e traduzia entre outros assuntos de geral importância esta grave acusação:

"O genro de V. Ex.[a] exorbita dos direitos de opinar sobre as melindrosas questões político-sociais e malquista-se com todos os nobres e honrados proprietários da província, dificultando as negociações com os produtos de Santa Maria e tornando o respeitável Solar de vossos maiores num estranhável reduto de abolicionistas e republicanos, o que há feito com que dali desertem os verdadeiros amigos e sustentáculos fiéis não apenas da Coroa como da própria prosperidade financeira do país. Dir-se-ia dementado o Sr. Dr. Souza Gonçalves, tanto defende ele a raça africana e apregoa as ideias da gentalha democrática pelos clubes e teatros, durante os comícios que se tornam famosos por aqui, e até em praça pública, como qualquer arruaceiro irresponsável; e — o que é pior — nos próprios salões de Santa Maria, onde a filha de V. Ex.[a] a tudo

A tragédia de Santa Maria

assiste indefensa, sem se moderar ele nos arremessos impatrióticos sequer para examinar o desastre que para o Brasil representará a abolição da escravatura em massa e repentinamente, tal como desejam, ele e seus comparsas... Em X tornou-se malquisto e mesmo odiado... E não me surpreenderei, Ex.ª, se, ao seu regresso, não mais houver um só escravo nas senzalas de Santa Maria..."

A segunda era de Ana Maria para sua mãe e assinalava esta malévola insinuação, a qual, confrontada com os arrazoados do procurador, teve o poder de criar em Barbedo apreensões penosas, as quais a esposa soube alimentar, fiel à antiga amargura contra o jovem advogado:

"Passei parte das férias em Santa Maria, mas tais são os excessos que ali se observam que retornei sem demora ao Internato. Toda a sociedade de X comenta que o Sr. Dr. Bento José deturpa o patrimônio de Esmeralda, dele se valendo para o incremento dos excessos políticos que vem praticando, confirmando-se, destarte, a antiga murmuração de que apenas visando a largos interesses pecuniários se uniu ele a Esmeralda. Realmente, minha querida mãe, compadeço-me da pobre senhora! Ele abandona-a na solidão da Fazenda, entre escravos rudes e capatazes incivis durante consecutivas etapas, aprazendo-se regaladamente pelas províncias mais brilhantes, como S. Paulo, Minas Gerais e Bahia, dando-se ao luxo de existência afidalgada quando sabemos que já depredou quanto possuía, apenas lhe restando o mísero diploma de advogado!... Comenta-se mesmo que nossa querida Esmeralda vem empenhando muitas de suas joias particulares, a fim de lhe satisfazer os torpes caprichos, sem que meu padrinho comendador o saiba... Aliás, não há por aqui quem ignore que, pelos clubes que há fundado por toda a parte a que o arrastam as aventuras, o jogo — sua antiga paixão — campeia sem constrangimentos, frequentado por elementos democráticos do mais inferior nível social, acobertados sob desculpas políticas e patrióticas..."

Uma vez em Santa Maria, dando-se a minudenciosas averiguações, o altivo titular, se não conseguiu integralmente capacitar-se da veracidade da dupla acusação, certificou-se, no entanto, de que expressões bem reais existiam em ambas. Todavia, assediado por mil queixas e comentários que de todos os lados surgiam e lhe perturbavam a mente, não conseguira suficiente isenção de ânimo a fim de ponderar que nem por tudo quanto os detratores apontavam poderia Bento José tornar-se responsável; e que, se efetivamente em Santa Maria se realizavam reuniões frequentes, de caráter abolicionista e republicano, seriam antes autorizadas pela própria Esmeralda, que para tanto fornecia o consentimento como o próprio valor pessoal; e mais que — se pelos clubes fundados pelo jovem abolicionista seriam praticadas inconveniências como o jogo, aquele, todavia, a tanto não se permitia, assoberbado que se sentia com responsabilidades insuperáveis, enquanto que, se viajava com frequência, seria porque a tal se via impelido pela causa que abraçara, entendendo que a redenção de uma raça bem valia a ausência de alguns poucos dias ou meses entre dois esposos que fielmente se amavam!

Contrariado e displicente, entendeu-se Barbedo acremente com o genro, concitando-o a abandonar em meio a missão que se impusera, advertindo-o ainda sobre os desgostos que suas atuações lhe haviam acarretado. Mas Bentinho, que lealmente estimava o sogro, tentou levá-lo à compreensão da impossibilidade de se deter nas expansões que se permitia em prol dos próprios ideais, afiançando-lhe, no entanto, a deliberação de transferir-se para a Corte com a esposa, a fim de que seus movimentos político-sociais não entravassem o bom seguimento dos interesses de Santa Maria. Chamada a opinar, minha afilhada conciliou a situação, esclarecendo-a; atendendo, outrossim, às solicitações do pai, que não desejava vê-la afastar-se de seu lado agora que retornara de tão longa viagem e convencendo o esposo à necessidade de relevar a situação por amor a ela própria. Ambos, no entanto, ignoravam as maldosas insinuações das missivas expedidas para Portugal; e, daquela data em diante, conquanto serenado em suas anteriores preocupações, meu pobre compadre passou a nutrir pelo genro surdas prevenções, desconfianças a custo sopitadas.

A tragédia de Santa Maria

Cerca de dois meses após o regresso da Europa, uma noite, preocupada e inquieta ante as atitudes pouco animadoras do marido a respeito da proteção à sua filha, Severina a este interpelou quanto às promessas que, durante a viagem, sobre o mesmo assunto lhe fizera, isto é, a decantada filiação de Ana Maria, pois a jovem, que ultrapassara já as 21 primaveras, retraía-se visivelmente em face de questões sentimentais, receando humilhações pela ilegitimidade do próprio nascimento.

Ora, Barbedo que, realmente, prometera à esposa interessar-se pela satisfação do melindroso anelo das duas senhoras tão depressa chegasse ao Brasil, dir-se-ia agora furtar-se a entendimentos e incômodos pertinentes ao caso, frente à inexcedível ventura de que se sentia invadir com a fagueira notícia de que dentro de algum tempo Esmeralda lhe daria um neto, para orgulho e alegria de sua velhice.

Encontravam-se os esposos, pois, a sós nos próprios aposentos particulares, a coberto da possibilidade de serem surpreendidos pelos demais habitantes da casa. Ouvindo, como sempre, mal-humorado, os exigentes arrazoados da companheira que, passados os primeiros tempos do matrimônio, voltara às insídias de antigas reclamações, respondeu-lhe o comendador, rude e acabrunhado:

— Deixai-me em paz, senhora, por quem sois! Sinto-me fatigado, preciso repousar!...

— Mas... meu querido amigo, se jamais te dispões a entendimentos a respeito do urgente caso da perfilhação de Ana, quando se realizará então o importante evento?...

— Por aí deveríeis compreender, minha querida senhora, o meu nenhum desejo de fazer-me de pai de uma filha que já encontrei em vossa companhia quando pela primeira vez vos avistei... Porventura não entendestes ainda que, se eu desejasse dar um nome à vossa filha, tê-lo-ia feito durante sua infância, sem que precisásseis apoquentar-me nestas condições?!...

— Barbedo! Por Deus, peço-te! Não repitas tais insultos!...

— Insultos?!... Dizeis insultos?!... Pois onde se acham eles, ó minha cara senhora?... Existirão insultos em só lembrar-vos de que não sou o pai da vossa filha, para que ela se ponha por aí a usar o meu nome, desfrutando das regalias que tal direito lhe conferirá, e que será a mim muito vexatória tal situação, quando, afinal de contas, possuo uma filha — que é bem o meu sangue — filha e herdeira, a quem terei de dar satisfações; um genro, a quem deverei oferecer exemplos de honradez, a fim de que assim mesmo não proceda para com a minha filha; e que em breve terei um neto, cujo futuro igualmente precisarei prover, uma vez que o pai nada possui e vive a desdobrar-se em idealismos para o bem dos negros, sem nele próprio pensar?... Francamente, senhora Severina! Admira-me como ainda não compreendestes também os meus arrazoados!...

— Recusa-te, pois, a conceder-me a graça — mesmo a esmola, que de joelhos minha alma te solicita — de permitir à minha filha, criada sob o teu teto desde pequenita, a tratar-te de pai e como tal reconhecendo-te, visto que foi a ti o único a quem realmente teve como protetor e chefe — o direito de ser respeitada e poder casar-se com um homem honrado e bem-posto na sociedade?...

— Não só me recuso como até vos solicito, minha senhora, que não toqueis jamais no desagradável assunto!... Pois se não conseguir a menina unir-se a algum varão honrado, que o faça a um qualquer, mesmo desonrado... tal qual o pai que vós lhe destes, porquanto já estará habituada aos tais... Vossa facúndia maternal irrita-me, ficai certa!... Porventura pensáveis no futuro de vossa filha quando, no Recife, vos abandonastes aos desmandos em que vos encontrei soçobrada?...

— Sr. Barbedo! — bradou a pobre mulher ante a truculência dos remoques do esposo, desesperada por atingida no mais profundo do seu amor-próprio. — Lembra-te de que sou tua mulher legítima à face de Deus e dos homens! Que Ana é tua enteada e vive sob o teu teto!... E que indigno será também para ti mesmo se ela, casando-se, não puder apresentar ao seu noivo senão um nome humilhado e a paternidade ilegítima que sua infeliz mãe lhe pode oferecer!...

— Pois então, senhora, que ela professe e se torne freira, porquanto o nome honrado dos Sequeira de Barbedo não acobertará jamais filhos espúrios de quem quer que seja!...

— Oh! cala-te, maldito! cem vezes maldito!... Basta de tanto revolveres o punhal na ferida!... Orgulhoso e ingrato! Por que, pois, me deste tu teu próprio nome?...

— Porque Esmeralda — bondosa e pura como um anjo — me mandou fazê-lo, ameaçando-me com sua volta para Portugal, se eu o não fizesse...

— Apelarei para os mesmos sentimentos dela em favor de Ana...

O comendador, porém, que já se encontrava estirado no leito, levantou-se pachorrentamente, compôs-se com o elegante roupão que habitualmente usava, serviu-se do inseparável cachimbo, e, voltando-se para a atribulada esposa, em atitude de intraduzível desprezo, culminou a desassisada série de inconveniências com este golpe certeiro que a ele próprio, mais do que a ninguém, deveria abater:

— Tentai-o! e passareis pela decepção de compreender que nem à minha própria filha desta vez atenderei!... Compreendo-vos bem, senhora Severina! Quereis para o vosso rebento os mesmos direitos de nascimento e de fortuna que possui Esmeralda! Desiludi-vos, porém, de uma vez para sempre! Minha filha é a única proprietária em Santa Maria e minha única herdeira! Antes de nos unirmos em matrimônio, passei para o nome dela todos os meus bens, sendo eu apenas mero usufrutuário! Nada possuo, pois, nem possuirei, a não ser por morte dela! Vós nada possuís! Vossa filha nada possuirá jamais!

Disse-o e saiu, procurando outro aposento a fim de conseguir passar serenamente o resto da noite, como invariavelmente sucedia durante as desagradáveis ocorrências. Disse-o, porém, inadvertidamente, no ardor colérico da discussão, não aquilatando da gravidade da assertiva proferida e tampouco da inconveniência do ultraje lançado àquela que se sentia ludibriada nos sagrados direitos de que se julgava ou realmente era credora; e negando-se à razão de que se ele próprio era pai e a sua filha amava até a idolatria e o sacrifício, Severina, por sua vez, era mãe, e para o produto amado do seu próprio ser, ao qual considerava mártir da situação, igualmente quereria todas as primícias do Céu e da Terra!

A surpresa estacou nos lábios da infeliz mulher a torrente de reprovações e amarguras que do seu coração afluíram entre revoltas. O estupor de ouvi-lo vedou-lhe o dom da palavra! Seus olhos se dilataram, a boca entreabriu-se num esgar de assombro, o coração se constringiu ante a suprema, cruel decepção que a atingia com o sabor amargo da mais revoltante humilhação! Num instante, vendo-o desaparecer na porta, que ele bateu com força, raivoso, ela aquilatou da intensidade do mal que derruía suas mais caras esperanças, arrasadas pelo férreo preconceito daquele homem indomável, orgulhoso e intransigente, que adornava o próprio nome com a evocação do nome de uma soberana! Compreendeu, finalmente, que jamais fora por ele amada! Que, em seu coração, ela passara qual sombra anônima, apenas suportada pela sua qualidade de varão que jamais se impressionara com as efervescências do indestrutível afeto que tanto lhe desejara inspirar! Ela, no entanto, amara-o com ânsias da mais veemente paixão, porfiando por destruir nas próprias cogitações a ideia de que seria tão somente útil a si mesma! Lutou sempre contra a humilhação que do seu trato indiferente sofria e contra a superioridade, que lhe reconhecia, mas que ele não se esquecia de ostentar na sua presença! Insuportável decepção abateu-a, enquanto, inconsolável, o coração, exausto de lutar por um bem inatingível, segredou-lhe nos recônditos mentais, dando acesso a torpes sentimentos de ódio e revolta:

A tragédia de Santa Maria

— Será inútil continuar lutando! Curva-te, desgraçada, ao fel que te apresentam! Ó Barbedo! Barbedo! Cruel e orgulhoso coração a quem tanto amei! Como poderei ferir-te, desgraçar-te, homem sem compaixão?... Que hei de fazer, que hei de fazer para ver-te sofrer?...

Atirou-se ao leito, rebolcando entre convulsões de perfeita obsidiada pelas forças ultrizes do mal, rasgando travesseiros e lençóis entre os dentes, abafando gritos selvagens de desesperos e loucura, desgrenhando-se, batendo-se e blasfemando qual o réprobo entre as raivas do Invisível, imprecando e ultrajando entre ondas afogueadas de satânica demência, quais se prelúdios obsessores vibrassem nas sutilezas do seu ser psíquico... E pela manhã, quando a filha entrou no quarto, servindo-lhe o café que uma escrava trouxera, encontrou-a ainda soluçante, as mãos crispadas sob os cobertores, olhos pisados pela insônia, rancorosa e predisposta a se curvar ante as injunções malévolas que do Invisível acorriam fortalecendo-lhe os pensamentos em afinidade com as trevas...

Pelos dias decorrentes, porém, parecera serenar, voltando à rotina da vida conjugal. Não demonstrara mesmo a menor sombra de agastamento ao esposo. Dispensava-lhe, ao contrário, o mesmo trato amoroso, o mesmo sorriso enternecido e apaixonado. E parecera docilmente resignada à humilhante situação que para ela como para si próprio o marido criara com a transferência da fortuna em favor da filha — fato realmente consumado por aquele, mas do qual esta não fora informada ainda, ignorando-o, portanto, completamente.

Não obstante, no recesso de sua alma inconformada, o ódio se acendera irremediavelmente, levando-a ao absurdo de raciocinar que — Esmeralda fizera a desdita de Ana Maria muitas vezes! Arrebatara-lhe Bentinho, lançando luto e desilusão sentimental imorredoura em seu ardente coração; contornara e removera a possibilidade de ser esta bem-querida pelo padrasto e de sua magnanimidade merecer proteção condigna — incapaz de reconhecer que a moça, alheia aos acontecimentos, absolutamente não influíra nas resoluções paternas! Feraz sentimento de ódio, pois, pela indefensa jovem, que nela antes supunha amiga leal, tanto mais sinistro e temeroso porquanto envolto nos disfarces hipócritas de atitudes amáveis, levava a singular mulher a perquirir da própria mente, enquanto tecia a sua eterna renda de crochê, aboletada em cômodo balanço, ao alpendre dos seus apartamentos, o meio eficaz de infelicitar as três personalidades que, ao seu julgamento, haviam decepado os voos de suas contumazes ambições, isto é — Esmeralda, Bento José e o comendador Barbedo.

E porque se afinasse com as trevas por intermédio do ódio e da revolta — as trevas se abateram sobre ela, acudindo aos seus imoderados apelos!

2

Ronda sinistra

Comumente, toda personalidade humana que se deixa absorver pelas ondas depressoras de pensamentos odiosos, ou perversos, adquire, por isso mesmo, influenciações obsessoras do mundo invisível, que com ela se afinam, alimentando-lhe as tendências apaixonadas, avolumando-as, incentivando-as até mesmo ao crime, valendo-se para tanto do cabedal nefasto encontrado no campo íntimo daquele que as atrai, ao qual impulsionam com todas as forças das suas inferiores disposições. Dá-se, então, com a individualidade encarnada, o que chamaremos intoxicação mental, pois que a pessoa, a quem os próprios pensamentos maus deprimem, passará a instrumento (consciente, pois que não está desprotegida do raciocínio, tanto assim que, por meio deste, foi que atraiu o mal) de entidades maléficas do Invisível, cujo prazer é disseminar a desordem e a desgraça no seio das criaturas, tais os homens desocupados e intrigantes das sociedades terrenas.

Foi o que sucedeu à infeliz Severina Soares, que, portadora de sentimentos ainda deseducados e inferiores, deixou-se invadir pelas torrentes de sugestões ultrizes[32] de Espíritos de escravos falecidos em Santa Maria,

---
[32] N.E.: Vingadoras

que não perdoaram a Barbedo ou a seus ancestrais os maus-tratos outrora a eles próprios infligidos, como posteriormente aos seus descendentes, ou amigos, muitas vezes sem causas justificáveis.

Certamente que, se o orgulhoso comendador aquiescesse ao desesperado apelo da esposa, concedendo-lhe a realização dos intentos maternais, ou, pelo menos, se se houvesse conduzido com atitudes mais corteses, deixando de ofendê-la e ridicularizá-la, os fatos teriam tomado curso diverso do que em realidade tiveram — inclinando-se para outra origem de execução —, ou, quando nada, ele próprio ter-se-ia poupado o dissabor de se considerar, mais tarde, a pedra de toque para os acontecimentos que se precipitaram em torno de sua existência, os quais se teriam realizado, oh, sim! uma vez que se achavam decalcados no plano das causas, mas que bem poderiam encontrar meios diferentes de se consumarem! Mas homem da sua época, conquanto portador de excelentes qualidades, também se engolfava em princípios intransigentes daquilo que considerava preceitos de honra; e, não só louvava intimamente, por isso mesmo, o próprio procedimento para com as exigências da esposa, como se sentia satisfeito de havê-la ofendido de molde a cercear-lhe novas investidas, assim se colocando, pois, na melindrosa situação de haver provocado o ódio de Severina contra toda a estirpe ligada ao nome de Barbedo! E assim foi que, cerca de dois meses após o derradeiro desentendimento com o marido, uma noite, depois de mortificante insônia, a que sugestões malignas presidiam, abandonou o leito, nervosa e febricitante, dirigindo-se para o quarto da filha, a quem encontrou igualmente desperta. Pediu-lhe papel e tinta e pôs-se a escrever. Percebendo, porém, Ana Maria que a mãe, que mal se desembaraçava de uma escrita, levada a efeito com a mão direita, tentava consegui-lo com a esquerda, disse-lhe:

— Que fazes, mamãe?... Com a mão esquerda?... — interrogou curiosa a moça.

Confiantes, porém, ambas não suspeitavam que eram habilmente espreitadas por Maria Rosa e Juanita, que desde muito as vigiavam, para o que desse e viesse, uma vez que não as estimavam e como, efetivamente, era hábito entre escravos, os quais se apossavam frequentemente dos mais íntimos segredos de seus senhores, sem, contudo, jamais atraiçoá-los.

— Toma e lê — concordou a interrogada.

A jovem obedeceu, mas, logo após, gargalhar atrevido, conquanto discreto, feriu os ouvidos da companheira de Barbedo.

— Isto não dará o desejado resultado, mãe, afianço-te! Reconheceriam o disfarce de tua caligrafia e serias desmascarada... Conheço quem nos favorecerá os intentos sem que corramos qualquer risco...

— Tu! Como assim?...

— Sim! — confirmou risonha. — Fábio Saboia escreverá o que desejares, pois tem facilidade de mudar de letra quantas vezes o deseje... Odeia Bentinho, é seu inimigo pessoal e político, e, ademais, rico, bem--posto na sociedade e, não residindo em X, estará a coberto de quaisquer suspeitas... Obterei dele algo neste sentido...

— Será arriscado um terceiro, minha filha!...

— Não, tratando-se de Fábio. É meu namorado, ama-me com fervor e odeia Bentinho!...

Mais alguns dias transcorridos, com efeito, Esmeralda vê chegar o esposo pálido e mal-humorado, o qual, convidando-a para uma conversa em local discreto, foi dizendo:

— Os miseráveis iniciam agora ataques à minha honra pessoal!... Ferem-me com calúnias diárias, insultam-me por meio das colunas dos jornais, tentam ridicularizar-me com todos os remoques e apodos... Mas, compreendendo que de toda essa vil peçonha reergo-me sobranceiro, procuram atingir-me no que de mais sagrado possuo... Lê esta carta, minha querida... É anônima... infame e asquerosa, traduzindo o caráter do autor ou autores...[33]

Impressionada, a jovem tomou o papel das mãos do esposo e pôs-se a lê-lo, empalidecendo de indignação a cada frase apresentada sob seus olhos:

"Sr. Dr. Souza Gonçalves,

Amigo que sou e admirador das vossas peregrinas virtudes de cidadão humanitário, glorioso abolicionista e ilustrado causídico; respeitado que o reconheço na sociedade e credor de todo apreço — desejo chamar vossa atenção para a conduta fácil e excessivamente benemerente de vossa esposa para com o simpático liberto Cassiano Sebastião, a quem ela demonstra apreciar muito particularmente... E ao qual vem cumulando de favores desde os tempos de solteira, e de quem frequentemente merece sugestivos madrigais... Cuidado, Dr. Bentinho!... Tendes viajado muitas vezes nos últimos tempos... Cassiano é bonito rapagão e sabemos que várias sinhazinhas por aqui têm simpatizado com suas maneiras de trovador..."[34]

— Oh! Que pretendes fazer diante de tal infâmia?... Meu Deus! de onde partiria tão grande vileza?... — proferiu a jovem senhora prorrompendo em lágrimas.

Bentinho serenou-a compassivo e terno, certo de que inimigos terríveis investiam contra a respeitabilidade da sua família; e, ao almoço, a carta fora mencionada e acremente comentada na intimidade, afirmando o moço advogado envidar todos os esforços a fim de descobrir o seu autor e castigá-lo à altura do insulto, no que foi coadjuvado pelo sogro,

---

[33] N.E.: Na sociedade de então, a carta anônima era uma das mais terríveis armas usadas entre inimigos ou adversários de quaisquer ideias. Não raro, dramas íntimos se verificavam ao seu funesto sabor, suicídios e até crimes.

[34] N.E.: Muitos romances de amor, por vezes assaz dramáticos, verificavam-se, por esses tempos, entre os libertos e até mesmo os escravos, e suas jovens senhoras.

A tragédia de Santa Maria

que se revelou exaltado até o extremo de não fazer convenientemente as refeições daquele dia.

— É o resultado das vossas loucuras políticas — repetia ao genro, agitado e pálido. — Bem cedo advêm os dissabores! Minha pobre filha atassalhada[35] em sua imaculada honra por miseráveis que vos odeiam, Sr. Dr. Souza Gonçalves, a vós, e não a ela — entendeis bem?...

Alguns dias mais e era o próprio comendador que recebia insultos em nova missiva da mesma espécie, apontando sua filha como refalsada concubina do mulato Cassiano — ao qual protegia desde os tempos anteriores ao próprio casamento, indo ao cúmulo de alforriá-lo a fim de elevá--lo em melhor situação junto ao marido e, necessariamente, junto dela.

Desorientado, a despeito da certeza em que se achava da inocência da filha, Barbedo dirigiu-se ao Chalé Grande, ali submetendo o pobre serviçal a interrogatório penoso e humilhante, visto que, pensava ele, poderia o liberto, presumindo-se sedutor graças aos predicados que lhe reconheciam, gabar-se pela cidade acerca da benevolência da jovem em seu favor, julgando-a impulsionada por segundas intenções, e, assim, provocando repugnantes murmúrios, que teriam gerado a insultuosa correspondência. Cassiano, porém, aterrado frente a tão repugnante acusação, levou a angústia experimentada até as lágrimas, rogando ao antigo senhor paciência e misericórdia, pois estava inocente de todo e qualquer pensamento ofensivo contra a bondosa senhora, a quem respeitosamente venerava como benfeitora, comprometendo-se a se pôr em campo a fim de auxiliar a descoberta da origem de tão maldosas insinuações.

Efetivamente, nessa mesma noite, entendendo-se longamente com Juanita — na ocasião tornada sua mulher —, ordenou-lhe que, juntamente com Maria Rosa, seguisse os passos de Severina e de Ana Maria, de cuja lealdade desde muito desconfiava, procurando ouvir-lhes a

---
[35] N.E.: Caluniada, difamada.

conversação. Temerosa, porém, do aspecto que tomavam os acontecimentos, a ingênua rapariga silenciou quanto à espionagem sistemática que ela mesma e Rosa exerciam em relação as damas em apreço, certa que estava da interferência de ambas no caso das cartas, limitando-se a prometer obediência e fidelidade às ordens recebidas.

Eis, porém, que os acontecimentos se precipitavam assustadoramente, pois que, mais dois dias passados, outra missiva é endereçada ao comendador, desorientadora e irritante por insinuar a intromissão de outra personalidade anônima, porém, conhecedora do que na intimidade de Santa Maria se desenrolava:

"O autor das cartas insultuosas à honra de vossa filha é o vosso próprio genro, que assim espera tomar ascendentes sobre vós outros, fazendo-se de generoso e sereno, para obter concessões pecuniárias. Não percebeis o desinteresse dele em descobrir o difamador da esposa?..."

Convencido de que semelhante acusação só poderia partir do próprio Cassiano, que seria o único, em toda a cidade, a saber do que se passava na intimidade do lar de seus patrões, volta Barbedo ao Chalé Grande e, na ausência do genro, pretende arrancar do infeliz liberto a confissão integral da odiosa trama que se avolumava ameaçando a tranquilidade geral. Necessariamente defende-se o liberto com veemência, uma vez que está inocente e de nada sabe, afirmando, no entanto, que se empenha na descoberta do verdadeiro culpado, afirmando-se incapaz de tão aviltante ação. Mas excitado, envenenado por insólitas quão deprimentes sugestões oriundas das trevas obsidiantes que pesavam sobre o ambiente do vetusto Solar, e certo de que Cassiano mentia porque realmente estaria conluiado com o patrão, espanca-o desapiedadamente, fere-o a chicote até sangrá-lo, esquecido de que Cassiano Sebastião já não era um escravo, e sim cidadão livre, a quem direitos civis protegiam!

Entrementes, o jovem advogado é cientificado do desagradável sucesso, e, aceitando-o como ato de exorbitante violência e desacato à sua

A tragédia de Santa Maria

própria respeitabilidade, pois confia na lealdade do liberto, desentende-se lamentavelmente com o sogro, naquela mesma tarde. Acalorada discussão excita o ânimo dos dois homens, conquanto Bento José se conduza à altura da polida educação com que se ilustra e do respeito devido ao pai de sua muito querida esposa. O comendador, porém, fiel àquele gênio irascível que na noite do Natal de 1863 fê-lo desejar estrangular a filhinha recém-nascida, atribuindo-lhe responsabilidades pelo passamento da esposa, e atendo-se, ademais, à arrogância indomável que desde os tempos de D. Maria I visitava a fibra orgulhosa dos varões de sua raça, acusa, displicentemente, o marido de sua filha da autoria das malsinadas cartas; lança-lhe em rosto as dívidas — já existentes pela sua incapacidade — que se vão acumulando, assim a inércia em que se deixa permanecer ante as providências para o futuro da família, que aumentará dentro de algum tempo com o nascimento do primogênito de Esmeralda, terminando por acoimá-lo de perdulário e jogador e acusá-lo de se haver unido a Esmeralda com vistas a vantagens financeiras — ao passo que iludia pobres jovens inexperientes, como Ana Maria, que nele haviam depositado ternas esperanças... E certamente o acontecimento lamentável prosseguiria até um desfecho grave se a pobre senhora, emocionando-se ao máximo, não caísse em crise nervosa alarmante, assim finalizando a violência verbal dos dois varões que tão caros lhe eram ao coração!

No entanto, a conduta de Severina prosseguia passiva e quiçá amigável à vista de toda a família, afigurando-se a todos que participava da indignação geral ante os ingratos sucessos; confortando Barbedo, reanimando Esmeralda maternalmente, logrando cativar o marido com as atitudes reservadas e humildes novamente adotadas, alvitrando medidas conciliadoras, mas, intimamente, odienta e corvejando represálias, conquanto apreensiva com o rumo que os fatos tomavam.

A tensão entre sogro e genro, não obstante, continuava ameaçadora; e Bentinho, revoltado com as afrontas recebidas, instava com a esposa para que deixassem definitivamente a fazenda para residirem na metrópole, onde múltiplos deveres profissionais e sociais lhe requisitavam a permanência. Mas desejando a moça, antes de tudo, promover a reconciliação dos dois homens, detinha-se em indecisões, rogando ao esposo dilatasse o intento, porque penoso lhe seria ainda abandonar a escravatura à mercê dos antigos métodos. Terno e extremoso coração que sabia ser para com aquela que lhe merecia todas as atenções, o moço advogado condescendia, ainda que constrangido, ansioso, porém, por se libertar da opressão do sogro, a quem, todavia, continuava tributando o máximo respeito.

Assim se passaram mais alguns poucos dias, angustiosos e oprimidos, quando, certa manhã, Maria Rosa entrou nos aposentos de Esmeralda, trêmula e aturdida, deixando que as lágrimas rolassem livremente diante de sua irmã colaça.

— Sinhazinha, pelo amor de Deus, ouvi o que tenho a vos confessar — soluçou nervosa e agitada.[36] — Eu seria a mais criminosa das escravas de Santa Maria se ocultasse de *vosmecê* a descoberta que eu e mais Juanita acabamos de fazer... Cassiano proibiu-nos passar adiante o que sabemos, até segunda ordem, principalmente para "sinhô Velho"...

— Fala sem temor, Maria Rosa... Não te comprometerei... — ordenou a jovem dama, algo apreensiva.

E então a fiel liberta discorreu para sua querida senhora, murmurante e ansiosa, traduzindo o inesquecível padrão afetivo dos escravos africanos de outrora, os quais sabiam conduzir-se à prova de toda a discrição ante os mais graves assuntos que afetassem seus senhores:

— A história das cartas, sinhazinha... Eu, Juanita e Cassiano, logo de princípio, suspeitamos de nhanhã Severina e sinhazinha Ana... porque há muito sabemos que nem uma nem a outra estimam nhô Bentinho e *vosmecê*... Cassiano mandou-me vigiá-las noite e dia e

---

[36] Nota do autor: O leitor perdoará a não reprodução integral do linguajar dos escravos africanos, por incômoda e desnecessária em nossas páginas.

A tragédia de Santa Maria

ouvir o que conversam... Há alguns dias e noites que não pregamos olhos, procurando saber o que fazem e o que dizem... E esta noite, observando que nhanhã Severina entrava "fora de horas" no quarto da filha, pus-me à escuta na varanda, para onde vai dar a porta do quarto da menina... e como somente as venezianas estavam fechadas, ouvi a confirmação do que já sabíamos: nhanhã e sinhazinha Ana mandaram escrever as tais cartas...

— Estás louca, Maria Rosa?!... — contrariou a jovem, incrédula e agastada. — Não ouviste coisa alguma! Não é possível! Não sabes a inconveniência do que estás dizendo!...

— Sim senhora, minha sinhazinha Esmeralda! — tornou a negra, convicta e imperiosa. — Nhá Severina e a filha mandam alguém escrever as tais cartas e fazem toda essa horrível intriga porque detestam *vosmecê* e nhô Bentinho por causa da riqueza de sinhô Velho... Ouvi nhá Severina dizer à sinhazinha Ana que não escrevesse mais nenhuma carta anônima, porque está com medo de serem descobertas, e apavorada ante as ameaças de sinhô Velho... Disse que estarão desgraçadas, se ele descobrir a verdade...

— Maria Rosa, cala-te, pelo amor de Deus!... Severina estima-me, é tímida e inexperiente, não se arrojaria a semelhante aventura...

— Finge ser amiga, mas odeia de morte a sinhazinha, desde que *vosmecê* veio de Portugal... porque queria Bentinho para Ana e porque nhô comendador passou a riqueza toda para *vosmecê*, antes de casar com ela, e não quis dar um dote para Ana, conforme ela mesma, Severina, desejava... Tenho ouvido as discussões dos dois desde que minha sinhazinha voltou para casa...

— Ouviste?... Pois meu pai agiu assim?...

— Sim, ouvi!... E a última discussão foi pouco antes das cartas... Nhô comendador disse-lhe que sinhazinha é a única proprietária aqui; que ele mesmo ficou pobre... e ela e mais a filha pobres serão, como ele...

— Meu Deus!... Que horrível circunstância!...

Fortemente impressionada, a jovem herdeira entrou a inquirir com minudências a irmã colaça, que, fiel, tudo narrou do que sabia desde muito. E tais foram as provas lógicas apresentadas que não lhe restaram dúvidas de que, efetivamente, sua madrasta e a filha desta seriam as ínfimas autoras da mesquinha trama. E Maria Rosa prosseguiu:

— Vá-se embora para a Corte, sinhazinha! Vá sem demora!... *Vosmecê* não conhece nhá Severina!... Ela é malvada e traidora, capaz de muitas coisas ruins... Mandou espancar pai Custódio, pobre velho de 60 anos, até que ele caiu morto, esvaído em sangue... E depois disse a nhô comendador que o negro morreu de uma febre "malina"[37] que andou por aí... porque nhô comendador viajava pela Corte... Vá-se embora, leve seu afilhado e a mim também, pois tenho medo dela... que sua negra lhe servirá de rastros, de joelhos...

A pobre liberta prorrompeu em pranto e Esmeralda quedou-se pensativa, como absorta em pensamentos graves e profundos. Por um instante, suores de agonia porejaram de sua alma sedenta de luz e redenção, umedecendo-lhe a epiderme qual se o palor da morte estendesse sobre ela as suas sombras implacáveis, anunciando à consciência que surgira o momento de um terrível resgate — o derradeiro de uma série dramática de reparações que a deveriam libertar do opróbrio espiritual que desde séculos contaminava sua alma originária do Céu! E das profundezas ignotas do seu ser ondas de amargurosas angústias e súbitas confusões emergiram para lhe apresentarem pressentimentos cruciantes, mas indefiníveis, quais catástrofes que rondassem o ar... Levantou-se, porém. Chegou ao balcão do varandim, alongou o olhar pelo horizonte deslumbrante de luz, que os cafezais dominavam, e, fitando o azul imaculado do céu, murmurou, enquanto duas lágrimas oscilaram pelos rendilhados de suas pálpebras:

---

[37] N.E.: Maligna.

— Senhor Deus! Tende misericórdia de todos nós!...

Em seguida exclamou, acariciando com fraternal ternura a cabeça negra da liberta:

— Não podes continuar aqui, Maria Rosa... Teu constrangimento atraiçoar-te-ia diante de minha madrasta ou de Ana, e só Deus compreende o que sucederia... Temo por ti e Juanita... Retirem-se hoje mesmo, para o Chalé Grande, e esperem por minhas ordens... Antônio Miguel permanecerá a meu lado... Ele tem febre... Não desejo interromper as prescrições de meu pai para o tratamento necessário...

— Mas... O que é que vai fazer, minha sinhazinha?... Ficar sem a vigilância de suas duas negras, quando nhô doutor não trabalha aqui e sinhô Velho nada desconfia?... Venha para o Chalé Grande também, sinhazinha, siga o conselho de sua negra... Deixe Severina e o sobrado...

— Não poderei abandonar meu pai assim repentinamente... Desejo antes firmar a reconciliação dele com Bentinho...

— Isso virá com o tempo, sinhazinha Esmeralda... Quando o netinho chorar pela primeira vez nos braços dele... Eu estou apavorada com o que tenho ouvido e observado dessas duas malvadas...

— Precisarei entender-me com meu marido, a ver o que resolveremos... Nada poderei tentar assim, aereamente... Creio melindrosa a situação... Não desejo contrariar meu pai, a quem tão acabrunhado venho notando, queixando-me de Severina... Precisaremos ocultar-lhe, a qualquer preço, o que acabas de relatar...

— Não, sinhazinha!... — contrariou a fiel serva, impressionada e veemente. — Perdoe sua negra... Cassiano também não quer que se diga nada... Mas sinhô Velho precisa saber de tudo!...

— Estarás, porventura, louca?... Nem ele daria crédito às tuas afirmativas!... Como ousarias, aliás, se eu mesma não me encorajo a acusá-las?... Obedece, Maria Rosa!...

Desgostosa, a fiel liberta saiu, participando à companheira as ordens recebidas; e, antes mesmo do cair do crepúsculo, despediram-se da bondosa senhora, abraçando-a por entre lágrimas; após o que, subindo para a caleça que lhes era destinada, partiram, acenando amorosas.

— Que farão na cidade a tais horas as duas servas?... — indagou Barbedo à filha, vendo-as partir, do terraço onde se encontrava em companhia desta.

— Mandei-as para o Chalé Grande, ao qual deverão pôr em ordem, visto que tenciono ali passar os últimos dias desta semana...

— E ficarás aqui tão só, sem as tuas servas, minha filha?... Queres que destaque alguma escrava para os teus serviços desta noite?...

— Oh! Não será necessário para hoje, meu pai... Maria Rosa a tudo providenciou... Amanhã cuidaremos disso... Deixai as pobres escravas descansar... Pretendo transportar-me para X amanhã à tarde...

Sentaram-se ambos, a desfrutarem os doces encantos do entardecer. Infinita doçura invadia as potencialidades afetivas do altivo capitalista. Ele fitou o formoso semblante da filha, enlaçou-a afavelmente, osculou-lhe a fronte e deixou-se emudecer enquanto contemplou as ricas messes que se estendiam entre campos e colinas até os longínquos horizontes.

Subitamente, recordou a esposa morta havia tantos anos!... Reviveu os dias dilaceradores da viuvez em plena mocidade! Reviu Esmeralda, frágil e soluçante nos braços da ama... Suas próprias alucinações à frente do cadáver da jovem esposa e as investidas impensadas procurando a filha recém-nascida a fim de estrangulá-la... E suores gélidos de íntima e singular aflição levaram-no a expulsar os fantasmas do passado. Levantou-se, dominado por súbito mal-estar.

— Entremos, minha filha... Canta algumas canções que recordem Coimbra ou o Ribatejo... Cantadas por ti traduzirão maior encantamento para o meu coração...

Ela beijou-o, num gesto gracioso de inequívoco afeto filial, e sentou-se ao piano, deliciando-lhe o coração durante todo o serão com os dotes artísticos que tão bem cultivava. Nem ela nem meu infeliz compadre, porém, poderiam supor que seriam as derradeiras horas que desfrutariam juntos no dulçor do ambiente doméstico, que ambos tão bem sabiam honrar e venerar!

Ora, justamente nessa noite, Bento José regressaria mais tarde, permanecendo no Chalé em virtude de haver convocado reunião do Clube Abolicionista de que era presidente emérito, a fim de que variados aspectos da nobre causa fossem cuidadosamente debatidos, bem assim os assuntos concernentes ao ideal republicano que absorvia suas generosas tendências democráticas. De outro lado, já pelas dez horas da manhã do dia imediato, deveria ele defender importante causa jurídica no Foro de certa localidade vizinha de X; e, revendo autos e estudando detalhes a que se apegaria durante os debates, não se avistara com a esposa, nesse dia, senão pela manhã, à saída para as funções cotidianas. Desde que entre ele e o sogro se haviam interposto as desagradáveis ocorrências que conhecemos, o moço advogado furtava-se, efetivamente, a permanências muito longas em Santa Maria, o que realmente levara a esposa a pensar na possibilidade de uma temporada no Chalé — caso tal resolução não desgostasse o pai, a quem ela própria rendia culto afetivo verdadeiramente religioso.

Esmeralda passara o serão da noite, pois, apenas com o pai e o pequeno liberto Antônio Miguel, seu afilhado, que, educado pela madrinha, até ali, com ternuras maternais, dela obtendo até mesmo a satisfação de todos os caprichos, com 10 anos tomava parte nas reuniões da família, desfrutando regalias e desenvoltura próprias de afins consanguíneos. Do seu costumeiro posto, no alpendre, de onde facilmente se apercebia da movimentação nas dependências da enteada, Severina observava-os com olhos ciumentos, diminuída ante a sublimidade da ternura que parecia vincular os corações de pai e filha, de vez em quando aproximando-se do grupo sugestivo, tomando parte na conversação, falando docemente a Barbedo ou felicitando a jovem cantora pela perfeição das peças executadas. Às dez horas, porém, Esmeralda despediu-se do pai, encaminhando-se para seus dormitórios com o pequeno afilhado, ao qual acomodou em leito improvisado sobre um divã, no seu próprio quarto de dormir, em virtude da ausência de Maria Rosa.

Cerca de uma hora da madrugada, no entanto, voltava ao Solar o jovem Dr. Souza Gonçalves; e, encontrando adormecida a esposa, não procurou despertá-la, acomodando-se sutilmente em aposento contíguo para algumas horas de repouso antes do Júri, que prometia sensacionalismo, dado que a oratória brilhante e recursos inesperados do moço advogado atrairiam, invariavelmente, a absolvição para o réu, pois o singular profissional não aceitava jamais causas acusatórias, senão apenas defesas para os seus constituintes. O ilustre Sequeira de Barbedo, porém, que, nessa noite, insolitamente apreensivo e inquieto, não conseguira conciliar o sono, vendo-o chegar ao galope do seu corcel ligeiro, acompanhado do pajem serviçal, do balcão do varandim dos seus apartamentos, onde se deixara ficar com a esposa até aquela adiantada hora, voltou-se para ela e exclamou desprezivo:

— Grande leviano e peralvilho! A que horas regressa ao lar, abandonando minha filha desde pela manhã!... Não procura investigar sequer o paradeiro do infame autor das cartas que difamam sua esposa!... Mas Esmeralda possui um pai que a idolatra!... Saberei defendê-la!... Hei de descobri-lo e trucidá-lo sem piedade, já que o marido é inconsequente e incorrigível!... Por isso mesmo, jamais! Jamais consentirei que o acompanhe para a Corte! Não teria defesa, afastada de mim!... Jamais sairá de minha companhia!...

— Não suspeitas ser ele próprio o autor das cartas?... Como queres, então, que se ponha à procura do autor?... — interrogou audaz e emocionada.

— Sim... Deve ser ele mesmo... Mas seria demasiada infâmia... Sinto-me confuso e desorientado ultimamente... Creio mesmo que estou doente, minha amiga...

— Precisas de um médico... Consultá-lo-emos amanhã — foi a resposta.

Em seguida a pernambucana abraçou-o com ardor, beijou-o com a costumeira paixão e encaminhou-o para o interior.

3

O CRIME

Permitir-me-á o leitor mais detalhadas informações sobre as disposições interiores do Solar de Santa Maria, às quais muito sucintamente me tenho referido.

Ao contrário da maioria das sedes de antigas propriedades rurais construídas ao tempo do Brasil-Colônia, que se padronizavam pela rusticidade de linhas apressadas ante a urgência das acomodações, a suntuosa residência dos Sequeira de Barbedo desde os seus primórdios destacara-se pelo aprimoramento do conjunto, evocando, senão exteriormente, pelo menos internamente, certas construções antigas da Europa, de envolta com detalhes bárbaros. Muito ufanosos com o gracioso favor da soberana que lhes fornecera o título de que tanto se envaideciam, os ancestrais de Barbedo entenderam desdouro residir em abrigos mal engendrados quem ativesse ao nome um tão honroso "de Maria", permitindo-se então, como à própria posteridade, o luxo de um Solar que se poderia blasonar de ser das mais belas e imponentes construções dos tempos de Colônia, assim de um que de outro Império. A cada decênio transcorrido o senhor do título e das rendas acrescia ao conjunto pavimentos ou dependências novas, e o sobrado assim crescia em estética e suntuosidade. Não lhe escasseavam, por isso mesmo, encantos arquitetônicos interiores, como — pequenos degraus para um dormitório ou uma sala, no mesmo pavimento, os quais, assim sendo, se elevavam dos demais compartimentos ou baixavam; passagens súbitas, estranhamente dispostas, às vezes construídas por mero enfeite, quais detalhes de labirinto a lembrarem residências feudais da Europa; salas ou câmaras sobre arcadas interiores, deitando balcões para a dependência que lhes ficava abaixo, como viadutos internos para a facilidade de acesso de uma fachada a outra, enfim, compartimentos sombrios, às vezes votados mesmo ao esquecimento, visto que construídos tão somente no intuito de aproveitar espaços sobressalentes na área em que se realizara o melhoramento do edifício.

Alguns anos antes de Antônio de Maria herdá-lo do avô, certo aventureiro italiano retocou-o totalmente, aprimorando-o com detalhes florentinos encantadores, elevando-se então a terceira fachada. Assim se apresentava o curioso edifício em singular feitio de E maiúsculo, devido às reentrâncias que deixavam o relevo para as fachadas. Contornado em toda a sua enorme extensão, à altura do primeiro andar, por varandins e terraços pitorescos e graciosos, poderia, por isso mesmo, alguém atingir quaisquer das fachadas e nelas penetrar sem ser percebido do interior; ao passo que o mesmo sucederia a quem o preferisse fazer interiormente, sem ser percebido do exterior. E possuindo qualquer das três fachadas entradas e jardins independentes, tornava o conjunto singularmente belo, mas propício a escapadas aventurosas e empresas criminosas, se os honrados Barbedos não apresentassem, desde afastadas gerações, aquele padrão de honradez e legítima equanimidade que caracteriza a heroica raça lusitana. Muitas vezes falei ao meu nobre compadre e amigo, como invadidos os meus recessos supersensíveis por indefiníveis premonições:

— Possuís excelente residência, meu amigo! Mas excessivamente ampla para tão pequena família... Suas disposições internas impressionam e atemorizam... Dir-se-ia miniatura de castelos ingleses ou escoceses, propositadamente construídos para a possibilidade de assassínios e prática de abominações...

Replicava-me, porém, com o costumeiro sorriso franco, meu senhorial e altivo compadre:

— Não digais tal inconveniência, meu excelente doutor! Tal como o vedes, este solar jamais presenciou a mais insignificante cena de sangue ou de vingança! Apraz-me, oh, sim! viver e vagar por estes compartimentos penumbrosos, cuja ambiência, como envolta em sugestões insólitas, despertam em minha alma emoções indefiníveis, como reminiscências de um passado que não sei onde vivi... Aliás, sabeis que, durante a estação calmosa, todas estas salas regurgitam com a presença dos meus queridos convidados...

O certo, porém, era que ali existiam recantos sombrios e sugestivos, salas intermediárias, em círculo, com portas giratórias em feitio de cruz, permitindo passagem a quatro pessoas, sem que, todavia, duas delas se avistassem; alcovas impressionantes, espécie de recâmaras escuras com passagens para corredores soturnos, a fim de que, na hipótese de urgência, fosse facilitada a saída do aposento principal sem se perder tempo no percorrer as dependências centrais. O Solar seria, portanto, efetivamente sinistro na sua arquitetura interior, não fora o bom gosto com que Barbedo o decorara e os deliciosos quês artísticos que Esmeralda imprimira em todos os recantos.

Ora, exatamente nos aposentos particulares de minha afilhada existia uma dessas portas giratórias em cruz, deitando passagem para um corredor ou galeria, que avançava até os aposentos de seu pai e para o qual numerosas portas de outros aposentos deitavam, além de outra galeria de trânsito interno, geralmente deserta, a qual com a primeira se cruzava próximo à porta giratória de Esmeralda, galeria que trazia a singularidade de uma porta giratória nas mesmas proximidades — o que das dependências do fundo da casa isolava os apartamentos de minha afilhada, assim como os de seu pai.[38] Entrando, pois, pela porta

---

[38] Nota da médium: Segundo os quadros concedidos à minha visão no momento da recepção deste trabalho — essas portas seriam uma espécie das "borboletas" atuais, porém, inteiramente de madeira, das proporções de uma porta, efetivamente, e com a singularidade de poderem ser fechadas em ambos os portais tornados batentes, porquanto seriam firmadas no centro. Havendo nelas quatro lugares, duas pessoas poderiam passar sem serem vistas uma pela outra.

giratória de Esmeralda, alguém que viesse dos aposentos do comendador certamente não seria percebido por quem transitasse pela galeria de fundo, visto que a porta giratória desta a encobriria, e penetraria sutilmente em certa alcova penumbrosa que seria um como apêndice do quarto de dormir do casal Souza Gonçalves. Nessa dependência — a alcova do quarto de Esmeralda — tornada sinistra após os sucessos que narramos, e onde, mais tarde, Maria Rosa piedosamente, e sob as vistas comovidas de Barbedo, improvisara um altar com sugestivo crucifixo iluminado durante cerca de trinta anos por uma doce e melancólica lamparina de santuário, que convidava à unção religiosa — minha afilhada dispusera malas e caixas de viagem desde o regresso de Portugal, não servindo a dita dependência, portanto, a qualquer outra necessidade, visto outras passagens mais lógicas permitirem acesso fácil ao interior da casa. A qualquer outro caráter menos afetuoso e confiante do que o de minha afilhada, despertaria atenção a situação da referida alcova — a qual facilitaria uma daquelas emboscadas sutis de que tantas vezes falei ao meu compadre. Bondosa e eternamente amável para com todos, porém, e jamais cogitando de qualquer feição do mal, a esposa de Bentinho não só não se preocupava com aquele detalhe dos seus aposentos como até se descuidava de diariamente verificar se estariam realmente trancadas a porta giratória da alcova para o corredor e a desta para o seu próprio dormitório.

Vindo-se do interior da casa sem se desejar devassar os domínios dos Souza Gonçalves, fatalmente passar-se-ia pela galeria de trânsito acima referida, quer se pretendesse atingir os apartamentos do comendador, quer se desejasse buscar a sala de estar onde comumente sua filha se entregava a delicados trabalhos manuais. O dormitório desta deitava porta igualmente para esta sala, a qual, por sua vez, despejava para um pitoresco alpendre com degraus para o jardim que levava ao portão de entrada destinado à fachada do centro — residência dos Souza Gonçalves. Por sua vez, a sala de estar de Severina, montada na parte reentrante do "E" do edifício, igualmente deitava porta para o mesmo corredor em que ficava a da alcova de Esmeralda. Verdadeiramente singulares, estas

A tragédia de Santa Maria

disposições e confusas passagens facilitariam sobremodo qualquer ação inescrupulosa dos habitantes de ambos os apartamentos ou fachadas.

Ora, na manhã dos idos de agosto de 1886, ano em que minha querida afilhada completaria as suas 23 primaveras pujantes de vida e do esplendor da sua imaculada formosura, Antônio José de Maria e Sequeira de Barbedo erguera-se do leito deprimido por uma desagradável noite de insônia e excitação. A despeito de todos os esforços da esposa a fim de tranquilizá-lo e adormecê-lo, meu pobre compadre não conciliara o sono senão pela alta madrugada. Ainda assim, porém, desorientador pesadelo fê-lo despertar alucinado, banhado em suor gélido, trêmulo e desfeito em pranto, enquanto Severina, atenciosa, se levantara no intuito de trazer-lhe alguma bebida calmante. Não mais conciliara ele o sono, porém, até o momento em que habitualmente deixava os aposentos. Nesse pesadelo atroz ele observara, acometido da incoercível loucura que somente tais circunstâncias produzem, que o salão de recepção de sua filha fora transformado em câmara ardente: essa levantada em crepes mortificantes, grandes candelabros amarelos em que círios volumosos ardiam desfazendo-se em impressionante lacrimejar de cera derretida; sugestivo crucifixo impondo o recolhimento com Deus... E flores numerosas esparsas em torno... Um esquife mortuário, dominando o quadro apavorante, despertou-lhe angustiosamente a atenção — Esmeralda jazia ali, inerte, a pele violácea, olhos fora das órbitas, a boca entreaberta num ríctus de pavorosa tortura, deixando à mostra a língua arroxeada e intumescida; o pescoço enegrecido por equimoses[39] denunciantes de um estrangulamento, os dedos crispados, retorcidos, como se, durante a trágica ocorrência, procurassem supremo gesto de defesa inútil!

Severina, a quem ele não se encorajara de narrar o emocionante sonho, procurou confortá-lo, observando-lhe a depressão, e carinhosamente advertiu:

---

[39] N.E.: Manchas na pele, de coloração variável, produzidas por extravasamento de sangue.

— Necessitas de afastamento temporário de Santa Maria, a fim de repousares e cuidar da tua saúde... Hoje já não és o varão jovem a quem conheci, multiplicando-se nos labores exaustivos da fazenda... Não tardas a completar 50 anos e, nessa idade, convém repousar, isentando-se de desgostos e contrariedades... A conduta de teu genro é deprimente... Avisei-te, antes do casamento, de que Bento José não nos traria felicidades... Não deste crédito às minhas observações, porém... Agora, resta-nos aplicar a paciência e resguardar tua tão preciosa saúde com um merecido repouso em qualquer parte... Esquece as malditas cartas... São politiquices dos adversários dele próprio...

A astuta mulher, porém, prometera-se tentar afastá-lo do Solar, temerosa das consequências do inquérito por ele próprio promovido, certa que se achava das selvagens represálias que levaria a efeito no dia em que a verdade fosse revelada.

Comovido com as palavras dela, Barbedo reclinou-se em seu ombro, sentindo-se frágil sob a cariciosa pressão daquela que tão perseverantemente sabia idolatrá-lo, e exclamou, beijando-lhe docemente a face:

— Tens razão, minha amiga... Tão desvelada e amante tens sido através dos anos... Entretanto, nem sempre hei correspondido à altura da verdadeira justiça... Sim, és amiga fiel, conquanto algo rude de maneiras... Mas ainda é tempo! Recompensar-te-ei à altura dos teus merecimentos!...

— Como assim, querido amigo?...

— Venho ponderando que, realmente, será de justiça que algo faça por tua filha, se não por ela mesma, ao menos em consideração a ti, que tanto me tens amado...

Um lampejo de mal contido júbilo deslumbrou a alma da bela pernambucana, cuja mente descortinou o panorama profundo que aquela confidência revelava à sua maternal ambição. E, desejando prelibar o triunfo que se delineava por tão sedutoras frases, inquiriu emocionada:

— Queres dizer então, meu querido, que, finalmente, atendes meu antigo pedido a respeito de Ana Maria?

Ele levantou para ela os olhos comovidos como se sorrissem, respondendo ternamente, como esperando agradecimentos por meio de uma carícia:

— Tu te tens mostrado humilde e resignada, querida amiga, e tal atitude tocou-me o coração!... Sim! Não somente resolvo atender-te como até te declaro que, dentro de três dias, tudo estará consumado — tua filha será também minha por direitos de adoção, usará o meu nome e terá um dote que lhe permitirá casar-se bem...

— E... Esmeralda?...

— De antemão te garanto que apoiará o meu gesto, pois que é um anjo... Falar-lhe-ei ainda hoje...

— Mas... Não disseste que estás pobre, que tudo pertence a ela, não mais a ti?...

Ele, porém, sorriu, ao retorquir:

— Sempre terei com que dotar Ana... e, ainda que nada mais possuísse, estou certo de que minha filha o faria por mim...

Severina agradeceu ao marido com uma de suas apaixonadas carícias, emocionada e trêmula. Todavia, de chofre, lividez marmórea alterou-lhe as feições, que se contraíram num ríctus dramático de angústia e pavor, ao pensar:

— E se Barbedo chegasse a descobrir a trama hedionda das cartas anônimas?...

Por um instante, a infeliz mulher mediu a profundidade do mal que praticara, bem assim a catástrofe que para si mesma, como para sua filha, significaria a descoberta de tal delito. E sentiu que ondas de insuportáveis exasperações penetravam os meandros de sua alma...

Entrementes, deixando os próprios aposentos, o comendador, como todas as manhãs acontecia, dirigiu-se para os apartamentos da filha, a fim de cumprimentá-la e acompanhá-la na primeira refeição, hábito que Severina jamais consentira em igualmente adotar, e que, de forma idêntica, jamais conseguira destruir na vontade do marido. Percebendo, porém, que Esmeralda, acompanhada do esposo, se dirigia ao salão de música a fim de com este ensaiar ainda, como habitualmente faziam pela manhã, um dos admiráveis duetos para piano e flauta, nos quais eram exímios, compreendeu que se atrasara e retraiu-se no intuito de não perturbá-los, pensando em que cumprimentaria a filha após a retirada do genro, a quem sabia assoberbado de afazeres naquela manhã e com o qual vivia agastado desde alguns dias.

Efetivamente, ainda não havia sequer alcançado a sala de refeições da manhã, e os arrebatadores acordes de célebre concerto de Mozart para flauta encantaram-lhe a audição, arrebatando sua alma de sentimental aos inefáveis páramos do ideal. E enquanto a melodia sublime distendia acordes miríficos, levando-os a ecoar pelos recantos do vasto domicílio, seu coração do mesmo modo se dilatava, predispondo-lhe a razão para mais justiceiras apreciações quanto ao caráter do genro, cuja imagem bondosa e cavalheiresca se desenhou à sua imaginação naquele momento isenta de hostilidades:

— É um grande artista, um grande bacharel e um grande idealista! — murmurou consigo mesmo, enternecido, o pensamento alheio à mesa em que Severina servia, pessoalmente, a refeição matinal, fiel ao nefasto ciúme que a deprimia, mas ditosa por não vê-lo à mesa de Esmeralda. —

A tragédia de Santa Maria

Ó meu Deus! Não posso sinceramente crê-lo infame!... É impossível!... Que demência essa, que tanto me conturba?... Por que o detesto?... Tudo indica que idolatra minha filha!... E é o pai do meu futuro netinho, sangue do meu sangue, a quem já amo com todas as veras do coração... e ao qual espero apertar em meus braços, com orgulho e sublime alegria!... Abolicionista... Republicano?... Os homens mais nobres deste mundo pautaram-se, em todos os tempos, pelas mesmas diretrizes... Sim! Bento José é um sonhador, um leal coração, um caráter varonil e heroico!...

E quando os últimos acordes da melodia arrebatadora cessaram completamente, dirigiu-se, vagaroso, para a fachada sul do edifício, oposta à sua, cujas janelas do fundo, ou das reentrâncias, deitavam vistas para os jardins e portões de entrada do nobre casal e, necessariamente, para a estrada que se alongava a perder de vista...

A farmácia da fazenda era localizada ali, e, penetrando em seu recinto, o comendador distinguiria quanto se passasse nos varandins laterais de Esmeralda e em seus jardins, através de amplas janelas. Pôs-se ele, portanto, a conversar com Juvêncio, o farmacêutico, que já havia iniciado os seus misteres, narrando-lhe a excitação sofrida durante a noite anterior, ao passo que prescrevia receituário para si próprio, pois, como sabemos, Barbedo era médico; esperando pacientemente que o operoso funcionário concluísse o trabalho. Severina, no entanto, retornara aos próprios aposentos, onde sua escrava de confiança iniciava as arrumações matinais, postando-se ao alpendre de sua sala de estar, local preferido para tecer o seu crochê, acomodada na indispensável cadeira de balanço. Não se passaram sequer dez minutos, e a Sra. Barbedo vê chegar a própria filha, lívida e emocionada, cujas feições alteradas lhe causaram sobressalto, enquanto trêmula, a voz entrecortada, lhe murmurou a moça sussurrante:

— Mãe! Estamos perdidas!... Tudo foi descoberto!... Esmeralda e Bentinho foram cientes de onde partiram as cartas!... Papai nos matará!...

— Desgraçada, estás louca, porventura?... Quem to disse?...

— Sabes que sempre os espreitei pela porta da alcova... a qual ela esquece de trancar e que eu abro, se a encontro fechada, pois que tenho as chaves... Eles discutem... Cassiano contou a Bentinho ontem à noite, no Chalé Grande, mas Esmeralda já sabia... Creio que as negras de Esmeralda nos espreitavam... Vem...

Severina seguiu a pérfida filha, vencendo o trecho do varandim sem penetrar os cômodos interiores onde a escrava tratava das arrumações. Quem a olhasse do exterior, porém, tê-la-ia visto tão somente penetrar os seus próprios aposentos, nada mais.

No entanto, ela e a filha avançaram até a galeria de trânsito, e, do local onde se encontrava, à cadeira de balanço, até a porta giratória da alcova de Esmeralda, tenebroso turbilhão de sugestões obsidiantes dementou a mente, já de si mesma inclinada ao mal, dessa estranha mulher que idolatrava o marido até a insensatez, mas que não trepidaria em ferir ou destruir tudo quanto ele mais quisesse, a fim de prendê-lo ao domínio da sua avassaladora paixão. Ela mediu, num instante, a extensão da desgraça que a filha lhe acabava de anunciar, e, alucinada, também compreendeu que seria necessário, a qualquer preço, arredá-la do seu caminho antes que Barbedo se inteirasse do que Ana Maria surpreendera! E assim penetrou, sorrateira, a alcova da enteada, pondo-se à escuta, depois de ordenar à filha certificar-se se a giratória da galeria estaria trancada e se o marido continuava na farmácia, ou seja, na fachada sul.

Trêmula, as feições decompostas pelo terror que de suas faculdades gradativamente se apossava, ouviu, efetivamente, que Bento José e Esmeralda discutiam os acontecimentos decorrentes, no próprio quarto de dormir, certos de que ali poderiam fazê-lo sem serem surpreendidos, e descuidosos de verificar se, além do reposteiro, a porta que do quarto deitava para a alcova, fronteiriça à giratória, estaria realmente fechada.

— Sim, logicamente não existem dúvidas de que Severina e Ana Maria me intrigam com teu pai desde antes dos nossos esponsais, despeitadas ante a nossa felicidade e por compreenderem que me fizera incompreensível às insinuações para desposar Ana, porque era a ti que eu amava... E quando nada mais existe para tentar, a fim de desgostar-nos, maldosamente incompatibilizam-me com ele, criando essa infame rede de calúnias anônimas, enquanto permanecem hipocritamente serenas e humildes no seu posto... a todos fazendo crer que compartilham da nossa revolta — comentava Bentinho, colérico, no momento em que a alucinada mulher se postou para ouvir, enquanto ele próprio ultimava a *toilette*, auxiliado pela esposa. — Cassiano, em lágrimas — continuou —, expôs-me quanto descobriu; e eu, depois de criteriosamente ponderar, concluo que, realmente, todas as possibilidades dessa feia trama partiram delas... Será necessário investigar os fatos com habilidade e minúcias, porque, no momento em que puder acusá-las de mandatárias ou mesmo executoras do desprezível atentado, proteste o comendador ou deixe de protestar, reproves tu ou não reproves, moverei um processo contra ambas e metê-las-ei na cadeia, de qualquer forma, porquanto não me escassearão recursos para tanto... Encontro-me numa pista assaz esclarecedora... Fábio Saboia, como sabes, é adversário vil, homem sem honra, dado a calúnias e insultos pelas colunas dos jornais e ao uso de cartas anônimas... Presentemente é o namorado de Ana... e não ignoro que se entendem frequentemente, a sós, coadjuvados pelas negras de Severina, sob a tolerância desta própria e às ocultas do comendador... Sou acusado por teu pai da infâmia de escrever insultos anônimos contra ti mesma... Como se a demência lhe houvesse cerceado a faculdade de raciocinar nestes últimos tempos... Hoje, após o júri, regressarei prestamente a fim de entender-me com ele sobre o assunto... Teu pai precisará ouvir de mim ou de ti o nome dos verdadeiros caluniadores, os quais posso garantir que são — Severina, Ana e Fábio!

— Acaso enlouqueceste, meu amor?!... — observou a senhora ainda uma vez conciliadora. — Não podes acusar minha madrasta sem que obtenhas provas muito concretas, e isso será dificílimo no caso em apreço... Meu pai repeliria a acusação!...

— No momento — replicou o moço advogado, excitado — não a acusarei formalmente. Comunicar-lhe-ei, apenas, as minhas suspeitas, induzindo-o, como advogado que sou, a observar e inquirir Severina sem que ela própria de nada suspeite... Ele mesmo, portanto, assim procedendo, desvendará o enigma que tanto o vem irritando e amargurando...

— Refletiste, querido Bentinho, nas desagradáveis ocorrências que acarretaria semelhante atitude de tua parte?... Quantos dissabores, talvez mesmo desditas, adviriam para meu pobre pai?...

— Ah!... Então acharás preferível que teu marido continue infamado pelas mais torpes suspeitas que o cérebro de teu pai poderia engendrar, o qual de tudo me vem acusando por insinuações dessas duas relapsas mulheres, até mesmo de vilipendiar tua própria honra pessoal com artigos pelos jornais, alusivos ao caso, como sucedeu ainda ontem, e cartas anônimas?... Sim! Concordes tu ou não concordes, entender-me-ei com ele hoje à tarde... Teu pai não ignora quão inferior é o caráter da mulher a quem se uniu em matrimônio... Muitas vezes se queixou do arrependimento de havê-la trazido do Recife...

— Enganas-te! Isso passou! No momento meu pai ama e respeita aquela a quem deu seu próprio nome!...

E, no intuito de serenar o esposo, demovendo-o do intento, a fim de ganhar tempo e evitar, de qualquer forma, a cena que presumia desagradável e violenta entre os dois homens que tão caros lhe eram ao coração, acrescentou, sem que, todavia, nutrisse intenções de cumprir o que prometia:

— Deixa a meu cuidado a espinhosa missão de tudo relatar a meu pai!... Incumbir-me-ei de esclarecê-lo, chamando-lhe a atenção para o que descobrimos... Fá-lo-ei interrogar Severina habilmente... e eu mesma contornarei Ana, a ver se se contradiz... Sabes que meu pai me ama demasiadamente e não se revoltará contra mim... Com maior facilidade me acreditará do que a ti...

Ele beijou-a carinhosamente, risonho; e, enlaçando-a, encaminharam-se ambos para a sala de estar. À porta de saída para o alpendre do varandim, porém, da qual Bentinho se servia todas as manhãs, reiniciaram a conversação.

Sobre o divã, o pequeno Antônio Miguel, febril, semioculto entre cobertores e almofadas, presenciava os fatos, em silêncio, despercebido de todos.

Do seu posto de espreita na alcova escura e esquecida, Severina tudo ouvira entre crispações de terror e suores gelados de inconcebível angústia. Sinistro trabalho mental de premeditação para a execução de qualquer ato que evitasse a Barbedo o conhecimento da sua infâmia — agora que ele se dispusera a todas as concessões a seu respeito, parecendo até mesmo amá-la como jamais o fizera; bem assim as represálias de Souza Gonçalves e, consequentemente, a sua e a desgraça da filha, pois presumia que seriam até mesmo repudiadas por aquele a quem ela própria queria acima de tudo — avolumou-se em seu cérebro desde muito intoxicado por irradiações obsessoras. Em rápido momento ela sentiu o coração precipitado em ritmo violento, o corpo sacudido por arrepios penosos e insopitáveis, as mãos enregeladas e suarentas, crispadas como por ação nervosa incontrolável... Enquanto a garganta em fogo, a língua seca, os olhos fora das órbitas, como tolhidos para a visão das coisas que a cercavam, apenas lhe apresentavam às faculdades inteligentes um único quadro resolutivo: Esmeralda a debater-se em agonia e Bentinho acusado de uxoricídio![40]

Seria certamente ingênua a resolução tomada entre as excitações de uma semidemência, mas ingênuas serão todas as resoluções maléficas — obsessoras ou não — que somente ao entendimento, assim influenciado,

---

[40] N.E.: Assassinato da mulher pelo marido.

parecerão lógicas. Não obstante, quantas vezes à sociedade se deparam fatos análogos a este, fatos que só mais tarde, analisados judiciosa e logicamente, ressaltam então a sua verdadeira posição ao entendimento mais modesto?!...

Nessa pressão mental, sinistra e inconsequente, ordenou ela rapidamente à filha — e Ana Maria notou-lhe a voz rouca, alterada, hiperemocionada:

— Observa onde se acha teu padrinho...

A jovem deu uma volta, sutilmente, pelo varandim — o que quer dizer que o fez exteriormente —, espreitou como pôde e voltou assustadiça:

— Ainda se encontra na farmácia, com Juvêncio...

Entrementes, das sacadas desta dependência, Barbedo observava o casal de esposos sem, contudo, ouvir-lhes a discussão em virtude de a distância somente permitir a captação de uma que outra palavra solta. Viu, então, intrigado e apreensivo, que o genro exibia à esposa uma folha de papel e, com ardor e veemência, dizia a esta, entre outras palavras impossíveis de compreender:

— Dependerá apenas da tua assinatura... Exijo da tua consideração por mim que o assines... Herança... Fortuna... Não poderemos viver assim...

Enquanto aos seus ouvidos também chegavam as vozes da jovem, retrucando, como que agastada:

— Jamais cometerei semelhante ação contra meu pai... Não exijas, querido... Matá-lo-ia de desgosto...

Percebendo que o comendador se absorvia com algo passado no exterior, o farmacêutico acercou-se e, indiscreto, entrou igualmente a observar o casal, que se diria agitado, ouvindo, portanto, as mesmas expressões. Eis, porém, que Esmeralda arrebata rudemente a folha de papel das mãos do marido, amarrotando-a entre os dedos... No entanto, compreendendo, seguidamente, que é observada pelo pai e o seu farmacêutico, e em virtude de se encontrar ainda em desalinho, porquanto não cuidara de se preparar devidamente para deixar os aposentos, afasta-se para o interior da sala, no que é vivamente seguida pelo marido.

Já no recinto desta, ambos riem como duas crianças travessas, travando luta amistosa para a posse do referido papel: Bentinho, querendo reavê-lo; Esmeralda, a desejar destruí-lo... Não se acham, portanto, absolutamente agastados um com o outro... Discutem ao sabor de expressões que denotam o amor imenso que lhes unifica a vida e os corações... Em dado momento, já fatigada, a moça abraça-se ao marido e diz corada e sorridente:

— Queimemos este ingrato documento, fruto dos teus desrespeitos pelas cãs do meu querido pai... Achas então que consentirei em fazê-lo sofrer tanto?...

— Não se trata de desrespeito, minha querida! — retrucou bondoso —, mas de comprovar a minha dignidade ofendida, demonstrando ao comendador que não foi sugestionado pelos teus haveres que te desposei, mas impelido por um nobre sentimento do coração... Revoltam-me e irritam-me as insinuações de teu pai a tal respeito... e, levando-te a renunciar, irrevogavelmente, à sua herança, desejo provar-lhe que possuo bastante orgulho e valor para proporcionar-te bem-estar idêntico ao que desfrutas sob o seu teto... Concorda, Esmeralda, e assina, por amor de mim, a declaração que aí tens...

— Muito bem! E matá-lo-íamos de desgosto, não é assim?... Não pensemos jamais em tal!... Vai defender antes o teu cliente, que já se faz tarde... Tenho melhor alvitre para todos nós... Partiremos ainda esta semana para a capital. Lá passaremos a residir, como sempre desejaste... Nosso querido filhinho virá ao mundo na Chácara da Tijuca, onde nasceste... sem que haja necessidade de ofender meu pai e com ele nos malquistarmos, tão generoso há sido sempre para conosco... Esqueçamos Santa Maria e os dissabores que nos há causado...

Ouvindo-a, ainda uma vez curvou-se, pois Esmeralda vencia sempre. Uma onda de ternura infinita envolveu-lhe o ser à lembrança do entezinho bem-amado por ela evocado em momento tão preciso, e ao qual entreviu nas irradiações do próprio coração estendendo-lhe gentilmente os bracinhos para refugiar-se em seu peito... Tomou nos braços a esposa, osculou-a com doçura e bondade, enquanto respondeu:

— Tens razão, minha querida, queimemos este infeliz documento...

Encontravam-se entregues a esse delicado serviço, quando oito pancadas soaram no velho relógio da Fazenda.

— Céus! — exclamou, alarmado, o advogado. — O júri sofrerá alterações sob minha responsabilidade!... Tenho uma légua a vencer ainda!... Adeus, minha querida! Voltarei a tempo de conduzir-te ao Chalé...

Beijou-a à pressa e saiu desabaladamente, descendo os degraus do alpendre em correria significativa — travesso e bem-humorado como sempre —, assim se dirigindo para o portão de saída onde o pajem o esperava com o cavalo preferido e a indispensável bagagem. Semioculta pelos reposteiros da janela, Esmeralda viu-o partir em galopada louca — coisa muito do seu agrado desde a juventude —, e, sorrindo à adorada imagem que se distanciava pela estrada afora, murmurou a si mesma, enternecida:

— Travesso como qualquer menino!... Mas nobre e respeitável como um perfeito cavalheiro, que sempre foi!...

Do seu posto de observação, porém, Barbedo e seu funcionário viram-no partir desabridamente, sem, contudo, distinguirem Esmeralda, que não mais descera ao alpendre, acompanhando o marido até o portão, como habitualmente fazia, em virtude do desalinho em que ainda se encontrava, sabendo-se observada.

A tragédia de Santa Maria

— Como foge! — notificou o comendador com azedume e hostilidade incontida. — Dir-se-ia perseguido por fantasmas!...

— Estará com pressa... Defenderá uma causa ainda esta manhã...

— Sim... Perdeu tempo em estar a discutir com minha pobre filha, conforme se vem tornando hábito...

O farmacêutico limitou-se a sorrir, apresentando-lhe o frasco do medicamento a ser usado.

Afastaram-se ambos vagarosamente, conversando sobre assuntos muito interessantes para um e outro, parando de instante a instante para uma exposição mais circunstanciada, e assim desceram a escadaria interna. Chegando ao início da galeria já descrita, a qual, da parte do fundo do edifício, começava a dividir os aposentos do centro dos do norte, Barbedo parou, agradeceu ao funcionário e, avistando Severina ao alpendre, serenamente tecendo o seu crochê, como lhe era habitual, ao passo que Ana lhe destrançava os cabelos a fim de penteá-los, como o fazia todas as manhãs, encaminhou-se para elas e interrogou afetuoso, enquanto a enteada o cumprimentou, osculando-lhe a destra e dando a face a beijar:

— Viram se minha filha saiu para o banho?...

Muito naturalmente a pernambucana respondeu, sem erguer os olhos do trabalho:

— Não a vi ainda hoje... Deve estar chorando por aí... Eles discutiram a manhã toda... Ouviam-se daqui os alaridos...

— Com efeito... Ouvi que discutiam... — murmurou o infeliz pai entre magoado suspiro, encaminhando-se para os aposentos da filha e chamando-a carinhosamente pelo nome.

Entrementes, alguns minutos antes, vendo partir o marido, Esmeralda retirara-se para o quarto de dormir no intuito de passar ao de vestir e preparar-se a fim de sair e providenciar uma escrava para os seus serviços, em virtude da ausência de Maria Rosa e Juanita. Cantarolando satisfeita, entrou despreocupadamente em seu aposento... Porém, subitamente, deteve-se, surpreendida, com um pequeno grito de susto... Severina Soares, de pé, à porta da alcova, empunhando uma toalha e seguida de Ana Maria, fitava-a com olhos dilatados e chamejantes, de perfeita alucinada, e feições transtornadas, tal se raios de ódio fulminante se despejassem do seu interior envolvendo-a em rede sinistra de malefícios!... A desgraçada jovem compreendeu que suas confidências com o marido haviam sido surpreendidas e, célere, pressentiu que algo terrível se passaria, pois o terror de que se sentiu subitamente invadir tolheu-lhe a clareza do raciocínio, as forças de ação, a vontade de reagir contra o torpor que a acometia, para somente adverti-la de que se encontrava à beira de um incomensurável abismo! Certamente teria tido tempo de voltar atrás, se a necessária presença de espírito não a desamparasse no instante preciso; de fugir para local menos deserto, procurando refúgio nos braços protetores do pai, mas a mente paralisada por vigorosa pressão magnético-obsessora negou-lhe ação para o feito salvador. Ela não se lembrou de que devia ou poderia fugir. Portou-se como a indefesa avezinha hipnotizada pela serpente esmagadora. Trêmula, lívida, certa de que a madrasta estivera à espreita, sentindo porejar da epiderme o suor gelado de súbito mal-estar como que pré-agônico, ela apenas pôde recordar a advertência de Maria Rosa, na véspera:

— Severina é capaz de tudo... Ela matou pai Custódio...

E foi com voz incerta, reunindo as forças morais que lhe restavam naquele supremo instante, que interrogou, como num murmúrio:

— Que pretendes, Severina?...

— Tu nada dirás a teu pai, desgraçada! Maldita usurpadora!...

A tragédia de Santa Maria

— Oh! Bem merecias que eu lhe dissesse... mas eu...

Não pôde, porém, concluir! Severina e sua filha se arrojaram sobre ela com violência demoníaca... Em instante rápido qual o fulgor do corisco, a pernambucana enlaça-lhe o pescoço com a toalha de que se apossara e aperta-a vigorosamente, enquanto um grito rouco de Esmeralda é contido por Ana, que auxilia a mãe, e a vítima vacila, caindo sobre os joelhos, presa de convulsões horríveis, debatendo-se em aterradora agonia. Completamente dementada naquele instante, banhada em suores rescaldados, Severina aperta o laço da toalha com toda a fereza das suas forças, espumante de ódio e de animalidade... e Esmeralda estorcia-se sufocada, tentando libertar-se, enquanto, a cada instante mais alucinada, a esposa de Barbedo multiplicava o desesperado vigor de que seria capaz sua compleição robusta e nervosa...

Porém, repentinamente, Ana exclama:

— Depressa, mamãe!... Papai desce com Juvêncio!...

A infame assassina larga, então, bruscamente, a sua vítima, que cai redondamente no chão, estrebuchando em ânsias dolorosas, os olhos fora das órbitas, o pescoço intumescido, a língua à mostra, o rosto lindo transfigurado em máscara de dor e horror supremos, os dedos crispados, na tentativa de se furtar à ignominiosa morte...

Severina ganha a alcova, gira a porta, penetra o corredor deserto, alígera qual duende obsessor, ganha o alpendre da sua sala de estar e, em alguns segundos apenas, está novamente sentada em sua cadeira de balanço. Por sua vez, Ana Maria fecha ambas as portas da alcova — habituada que está desde muito ao mesmo serviço —, deixando as chaves pelo lado de dentro, e, por passagens sutis, chega ao varandim a tempo de ser vista pelo comendador, desnastrando os cabelos de sua mãe, como fazia todas as manhãs...

Sobre o divã, febril e atordoado, Antônio Miguel, sem ser notado pelas duas assassinas, desmaiara de horror.

4

Dor suprema!

Seguindo pela galeria de trânsito após falar à esposa e cumprimentar a enteada, Antônio de Maria desejou transpor a porta giratória que levava ao corredor de acesso aos aposentos de sua filha, encontrando-a, porém, fechada. Procurou outras passagens pelo mesmo lado, isto é, o lado que habitava. Todas haviam sido trancadas na véspera e até aquele momento assim continuavam, porquanto Esmeralda ainda não saíra dos seus apartamentos. Voltou, portanto, pelos aposentos que ocupava, alcançando o varandim — tal como fizera uma hora antes, quando percebera que a jovem se dirigia ao salão de música — no intuito de contornar toda a fachada do centro e entrar pela porta onde cerca de meia hora antes a vira discutir com o marido. Chamou-a repetidas vezes, estranhando que ainda não tivesse deixado os aposentos, bem como o fato de nenhuma escrava ter sido solicitada. E sentindo algo indefinível obscurecer-lhe o coração, murmurou consigo mesmo, retendo o que acabara de ouvir da esposa:

— Discutiram a manhã toda... Ouviram-se os alaridos... Estará a chorar por aí...

Ingressou, assim, na sala de estar, cuja porta, efetivamente, permanecia aberta desde a saída de Bento José. Novamente chamou-a, repetindo-lhe o nome. Observando, porém, o mesmo silêncio e a porta do quarto de dormir entreaberta, bateu discretamente e entrou sem mais cerimônias. Então, o macabro espetáculo que se lhe deparou aos olhos foi algo de incompreensível para o coração humano que jamais sofreu a desgraçada situação que ao meu infeliz compadre e amigo surpreendeu qual avalanche infernal de irremediáveis desgraças!

Um grito dilacerante, sinistro, indescritível; um brado apavorante de surpreendente desesperação, que irrompeu com superdoloroso fragor dos mais sagrados meandros das suas faculdades morais e espirituais, dilacerante como as ânsias do réprobo no momento em que vê a submersão da própria razão na profundeza do abismo em que vai soçobrar — explodiram daquele peito generoso e rude, cujo bem supremo era o amor daquela mesma filha a quem buscava:

— Ai!!!... Ai!!!... Ai!!!... — bradou o infeliz, alvoroçando até o inaudito o Solar ainda amodorrado na calma da manhã, os olhos dilatados pelo horror ante o espetáculo acerbo do corpo da filha estertorando no chão, ainda nas vascas de dolorosa agonia!

— Esmeralda!... Esmeralda!... Minha filha!... Ó Deus!... Ó Deus do Céu!...

Atirou-se para ela como louco, sem atinar com o que tentar a fim de socorrê-la, todo o hediondo lance compreendendo no mesmo instante! Suspendeu-lhe a pobre cabeça, procurando desfazer o laço da toalha. Este, porém, fora vigoroso, atado por mãos de mestre... e ele, no auge do desespero, não acertava em desnastrá-los... Saiu qual dementado, as mãos à cabeça, as lágrimas descendo aos borbotões dos olhos apavorados, emitindo gritos furiosos, os quais não se saberia se de dor ou da raiva da demência, de angústia ou de assombro, ao mesmo tempo que de todos os lados acorriam serviçais, funcionários, capatazes, escravos, e os sinos badalavam em cadência alarmante, os engenhos apitavam suas máquinas, tudo e todos bradando e gritando sem saberem por quê, inclusive Severina e Ana, que tremiam e espumavam quais dementes que em verdade eram; uns julgando tratar-se de incêndio nos cafezais, outros certos de que Barbedo enlouquecera:

— Socorro! Socorro!... Deus! Meu Deus!... Esmeralda foi assassinada!... Minha filha está morta!... Prendam Bentinho! Procurem-no! Ele matou-a! Prendam-no!... Fugiu!... Vi-o fugir!... Minha filha! Ó Deus do Céu! Esmeralda! Esmeralda!

Tornou enlouquecido ao quarto, o pranto caindo em catadupas pelo rosto tragicamente decomposto por súbita loucura, gargalhando e bramindo qual demônio ferido de morte, e todas as suas potencialidades psíquicas e humanas atacadas do assombro incompreensível de ali encontrar a filha ignominiosamente estrangulada, o lindo rosto hediondamente transformado naquela repugnante máscara de supliciada!...

Em poucos minutos enchera-se o quarto. Juvêncio, rápido, expediu portadores a X, à cata de um médico e das autoridades. Barbedo suspendeu a filha nos braços trementes, depondo-a sobre o leito, depois de, coadjuvado por aquele, retirar o laço que a enforcara. Esmeralda respirava ainda... E notaram-lhe ânsias de querer falar... Mas foram baldados todos os esforços do desgraçado pai. Um minuto mais... e a formosa filha de Maria Susana expirava em seus braços, sob as excruciantes carícias de suas lágrimas e de seus ósculos inconsoláveis...

Então, meu infeliz compadre e amigo caiu, fulminado por um desmaio que se afirmaria o refrigério supremo concedido pela comiseração celeste.

* * *

Eximimo-nos narrar o que foi para Santa Maria e adjacências esse drama brutal cujas repercussões abalaram a própria Corte, tocando o coração magnânimo de Sua Majestade, o Imperador, que fez fosse visitado, em seu nome, o infeliz pai, recomendando punição à altura para o criminoso. Permitir-nos-emos, porém, a sequência natural do mesmo drama, cujos primórdios se verificaram nos dias cruciantes do Terror,[41] na França, e cujo epílogo se desenrolava nas dúlcidas paisagens campestres da província do Rio de Janeiro.

Todas as provas recaíram sobre o desgraçado esposo da vítima, o advogado Bento José de Souza Gonçalves. Detido para averiguações no próprio dia do crime, sem haver sequer iniciado a defesa a que se comprometera com o Júri, logo de início se reconheceu enleado por uma série esmagadora de circunstâncias que, efetivamente, apontavam a possibilidade de ser ele próprio o estrangulador da esposa. Em vão o infeliz moço debatia-se, apelando para os recursos de que, como intérprete das leis vigentes no país, poderia dispor, exigindo, no dia fatal, por entre lágrimas de rescaldadas revoltas, que lhe concedessem o direito sagrado de visitar o cadáver da esposa e de, como advogado, auxiliar as *démarches* para a descoberta do verdadeiro criminoso, pois que se proclamava acima de quaisquer suspeitas. Todavia, conhecedores dos assombrosos recursos desse causídico sagaz e insuperável, negaram-lhe a solicitação receosos de que sua habilidade profissional confundisse a própria justiça, usando de lances e subterfúgios.

Desesperado e surpreendido com a truculência do acontecimento inconcebível, viram-no exasperar-se diante das descrições e comentários ouvidos acerca do mesmo, tentando a fuga, medindo-se corporalmente com as autoridades, revoltado até o âmago do ser, a fim de se dirigir a Santa Maria e capacitar-se da veracidade dos fatos. Porém, suplicou e revoltou-se em vão! Eternamente fiéis às arbitrariedades que à revelia da lei ousam perpetrar, servindo a interesses e paixões pessoais inconfessáveis, os distribuidores da justiça, hoje como ontem, deixaram de se inspirar em diretrizes

---

[41] N.E.: Nome atribuído a dois períodos da Revolução Francesa. O primeiro deles (10/8 a 20/9/1792) foi causado pela invasão prussiana e manifestou-se pela prisão do rei e pelos massacres de setembro. O segundo (5/9/1793 a 28/7/1794) solidificou-se com o encarceramento de numerosos suspeitos, muitos deles guilhotinados. O Tribunal revolucionário foi um dos instrumentos do Terror.

bastante legais para fornecerem ao acusado possibilidades de uma defesa em regra e a apresentação da verdade, não lhe permitindo, por isso mesmo, sequer o consolo supremo de banhar com as próprias lágrimas o rosto da morta querida, ainda porque Barbedo, dementado pelo sofrimento brutal, exigia represálias cruéis contra o genro, proibindo peremptoriamente sua presença no recinto sagrado onde a pobre assassinada fora exposta.

Atordoadas, as autoridades provincianas iam e vinham sem independência de ação, coagidas por pressões políticas e mil agravos da situação dominante, em virtude de se tratar da personalidade de um homem malquistado com a sociedade, dadas as suas ideias avançadas, verdadeiramente revolucionárias, no conceito social da época.

Barbedo acusava o genro, sem constrangimentos, desde o primeiro dia, cego na sua incomensurável desdita, dizendo-se, em consciência, testemunha do degradante acontecimento, pois que presenciara o seu início, no que fora coadjuvado por Juvêncio, o farmacêutico, que igualmente assistira à desinteligência do casal à saída de Bentinho, quando, ao lado do comendador, tivera a atenção por este despertada, postando-se à janela da farmácia. E ambos afirmavam ver, na fuga desabalada do moço advogado, antes uma prova do crime, certamente cometido no ardor do debate, pois sabiam-no ardoroso e vibrante, do que a necessidade de se apressar a fim de não retardar a cerimônia a que emprestava concurso, enquanto que a toalha que servira para o estrangulamento era justamente a sua, da qual acabara de se servir ao fazer a *toilette*.

Interrogado habilmente, o liberto que acompanhara Bento José, esperando-o à saída com o cavalo, corroborara a assertiva de ambos os depoentes, nada mais, efetivamente, podendo declarar a não ser o que entrevira então; ao passo que Ana e Severina, consideradas acima de quaisquer suspeitas, fria e sobranceiramente declararam ter ouvido violenta discussão entre o casal, motivada por questões financeiras, visto que o moço advogado frequentemente extorquia da esposa somas avultadas, e por haver a vítima negado a satisfazê-lo nessa manhã.

Insólita e árdua peleja foi travada então entre as autoridades de X, os inimigos do jovem abolicionista e ele próprio. Todos os recursos de que poderia dispor, Bento José empregou, em desesperadas tentativas para provar a sua inocência, abalado até o aniquilamento das próprias forças de reação ante a dor suprema de perder a esposa, o filho e a felicidade, e o opróbrio de se ver execrado por uma sociedade que tão honrosamente desejara servir com os generosos ideais que o exaltavam! Os poucos familiares que lhe restavam no Brasil — a irmã e o cunhado — acorreram penalizados, desdobrando-se em favor do desgraçado, negando-se a crê-lo capaz do hediondo delito. Considerado, porém, como personagem revolucionária e político de ideais nocivos à estabilidade da paz nacional, o caso descambou também para feições políticas, e o advogado, combatido desde muito por inimizades cruentas, irreconciliáveis, que estimariam sua perda, viu-se acossado de todos os lados por acusações deprimentes, anulando intervenções no sentido de aliviá-lo das maléficas prevenções dos seus adversários.

Assim foi que, exposta sua vida particular ao exame da justiça, verificadas foram as dívidas vultosas acumuladas sob sua responsabilidade, pois, generoso, arrojado e confiante no seu próprio valor pessoal, como no futuro, e como ardoroso idealista que era, a todos os sacrifícios se expunha pela vitória da causa abolicionista. Não se esqueceram os seus detratores nem mesmo da acusação de ser ele jogador e perdulário inveterado — porquanto relembrados foram maldosos comentários até mesmo dos dias da sua juventude, em X como em Coimbra, quando se soubera que os próprios livros vendera a fim de se garantir somas para o vício do jogo — havendo tais comentários, registados pelo inquérito, corroborado as insinuações de Ana Maria e sua mãe. E tal foi o acervo de perseguições e investidas dos adversários, políticos ou não; tais as sistemáticas delações dos escravocratas que nessa personagem sonhadora teimavam reconhecer um perigo social, que, inclinados, como toda a gente, a aceitarem como sua a autoria do crime, os amigos e partidários, em cuja lealdade confiaria para a sua defesa, desinteressaram-se de sua desgraça e covardemente se afastaram da arena em que, finalmente, se reconheceu abandonado!

Não obstante, a fim de obter recursos com que se defender, esperançoso de poder contratar advogados de outras localidades — o que não logrou a tempo — tentou, mas não conseguiu pôr à venda as terras que possuía, uma vez que o Chalé Grande e respectiva chácara haviam sido anexados aos bens do próprio Barbedo como penhor dos empréstimos concedidos por Esmeralda à sociedade abolicionista a que Bento pertencia. Seus demais credores deram-se pressa em se apossar dos remanescentes, já que Barbedo se apossara definitivamente do Chalé e providenciava para que não lhe fossem às mãos os bens da esposa morta.

Como seria justo, surgira a questão das cartas anônimas, base funesta dos monstruosos acontecimentos. Detido para averiguações por indicação de Barbedo, que se diria inteiramente enlouquecido pela intensidade da própria dor, Cassiano Sebastião, franco e intimorato, acusa Severina Soares e sua filha de autoras das mesmas e de assassinas de Esmeralda, no que é coadjuvado por Bento José, o qual pretendia analisar a lógica dos fatos indicando mui judiciosamente nova pista a ser investigada a fim de que a sua inocência se evidenciasse. No entanto, a simplicidade mesma desse drama brutal e profundo tornara difícil o seu esclarecimento, ainda porque, interrogadas a fim de afirmarem o que sabiam do melindroso caso, Maria Rosa e Juanita, aterrorizadas em face da situação e ignorantes na sua comovente humildade, negam apoio às acusações de Bento José e Cassiano, lavrando então maior confusão sobre o lamentável drama. E, examinado o edifício no dia fatal, comprovara-se que dos aposentos de Esmeralda somente a porta da sala de estar, pela qual saíra Bentinho, fora aberta; e que Severina Soares, por este acusada, e a qual todos haviam visto no alpendre dos próprios apartamentos, como habitualmente, recostada à sua cadeira de balanço — não teria tempo de dar a volta aos fundos, chegar ao varandim de Esmeralda, ou contorná-lo pela frente, assassiná-la naquelas condições — vigorosamente estrangulando-a com força e mestria que só um homem enraivecido poderia obter — e voltar ao seu lugar habitual no curto espaço de tempo que mediara entre a fuga do advogado e a descida de Barbedo do sobrado da farmácia... ainda porque as relações entre madrasta e enteada eram as melhores possíveis... e este teria encontrado a esposa em outro local que não no seu terraço...

Semelhantes conclusões policiais valeram martirológio inominável aos dois acusadores de Severina, os quais passaram a ser considerados cúmplices no mesmo crime! Interrogatórios inquisitoriais, seguidos de agressões e maus-tratos físicos e morais superlativos, sucederam-se sem intermitência no decurso de meses consecutivos. Urgia arrancar a confissão dos réus, extrair-lhes os relatórios detalhados, reconstituir a cena, a fim de que se levantasse a formação do processo para a condenação, enquanto que do fundo de uma prisão arbitrária, para a sua qualidade de homem de leis, Souza Gonçalves tentara providenciar recursos para defender-se, não contando, porém, com o auxílio dos próprios colegas de profissão, que nele viam o uxoricida merecedor da penalidade máxima!

Entrementes, insanamente norteado por deduções enganosas, meu infeliz compadre, apoiado pela incapacidade das personagens responsáveis pelo gravíssimo inquérito, assim acobertado pela influência pessoal de que dispunha e o fascínio do seu ouro — descia do tradicional cavalheirismo da sua raça para se imiscuir em interrogatórios indébitos contra dois acusados, durante os quais, se maltratava Cassiano, vergastava o genro indefeso e inocente com o látego dos seus capatazes, torturando-o com o suplício do espancamento como jamais o fizera aos próprios escravos, até que o sangue odiado gotejasse por meio das chagas abertas pelo corpo daquele a quem sua filha tanto amara!

Ao fim de um ano, sem jamais haver confessado sua participação nas infâmias de que era acusado — Cassiano sucumbiu sob os maus-tratos dos sanhudos defensores da legalidade, abandonado e indefeso frente à violência imperdoável que, se hoje macula a sociedade que a exerce, na época a que nos reportamos era fato usual a que geralmente se não prestava grande atenção! E Bento José, esgotado pela dor moral superlativa e o

A tragédia de Santa Maria

martirológio a que se via submetido; e Bento José, o lúcido abolicionista-
-republicano cuja oratória vibrante arrebatava assembleias; o idealista generoso que não se detinha nem à frente do sacrifício; o desgraçado esposo
a quem não permitiram oscular por uma derradeira vez o rosto adorado,
banhando-o com suas lágrimas; o desditoso a quem negaram até mesmo
o direito de chorar pela morta querida, porquanto jamais lhe concederam
tréguas na tortura de desumanos interrogatórios — enlouqueceu de dor
sob a fereza dos sofrimentos suportados, para depois morrer abandonado
pelos partidários e amigos — cinco meses antes da promulgação da chamada *Lei Áurea*,[42] que concedia aos escravos no Brasil os direitos de cida-
dãos livres, e pela vitória da qual dera ele, Bento José, o melhor dos seus
esforços de patriota generoso e idealista iluminado pela Fé, com o fervor
sacrossanto das energias mais audazes e puras do coração!

Tentei visitá-lo algumas vezes, compadecido dos seus infortúnios,
que presumi profundos, dado o noticiário macabro que me chegava ao
conhecimento. Não consegui jamais falar-lhe a sós ou demoradamente, a
fim de algo poder tentar em seu favor, visto que era mantido em segredo
e não ser possível o apoio de meu infeliz compadre para essa presunção,
o qual, em verdade, era quem presidia, arbitrariamente, o inquérito. De
outro lado, o campo em X e suas redondezas era hostil e árduo e se re-
voltaria contra qualquer movimento de defesa. Todavia, impressionado
com a fereza desse drama que tanto me pungia, tratava eu de obter meios
legais para afastá-lo de seus inimigos, transferindo-o para circunscrição
menos partidária, na qual se cuidaria do caso com mais independência de ânimo, quando lhe veio a loucura, seguida, logo após, pela morte
que o libertou do inferno em que vivia. Foi sepultado discretamente, em
sombrio recanto do cemitério, em campa de pedra rasa e anônima, graças à piedade de alguns dos seus correligionários.

Por mais de uma vez tentei lembrar ao meu altivo compadre o dever de se iniciarem outras pesquisas que conduzissem a resultados mais

---
[42] N.E.: Assinada em 13 de maio de 1888.

lógicos do que aqueles, que tão obscuros e vagos se me afiguravam. O comendador, porém, dementado e egoísta na sua superlativa mágoa, preferia atender de preferência às assertivas das próprias deduções, atendo-se ainda aos agravos das insinuações da esposa, que alimentava a fogueira de represálias que em sua alma se ateara contra o desgraçado genro — receosa de que a verdade fosse realmente descoberta.

Em vão tentei atraí-lo à sua residência na Corte, esperançado de que, livres da sua influência apaixonada, as autoridades locais se conduzissem à altura da própria dignidade, sem o personalismo partidário por mim entrevisto no inquérito que se movia. Em vão afirmei-lhe a necessidade de se curvar ao inevitável, procurando antes bálsamos consolatórios para a sua imensa desventura, na fé que alcandora os corações crentes e humildes, voltando-os para o amor de Deus. Antônio de Maria repelia intransigentemente minhas conselheiras advertências, permanecendo atado à atmosfera trágica daquele ambiente tornado sinistro. Via-o, então, percorrer como louco as sombrias dependências do Solar de seus avós, bradando, qual réprobo inconsolável, pelo nome da filha querida e apelando para a misericórdia do Eterno, blasfemando quando supunha suplicar mercê, chorando convulsivamente, a repelir qualquer possibilidade de refrigério, o coração dilacerado pela ausência de quaisquer vislumbres de esperança:

— Por que, meu Deus?... — exclamava, as mãos na cabeça, traindo a desesperação que lhe avassalara a alma, indo e vindo pelas dependências da filha, como a procurá-la, locais em que só ele penetrava e onde, por sua ordem, tudo continuara conforme Esmeralda havia deixado, tal se esperasse vê-la chegar de um momento para o outro. — Por que, Senhor Deus, Tu a feriste assim, tão ignominiosamente?... Era um anjo, meu Deus, e Tu a feriste tanto!... Para castigar-me com mais intensa crueldade, por certo?... Se tenho sido ímpio, que culpa teve ela?... Se sou rigoroso e cruel para com os meus escravos, e os torturo sob minhas exigências, por que não me feriste, a mim, mas só a mim?... Que culpa teve ela, que tanto amava os negros?... Esmeralda!... Esmeralda!... Ó sol da minha vida! Ó luz benfazeja que me orientava os passos e aquecia o coração! Ó alma querida que elevou meu ser à glória do amor mais santo que meu coração pôde viver! Onde estás, querida filha, que não mais te posso ver?... Por que já não veem meus olhos o teu semblante lindo e nem aos meus ouvidos não mais ressoam os teus risos que me alegravam tanto?!... Ó Senhor Deus! Por que não me cegaste os olhos, antes de me deixar contemplar aquele corpo adorado, vilipendiado e torturado por um golpe tão brutal, que ele não mereceu?... Se criaste uma alma para cada filho teu; se, com efeito, continuaremos a existir para além desta vida de opróbrios e amargores — permite que minha Esmeralda volte até mim e me fale, e me sorria, e me console, porque esta dor, que me ficou, ultrapassa todas as possibilidades que o mundo tenha para remediá-la!... Que meus olhos a vejam ainda, Senhor Deus, para que eu não me perca nos esgares da revolta eterna, homiziando-me para sempre com as trevas, maldizendo a hora em que me concedeste um coração para amar com tanta e tão profunda paixão e me deixares supliciado por esta dor inexplicável e absurda... pois não compreendo como Tu, que também és Pai, não tenhas piedade!...

E, prostrado de joelhos ante o leito da morta adorada, ainda em desalinho, tal qual o deixara, chorava e bramia qual condenado sem esperanças de salvação; beijava, enternecido e carinhoso, os objetos que lhe pertenceram, passando horas e dias seguidos na solidão daqueles imensos aposentos onde cada detalhe era uma recordação querida, cada objeto uma saudade, e por onde dir-se-ia transitar ainda o vulto gracioso por quem chorava, apenas consentindo que o acompanhassem — eu, Antônio Miguel e Maria Rosa, os quais, agora, lhe mereciam todos os afetos, em memória do muito que Esmeralda os havia amado!

Não raramente, porém, durante esses delírios, viam-no sair de súbito, em desalinho e alucinado; fechar os aposentos cuidadosamente, armar-se do chicote dos seus capatazes, dirigir-se a X para entender-se com as autoridades e iniciar novos e mais atrozes interrogatórios, na presunção diabólica de extorquir do genro a confissão do crime de que o supunha autor... dirigindo-se em seguida ao cemitério, onde se deixava ficar ao pé do túmulo da filha até que a noite caísse e um pajem ou um amigo compassivamente o amparasse de retorno a casa... E pela noite adentro, caminhando qual fantasma choroso pelos corredores do sombrio edifício, dir-se-ia o alucinado que um só desejo mantivesse ainda de posse da razão: rever a filha adorada, falar-lhe, reconfortar-se na certeza de que nem tudo em torno dela se despenhara nos abismos da morte! O próprio mundo, aliás, dir-se-ia que paralisara a sua rota em redor dele. Não falava a quem quer que fosse, desinteressando-se mesmo das próprias transações comerciais. Entregue a cooperadores fiéis e honrados, a fazenda prosseguia, no entanto, próspera e soberba na fecundidade das suas eiras. Raiou, finalmente, o dia luminoso da abolição da escravatura; o Império caiu, após; seiva nova percorria o seio generoso da pátria brasileira... Mas meu infeliz compadre a tão fortes comoções assistiu sob desconcertante indiferença, absorvido por suas irreparáveis apreensões... Sua incomensurável desdita abatera-o completamente, branqueando-lhe totalmente os cabelos em poucos meses, cavando-lhe rugas profundas no rosto, tornando-o ruína moral comovedora!

Falou-me certa vez, desfeito em lágrimas, humilhado e comovido, durante uma das muitas visitas que lhe fiz:

— Eu quisera, Sr. doutor, ser o último dos meus próprios escravos, mas vendo minha filha risonha e feliz ao pé de mim, embalando nos braços o desgraçado filhinho que morreu com ela...

Alongou os olhos molhados como revivescendo cenas do passado e prosseguiu sussurrante, como falando à própria consciência — ato de contrição diante daquele que tudo sabe:

— Um dia, quando Esmeralda ainda era pequenina, tentei separar um pobre pai, que era escravo, da sua primogênita, que andaria pelas 15 primaveras, pois que ultimava negociações para a venda desta a outro senhor.⁴³ Exasperada ante o fato que considerava desgraça, a desditosa suicidou-se, atirando-se ao nosso açude, incapaz de suportar a situação por mim criada... E porque o escravo negro, sofredor e inconsolável, já se não animasse ao trabalho, vergado ao desalento da própria dor, obteve de mim, por único gesto de lenitivo às suas lágrimas... o castigo do açoite no pelourinho, a fim de se decidir a prosseguir nas lides que lhe eram afetas... Ó Deus, meu Deus! Os remorsos deste ato rasgam-me hoje o coração em triturações acerbas, agora que também eu sofro a mesma dor!... Existirão, Senhor, leis mais duras e severas do que as tuas?... Por que, meu Deus, não me feriste, mas só a mim?... Que culpa teve Esmeralda da perversidade dos meus gestos?...

Entrementes, Severina Soares dir-se-ia, como o marido, alucinada, como alheia aos acontecimentos. Em vão tentara reaver as atenções do homem amado, que nos últimos tempos se mostravam mais sólidas. Barbedo parecia, porém, não mais conhecer a esposa, pois que não lhe falava, não procurava vê-la, jamais lhe atendendo os rogos para se unirem novamente sob o convívio de outrora, visto que meu infeliz compadre passara a residir exclusivamente nos apartamentos da filha! Inconsolável por se ver preterida como nunca, e atormentada pelos remorsos que lhe castigavam o sentimento no inferno oculto da própria consciência, a bela pernambucana passava dias consecutivos a orar, prosternada diante dos oratórios ou dos ladrilhos da Capela, chorando convulsivamente. Crises nervosas, impressionantes, sacudiam-na frequentemente, durante as quais sentia horror à própria filha, dela se esquivando entre protestos de terror e lamúrias de demente. E compreendendo que o marido, por amor de quem se aviltara tanto à face de Deus, como que a riscara das próprias preocupações, entregava-se a excruciantes desesperações na sombria solidão dos seus aposentos, sem que voz amiga ou mão benfazeja corresse a mitigar o fel que extravasava do seu infeliz coração!

---

⁴³ N.E.: Existiam senhores que não se permitiam vender escravos que tivessem família, só o fazendo a toda esta e para o mesmo comprador. Outros, porém — e eram a minoria — não cogitavam desse ato de humanidade.

Tão lamentável situação, suplício incomensurável para aquele que o experimenta, teve a duração de cinco longos anos, durante os quais meu compadre não viveu por si mesmo, senão obsidiado pela inconformidade da própria dor!

Raiara, porém, o ano de 1892, e fui visitá-lo ainda uma vez...

FIM DA TERCEIRA PARTE

Quarta Parte

Os segredos do túmulo

1

QUANDO O CÉU SE REVELA...

Bem-aventurados os que choram porque serão consolados.

(JESUS CRISTO)[44]

Antes de realmente iniciarmos o presente capítulo, voltemos aos capítulos anteriores, na sequência destas singelas exposições, à cata de pormenores valiosos para o esclarecimento e compreensão das mesmas.

Antônio Miguel assistira ao estrangulamento de sua madrinha, a quem amava com ternura quiçá mesmo superior à que devotava à sua própria mãe. Febril e debilitado pela enfermidade que desde alguns dias antes o havia acometido, a tudo assistira como sob o atordoamento de sinistro pesadelo, perdendo os sentidos após, tal o pavor de que se sentiu possuído, sem ânimo para soltar um só grito. Na confusão atroz que se seguiu, ninguém lhe prestou a devida atenção, senão a própria mãe, que, acorrendo ao rebate da nova trágica, foi encontrá-lo semioculto entre almofadas e cobertores, à medida que o alarido dramático se alastrava pelo edifício através do dia todo. Entregues a crises nervosas quais possessas das trevas que em verdade eram, Severina e sua filha, que não se atreveram a entrar no quarto após a descoberta do macabro atentado,

---
[44] MATEUS, 5:4.

não chegaram realmente a se inteirar da presença do pequeno liberto, ao passo que Maria Rosa, serva de confiança da morta, retirando-o dali despercebidamente, no torvelinho da confusão e aterrorizada em face dos acontecimentos, ocultou-o em dependências isoladas, tratando de socorrê-lo conforme fora possível, auxiliada por velhas escravas que entendiam de funções curadoras primitivas, mas eficientes. Violenta febre cerebral sobreveio ao pequeno enfermo, durante a qual Maria Rosa ouvia-o repetir, acometido de crises de terror, o nome de Severina e as informações sobre a cena trágica. Apavorada por se ver envolvida nos acontecimentos e ainda à frente do martírio de Bento José e Cassiano Sebastião, somente não desaparecera de Santa Maria devido ao terror de poder ser suspeita do mesmo crime, mas deixou-se ficar retraída e humilhada nos serviços mais obscuros, até que Barbedo, chamando-a, fê-la continuar zelando pelos aposentos de Esmeralda. No íntimo estava certa da inocência do advogado, bem assim da culpabilidade de Severina, mantendo-se em silêncio apenas pelo terror de que se vira presa.

Nos primeiros meses que se seguiram, não consentira o rico proprietário de Santa Maria que se tocasse num só objeto pertencente a sua filha. O próprio piano, no qual poucos minutos antes de morrer executara o concerto de Mozart, acompanhando o marido, não se fechara jamais, por sua ordem, porque ela o deixara aberto. Igualmente, não permitira que retirassem de cima do piano a flauta em que seu desgraçado genro executara a peça magistral, movido por supersticioso respeito à morta querida. Porém, com o decorrer do tempo, Maria Rosa fora nomeada zeladora do recinto, considerado sacrário pelo inconsolável pai, sob a condição de tudo conservar como se encontrava, até mesmo o desalinho do leito. Previdente e judiciosa, a boa serva preferiu tudo recobrir com amplos atoalhados, assim conservando melhor tão queridas relíquias. Com a morte de Maria Rosa, porém, ocorrida muito mais tarde e ainda em vida do comendador, tais funções passaram a ser exercidas por Antônio Miguel, as quais, religiosamente cumpridas, nos permitiram tudo observar nos primeiros capítulos desta pequena história.

A tragédia de Santa Maria

Ao florescer do ano de 1892, como já informei, visitei ainda uma vez meu infeliz compadre e amigo, ansiando por transportá-lo para a capital da República, por algo tentar em benefício do seu soerguimento moral. Verifiquei à chegada que, não obstante os cinco anos decorridos do trágico desaparecimento de minha afilhada, infinita amargura continuava dominante no velho Casarão de Santa Maria, que não mais se reabrira para as antigas festividades de São João e de fim de ano. Com suas janelas e sacadas invariavelmente fechadas, apenas a fachada norte, em que continuavam residindo Severina e a filha, mostrava um ou outro sinal de vida. Tal não impedia, porém, que as atividades agrárias prosseguissem abarrotando os cofres de Barbedo, que, a tudo indiferente, confiara os negócios às mãos de fiéis e operosos colaboradores.

Ora, na primeira noite que ali passei, disse-lhe eu, após ouvir, como sempre, suas amargurosas lamentações:

— Sabes, querido amigo, que os homens possuem uma alma imortal, porque a filosofia de todos os povos preconiza essa verdade que, ademais, sentimos concretizada nos recessos da nossa razão como do nosso sentimento. Aceitas essa verdade, bem o sei... e comumente bradas aos Céus que te concedam o sacrossanto refrigério de rever tua filha bem-amada ao menos por meio de um sonho lúcido... Pois bem! Tenho a grata honra de poder participar-te que as misericordiosas Potestades, contra as quais tanto hás blasfemado no desvario da tua imensa dor, acolheram as desesperadas súplicas do teu coração torturado e te concedem a mercê: eu mesmo serei capaz de proporcionar-te ensejo de falares à tua filha e mesmo vê-la, contemplá-la, de molde a não alimentares dúvidas sobre a sua identidade, porquanto eu mesmo a tenho visto... e com ela já falei...

Convidei-o a acompanhar-me ao último andar da fachada central, onde eu sabia existirem a biblioteca e o gabinete de estudo de Esmeralda; procurei na estante dos livros preferidos a coleção das obras de Allan Kardec, que, de certa feita, ela mesma me apresentara, e continuei:

— Estes magníficos compêndios de Filosofia, Moral e Ciência pertenceram a tua filha!... Estas páginas foram amorosamente percorridas pela luz do seu olhar!... Ela leu-as todas, enternecendo-se até o encantamento e as lágrimas, graças ao dulçor das celestes revelações que aqui encontrou!... E por intermédio delas, meu amigo, foi que formou aquele caráter adamantino que a todos nós admirou e encantou!... Na solidão das suas horas íntimas — sei porque ela mesma muitas vezes mo afirmava — vinha para este recanto, onde pressinto ainda adejando as ondas pulcras dos seus pensamentos, e entregava-se à leitura destes livros, cujo esplendor arrebatava sua alma para Deus, como alguém que aprendesse neles o divino alfabeto da redenção!... Lê-os tu também, meu caro e pobre amigo, em memória daquela por quem choras... e um mundo novo se descerrará para o teu entendimento, refulgindo auroras imortais nas sombrias solidões do infortúnio em que te deixas sucumbir sem consolações nem esperança!... Esmeralda guiar-te-á por esta estrada que desde os 15 anos, ainda em Portugal, começou a palmilhar... Para a dor suprema que vergou teu ânimo e teu coração, o mundo não possui elementos de consolo... Mas o Céu descerá em teu socorro, pobre amigo! Por meio destes compêndios de amor e de razão, que nos transmitem ensinamentos talvez mais remotos do que a própria luz do sol!... mas sempre novos e bem-vindos para aquecerem a gelidez dos corações que sangram!... E compreenderás, então, o grande segredo da bondade angelical de tua filha!...

Comovido e perplexo fitou-me sem responder, virando entre as mãos os volumes apresentados.

Indiquei-lhe a poltrona de Esmeralda e deixei-o a sós, sem mais tentar importuná-lo.

No dia seguinte afirmou-me haver passado a noite lendo-os. E pelo dia afora ninguém o vira senão às refeições — continuara solitário, sentado na própria poltrona da filha, sorvendo o empolgante conteúdo das páginas que aqueles olhos bem-amados haviam percorrido, umedecidos pelo pranto de sublimes emoções espirituais!

A tragédia de Santa Maria

Quando, passados mais alguns dias, retornei aos meus afazeres da capital, tive a satisfação de conduzir também o meu velho amigo, hospedando-o carinhosamente em nossa humilde habitação de São Cristóvão, por não desejar vê-lo só em sua residência, uma vez que a esposa e a enteada se negaram a acompanhá-lo.

Por esse tempo, existia na capital do país um médium portador de peregrinas qualidades morais e vastos cabedais psíquicos, que dele faziam, sem contestação possível, um dos mais preciosos e eminentes intérpretes da Revelação Espírita no mundo inteiro, em todos os tempos. Encontrava-se ele no apogeu das suas atividades espíritas-cristãs, pois, desde doze anos antes, abrira aos ósculos da intervenção espiritual sua organização mediúnica, transmitindo do Invisível para o mundo objetivo caudais de luzes e bênçãos, de bálsamos e ensinamentos para quantos dele se aproximassem sequiosos de conhecimentos e refrigérios para as asperidades da existência. Chamava-se ele — Frederico Pereira da Silva Júnior, amplamente relacionado e mais conhecido com a singela abreviatura de — Frederico Júnior.[45]

Tão nobre obreiro da seara cristã repartia-se em múltiplas modalidades de serviços mediúnicos, dedicado e fraterno até a admiração, porquanto seus dons psíquicos, variados e seguros, obtinham também, do Além-túmulo, as mais lúcidas revelações, relatando para os interessados empolgantes realidades espirituais.

Entendi, por isso mesmo, ensejar ao meu sofredor compadre e amigo uma conversação particular com esse digno intérprete da Luz — pois

---

[45] N.E.: Antigo médium do Grupo Ismael (Federação Espírita Brasileira). Veículo preferido pelo brilhante Espírito Bittencourt Sampaio para o ditado das seguintes obras doutrinárias, verdadeiras joias de literatura evangélica: *De Jesus para as crianças*; *Do calvário ao Apocalipse* e *Jesus perante a cristandade*. Também por seu intermédio foi ditada, por vários Espíritos de escol, grande parte da preciosa obra *Novas elucidações evangélicas*, compiladas e organizadas pelo eminente espírita Dr. Antônio Luís Sayão. Iniciando seu apostolado aos 21 anos, ano de 1878, na antiga Sociedade Deus, Cristo e Caridade, do Rio de Janeiro, e portador de variados dons mediúnicos, dedicou-se com incansável devotamento aos labores da sua fé, não se detendo jamais nem mesmo diante dos sacrifícios. Pobre e humilde, esse médium, que muito sofreu e chorou, transformou as próprias lágrimas em refrigério para os sofredores que encontrava, dando-lhes tudo quanto sua mediunidade obtinha das fontes puras do Além; e, após enfermidade dolorosa, faleceu na paz do Senhor, em 1914, depois de trinta e seis anos de devotamento abnegado à Causa da Verdade, com a idade de 57 anos.

que seria certamente serviço prestado ao amor como à fraternidade, visto que, em todo o decurso de minha longa existência, não me fora jamais dado encontrar inconformação mais rude diante da morte, dor mais áspera e profunda que aquelas que sacudiam a alma altiva de Antônio de Barbedo, sem contudo, e para sua maior tortura, livrá-lo do dever de continuar arrastando a própria vida através da existência! Solicitei, portanto, a alguns amigos docemente afinados pelo diapasão da Verdade, bem assim do Evangelho do Cordeiro e do amor fraterno, o favor de uma reunião em nossa própria residência, a que Frederico, humilde e submisso, não deixou de comparecer, o que facilmente consegui.

...E desarticulado nesse ambiente novíssimo, inédito para suas antiquadas concepções religiosas ou filosóficas — já abaladas pela truculência do infortúnio contra o qual bracejava — meu compadre portou-se, no entanto, dentro da sua tradicional e impecável distinção social, não resistindo, porém, à intromissão de um pranto vigoroso e dolorido quando minhas súplicas ao amoroso Onipotente lembraram o nome querido de minha afilhada, bem assim os de seu infeliz esposo e do liberto Cassiano — igualados no seio da morte como nos ditames de nossas orações, fossem, estes últimos, criminosos ou não, pusesse ou não pusesse reparo em nossas atitudes o preconceituoso entendimento do rico titular presente.

Subitamente, o precioso veículo mediúnico, a quem eu tivera o cuidado de não informar do assunto a ser tratado na reunião, tornou-se como que espiritual, extático, olhos dilatados como em desdobramento, e exclamou, a voz transtornada, grave, como longínqua:

— Vejo uma jovem sorridente e linda, trajando como que véus nupciais... Empunha exuberante ramalhete de flores de laranjeiras[46] e dessas flores rescendem penetrantes aromas... Cintilações de opala envolvem-na qual se imaculado luar lhe tecesse auréola gloriosa... Diz chamar-se Esmeralda de Barbedo e pede-me saudar seu pai em seu nome...

---

[46] N.E.: Às noivas de outrora se permitiam adornos dessas flores simbólicas.

Aturdido, o altivo comendador não logrou responder de pronto, permanecendo desarticulado ao contato de acontecimentos fortes e chocantes, para o evento dos quais não se encontrava ainda devidamente preparado. Todavia, reconhecendo na descrição de Frederico a imagem da filha no dia dos esponsais, e recebendo, necessariamente, a infiltração magnética das irradiações, para ele inconfundíveis, daquela a quem tanto amara e por quem, indubitavelmente, tão amado seria ainda — murmurou imperceptivelmente, as lágrimas a lhe deslizarem pelas faces qual se prece ardente lhas extraísse dos arcanos do coração:

— Minha filha!... Esmeralda!... Sei que és tu!... Sinto a tua alma ao pé de mim, balsamizando todo o meu ser com alentos novos! Fala-me, por Deus to suplico!... assim como falaste a teu padrinho... dize algo que me retempere as forças para que eu possa viver ainda... Socorre a dor que dilacera o coração de teu pai!...

Alguns minutos se passaram entre silêncio augusto e pensamentos unificados em dúlcidas vibrações de fraternidade... Logo após, vimos, respeitosos, algo chocados e muito enternecidos, que, na penumbra que se estabelecera, a mão de Esmeralda, reconhecida por seu próprio pai, como também por mim, oscilou gentilmente sobre a mesa, acariciando as cãs prematuras que ornavam a cabeça do antigo senhor de escravos,[47] para, em seguida, dominar com graça e singeleza a destra rude de Frederico, fazendo-a escrever ligeiramente, qual se irresistível impulso vibratório expendesse haustos de vontade superior à dele! E quando Barbedo, por entre lágrimas e sorrisos insopitáveis, que seriam como arco-íris de auroras imortais na penumbra aflitiva da sua vida, lia as expressões da filha morta havia cinco anos, reconhecendo-lhe a caligrafia como o vocabulário terno pela mesma usado nas cartas que lhe enviara de Portugal — compreendi, reconfortado, que nova etapa se delineava na estrada tumultuosa por que transitava aquele coração rude e apaixonado,

---

[47] N.E.: Fenômenos como esse, pouco comuns nos dias atuais, eram frequentes outrora, quando a vera dedicação impelia os congregados. Depende destes reaver a possibilidade de obtê-los novamente.

altivo e voluntarioso, a quem só a dor de uma grande expiação poderia equilibrar para as conquistas remissoras do Espírito!

E assim foi, efetivamente!

Na sucessão dos dias, dedicando-se aos alevantados assuntos espirituais com todo o ardor do seu apaixonado caráter, e graças à atração poderosa que sobre suas vontades exerce a fascinante lembrança de Esmeralda ressurgida das frias incompreensões da morte, meu estimado compadre e amigo igualmente ressurgia, domando as ferazes inconformações da dor sob o impulso de esperanças revigoradoras, de convicções cada dia mais sólidas na perpetuidade do ser humano para além dos enigmas do túmulo.

Durante um longo ano hospedei-o prazerosamente em meu lar e agasalhei-o no coração, também ao contato de excelentes amigos que me auxiliavam no volumoso serviço de reabilitação do seu orgulhoso coração para o reajustamento nos foros da razão e da fé.

Nossas reuniões prosseguiam, no entanto, singelas e proveitosas, dulcificadas pelas bênçãos magnânimas do Alto, e Esmeralda acorria feliz e deslumbrante na sua ideal beleza perispirítica, de vez em quando por nós distinguida por meio de sutis materializações que muito nos edificavam. Por ocasião das primeiras manifestações que tão dadivosamente nos foram ofertadas pela misericordiosa assistência espiritual, Antônio de Barbedo, transportado até as lágrimas, prosternou-se, humilde, em protestos de gratidão ao Céu, e, acariciado o seu próprio rosto e suas cãs por aquele pedaço de si mesmo que ali se deixava contemplar em plena glória do seu triunfo espiritual, exclamou interrogativo e ansioso:

— Responde, filha querida, se te julgas verdadeiramente feliz, se não conservas o fel da amargura contra quem tão impiedosamente te feriu, arrebatando-te dos meus braços em hora tão adversa!... Dize o que sentiste na hora suprema do teu suplício... Oh! Rude e atroz teria sido a tua agonia?!...

A tragédia de Santa Maria

Uma nuvem de súbita tristeza envolvia por um instante o risonho semblante de Além-túmulo, enquanto ouvíamos que sussurrava docemente, por intermédio do aparelhamento mediúnico de Frederico, a cujo lado sutilmente se apresentava a encantadora aparição:

— Procura antes olvidar, meu pai, as horas sombrias que se foram, esforçando-te por não reteres as amarguras que já não devem ter expressão real... Cuidemos antes do preparo de um futuro reconfortante e compensador... Deixa, porém, que satisfaça tuas amorosas interrogações, já que, assim, contribuirei para lenificar tuas desoladoras ânsias... Não! Não, meu pai, eu não sofri como julgaste!... Apenas a desconcertante surpresa do choque... Um aturdimento, qual pesadelo insuperável... Curtos instantes de opressão respiratória...[48] Como num sonho reconfortador, que me infundisse insólita confiança, vi que minha mãe se aproximava, como envolvida em ondas de gazes resplandecentes... e senti teus gritos de aflição e desespero ecoarem em atroamentos sumamente dolorosos, que me confundiram e desnortearam, interceptando a dulcíssima visão da minha mãe... afligindo-me, sobremodo, as tuas acusações contra o meu pobre Bentinho, que tanto amei!... Desejei falar-te e não pude, porque fui dominada por um sono pesadíssimo, irresistível!...

"Quando despertei — reconheci-me em blandiciosa estância de paz, que se me afigurou a quinta de Coimbra, onde fui criada por entre afagos e ininterruptas alegrias... As tonalidades estivais, muito doces e encantadoras, desse local, mesmo surpreendentes com a inusitada magia de seus matizes para mim desconhecidos, envolveram-me em delicioso arrebatamento, enquanto lourejaram as frondes do arvoredo galante que se impôs às minhas reminiscências como os olivedos e os choupos

---

[48] N.E.: A morte violenta, por assassínio ou não, indubitavelmente constitui provação ou resgate de faltas remotas. Tratando-se de individualidade portadora de caráter normal ou qualidades morais superiores, a crise oferecerá menor penúria, menor confusão, sendo mais rápida e suave, como no caso em apreciação. Aos caracteres inferiores, porém, cujo meio de vida não se decalcou na moral, bem assim aos que se apegaram excessivamente às coisas terrenas — apresentará estados deploráveis de sofrimento, que se prolongarão por muito tempo se a vítima não souber perdoar. Em ambos os casos, a prece será o veículo condutor de refrigérios e vigores novos para o melhoramento da situação.

de meu avô, sob cujas sombras me aprazia adormecer quando menina, após o almoço... A suavidade da solidão refrigerava-me a rudeza do choque recebido havia pouco... Senti-me bem viva, entendendo que não se passara senão terrível pesadelo do qual acabara de libertar-me... Não obstante, aturdida ainda e sonolenta, revi-me pequenina a saltitar pelas eiras floridas da formosa quinta... E minha curta vida, então, desenrolou-se-me às recordações ato por ato, dia a dia, pensamento por pensamento, qual se o panorama patético de minha existência se elevasse dos arquivos da minha personalidade para novamente me obrigar a vivê-la sob o rigor de minucioso, insopitável exame consciencial...[49] Quando esse impressionante desfile me ofereceu a cena derradeira, isto é, observar que me depositavam sobre a terra fria do jazigo de nossa família, compreendi com precisão a realidade da ocorrência, certa de que não se tratava de um pesadelo... Então, não me pude furtar à angústia de um pranto avassalador, inconsolável... pois eu me via arrebatada da existência em pleno florescer da felicidade conjugal, quando as primeiras e tão doces emoções fornecidas pela maternidade me dilatavam o coração... Pensei em ti... em meu esposo... e uma saudade angustiante ameaçou vergar as minhas resistências para enfrentar a crítica situação... Não obstante, aproximou-se minha mãe, em quem reconheci entidade por mim muito amada, em época que, então, me não foi possível precisar... Piedosamente me afastou do teatro da tragédia — ao qual eu retornara atraída pelas forças da minha própria mente — novamente me encaminhando para a mesma solitária mansão que se me afigurava o solar de Coimbra... Lentamente, sob os dulçorosos cuidados de minha mãe, como dos demais afetos que lá tive a ventura de encontrar, refiz-me dos prejuízos pertinentes ao estado de encarnação, reajustando-me aos imperativos da Espiritualidade... e, realmente, só me permitiram rever

---

[49] N.E.: Fenômeno ocasionado, geralmente, durante a agonia, quaisquer que sejam os gêneros de morte, ou imediatamente após esta. Comumente penoso, esse patético instante costuma proporcionar agonia dolorosa ou agitada ao moribundo, quando sua consciência o acusar de deslizes graves. Os náufragos, mesmo quando se salvem, habitualmente o experimentam; e nos estados traumáticos não é raro que igualmente ocorra, abrangendo até mesmo situações de existências passadas. São os "arquivos da alma", (ou subconsciência) que se impõem em momento propício, visto que se afrouxam os laços que unem o Espírito à matéria. Excluir-se-ão da regra geral os suicidas, por apresentarem complexas e múltiplas modalidades de observação, constituindo especialidades. (Vide *A crise da morte* e *Fenômenos psíquicos no momento da morte*, de Ernesto Bozzano.)

A tragédia de Santa Maria

os proscênios terrestres para assistir ao dramático passamento do meu bem-amado esposo, ao qual recebi em meus braços no umbral do túmulo... e a quem servi tão ternamente como o faria em vida... e como a mim mesma fizera minha muito querida mãe..."

— Compreendo, minha filha, que, realmente, possuis a alma sublime do Iluminado celeste, pois que perdoas gratamente ao algoz implacável... — murmurou Barbedo, tremente, algo chocado ante o que ouvia...

A formosa habitante do Invisível deteve-se, como se, indecisa, apelasse para alguém que a estivesse dirigindo no delicado mister da comunicação, para responder, após:

— Sim, meu pai!... Perdoei ao algoz com todas as forças do meu coração e da minha alma, porque nem mesmo ocasião tive para odiá-lo... e tu, a quem tanto tenho amado através do tempo! Tu, meu pai, cujo coração tanto sofreu pelo meu amor, firmarás neste momento a promessa imortal de igualmente perdoar-lhe, sem conservar sequer o menor laivo de rancor ou de revolta...[50]

Ansiedade indescritível percorreu as potencialidades anímicas de quantos harmonizavam vibrações naquela magna assembleia presidida pelo amor. Barbedo não conseguia reprimir as lágrimas; e foi entre frases doridas e entrecortadas que, titubeante, respondeu àquela que voltava do Além a fim de socorrê-lo na continuidade da provação acerba:

— Roga tu a Deus, antes, alma querida, que, com sua paternal misericórdia, me fortaleça o ânimo e o coração para que se me torne possível obedecer irrestritamente à tua presente ordem... a qual muito sinceramente desejo acatar... Sim, minha filha! Jamais contrariei um só desejo teu!... O Senhor, flagelado e morto nos braços de uma cruz, perdoando aos que o ultrajavam e feriam, saberá encorajar-me para que igualmente

---

[50] N.E.: Jamais os guias espirituais permitiriam acusações ou delações, de qualquer natureza, por parte do Espírito comunicante, durante uma reunião elaborada em nome do amor e da fraternidade.

perdoe e esqueça as mil torturas inconsoláveis com que, na tua pessoa, me dilaceraram a vida!...

Ora, desse reconfortador convívio semanal entre pai e filha, dessas tão doces e amoráveis confabulações entre duas almas vinculadas espiritualmente pelos mais ternos laços do amor que ao homem encarnado é possível conceber, resultou que Antônio de Maria conseguiu moralmente reequilibrar-se para o prosseguimento da sua existência planetária, a qual, se faustosa fora de cabedais terrenos, no entanto primara pelo acervo das desditas morais, pela derrocada das afeições mais queridas, que ele não conseguira deter ao pé de si, quando seu coração e sua alma, todas as potencialidades do seu Espírito clamavam pela satisfação plena desses mesmos afetos que haviam sido o tesouro de sua alma apaixonada. Ao impulso carinhoso das advertências de Esmeralda, voltou ele a clinicar, valendo-se da profissão nobre, que abandonara, a fim de beneficiar os deserdados dos bens de fortuna. Estabeleceu, então, aqui e além, pela velha cidade de São Sebastião, consultórios médicos, dividindo-se em atividades contínuas, comumente favorecendo o cliente paupérrimo com os variados recursos necessários à cura. Dedicava-se, porém, gratuitamente, sem jamais auferir lucros da profissão, a esta elevando, antes, em apostolado sublime. E, a pedido ainda da filha, que se diria haver tornado seu bom anjo guardião, afastou-se de Santa Maria, deixando-se permanecer na capital entregue às operosidades filantrópicas e muito dedicado à causa espírita a que se filiou sem constrangimentos nem vacilações, dando-se aos nobres desempenhos com o mesmo ardor apaixonado que lhe conhecêramos antes, sobre todos os demais empreendimentos.

No fim de dois anos de pelejas nobilitantes, perseverantes e sinceras, o altivo comendador Antônio José de Maria e Sequeira de Barbedo parecia haver ressurgido dos escombros do próprio passado para uma existência mais lógica à face de Deus, consentânea com suas novas aspirações, acumuladas agora em torno dos ideais de fraternidade. Encantadora simplicidade sobrepusera-se à arrogante altivez de outrora, e vimos

A tragédia de Santa Maria

então que até mesmo o próprio nome, de que tanto se orgulhava, fora resumido para a singela abreviatura de — Antônio de Barbedo.

Estava escrito, porém, que esse Espírito, que tão querido fora ao meu coração, enfrentaria ainda novos e terríveis desgostos.

2

QUANDO O INFERNO SE RASGA...

Afastai-vos de mim, todos vós que obrais a iniquidade.

(JESUS CRISTO)[51]

Durante os dois anos vividos ao pé de mim, meu velho amigo Antônio de Barbedo, agora contando já os seus 57 anos, visitara fortuitamente a fazenda a título de convencer a esposa e a enteada a, com ele, residirem no palacete de São Cristóvão, a antiga residência que conhecemos. Acompanhei-o de ambas as vezes que o fez, temeroso de algo indefinível que se interpusesse entre ele e o tão precioso reajustamento que eu presenciava ressuscitando-o do bulcão de dores em que o vira sucumbido para o cumprimento dos sagrados deveres impostos pela existência. Com surpresa geral, porém, da última vez que tal se deu, Severina Soares, que desde tantos anos demonstrara pelo marido a mais avassaladora paixão, não só se negara assisti-lo com os antigos desvelos, durante a permanência em minha companhia, como parecia até mesmo temer, agora, a sua presença. Ouvindo dele os novos arrazoados, justos e criteriosos, exaltara-se, advertindo que jamais abandonaria aquela casa, a que tanto se afeiçoara, e afastada da qual jamais poderia viver. Algo contrafeito, o antigo escravocrata tentou convencê-la a se decidir acompanhá-lo a bem da

---
[51] LUCAS, 13:27.

harmonia geral, visto que, não mais pretendendo residir em Santa Maria, não existiria necessidade de se ver isolado da família, cuja ausência o enervava, uma vez que administradores competentes e fiéis estariam à testa do importante núcleo agrícola de sua propriedade.

Ouvimos, porém, atônitos, que a estranha mulher respondia vibrante, colérica:

— Sai! Sai daqui tu, antes! com aquela a quem mais amas neste mundo! Sai e deixa-me ficar aqui, recordando os dias felizes que passei antes de ela chegar!... Queres levar-nos para a capital, porque desejas repudiar-nos, abandonar-nos na cidade imensa, para depois aqui tornares e te regalares ao seu lado, com os festins de outrora?!... Não! Jamais! Sou zeladora desta casa!... Para tal desempenho aqui entrei há mais de vinte anos!... Aqui morrerei!...

Dir-se-ia que sua mentalidade reportava-se a cenas passadas entre si própria e o marido, pois que repetia frases textuais — como mais tarde asseverou Barbedo — e que parecera esquecida de que Esmeralda já não pertencia ao mundo dos vivos.

Adverti o meu compadre de que sua esposa acusava estranhos sintomas e urgia tratamento especializado. Reconheci-a alquebrada, pois não esqueçamos de que fora bela mulher, galharda e sedutora, não obstante a deficiência da educação. Observei-a absorta, distraída, por vezes como alucinada, o olhar desvairado a indagar atrás de si, ou pelos recantos do grande edifício, de fantasmas que a estariam perseguindo; indo e vindo pelas sinistras dependências sem lograr repouso em parte alguma, as mãos gélidas e suarentas, o corpo tremente, a fronte baça e aljofrada de grossas bagas de suor, ou tecendo o seu infindável crochê, agitando-se displicentemente na cadeira de balanço, de forma rude ou grotesca, atraindo a atenção de quem lhe passasse ao pé. Tentei auscultá-la, medicá-la, aconselhá-la. Negou-se a atender, asseverando sentir-se perfeitamente bem. Não obstante, notifiquei a Barbedo da inconveniência dos longos

A tragédia de Santa Maria

jejuns levados a efeito pela mesma dama, que se voltara para os deveres religiosos com um fervor positivamente suspeito, pois víamos que passava dias inteiros prosternada diante do altar da Capela, correndo interminavelmente as contas do rosário, coberta de véus negros, exasperada a chorar em altas vozes, apavorando-se quando Ana Maria se aproximava, rogando a clemência dos Céus para os próprios pecados, de envolta com os nomes de Esmeralda, do Dr. Souza Gonçalves e até do liberto Cassiano.

Ora, jamais meu antigo amigo e compadre estivera mais animado de boa vontade e ternura para com a esposa e a enteada do que nessa ocasião, quando vero labor de ressurgimentos morais-espirituais nele se operava. Disse-me ele durante a viagem, nessa memorável visita:

— Tenho sido ingrato e rude para com a pobre Severina e sua filha, Sr. doutor, e reconheço que muitos desgostos lhes venho causando... O meu egoísmo e o meu desamor a ambas oprimem-me hoje o coração e a consciência, e creio já ser tempo de tudo reparar... o que pretendo fazer com urgência... Minha enteada conserva-se ainda solteira, não obstante haver atingido já os 30 anos... e estou certo de que somente a falta de um dote e uma filiação legítima contribuíram para esse acontecimento... Há anos que Fábio Saboia lhe faz a corte, sem decidir-se a desposá-la... Isso me inquieta, pois Fábio é homem de hábitos boêmios... e durante cinco anos eu estive alheio ao mundo, submerso no inferno da minha revolta, permanecendo ainda dois na capital... Não compreendo a dilação desse homem em realizar o consórcio ou abandonar a ideia... e tampouco a perseverança de Ana Maria, acomodada a tão longa espera... Farei agora o que desde muito deveria ter feito: dar-lhe-ei um nome e um dote razoável... Esmeralda ficará contente...

Louvei as intenções do meu amigo, apreciando-lhe as nobres disposições. Todavia, não sendo possível dilatar minha permanência em Santa Maria, regressei com presteza à capital, deixando-o ali para solucionar seus delicados impasses domésticos, certo de que não se demoraria senão o tempo estritamente necessário.

Por essa época, Antônio Miguel atingira os 17 anos e recebia educação razoável com professores de X, dado que Barbedo, em memória da filha, cercava-o de todos os cuidados e atenções. O jovem liberto, porém, que dificilmente ocultava a olhos estranhos a aversão, o terror mesmo, que nutria pelas duas mulheres, pedira ao padrinho, dessa feita, que o levasse consigo para a capital, visto que Santa Maria se lhe tornara local abominável com a ausência deste e a morte da madrinha, de quem jamais pudera esquecer, ao que revidou o velho comendador:

— Não! És o futuro administrador dos meus bens e será indispensável tua permanência aqui a fim de te habilitares nos misteres agrícolas em geral... Conforta-te, meu filho, na certeza de que tua querida amiga e protetora não morreu!... Ela vive, oh, sim! em uma outra vida existente para além dos umbrais do túmulo, é feliz e fala-me frequentemente, e eu lhe falo, vejo-a e ela me vê!...

E entrou a explicar ao pequeno estudante os acontecimentos decorridos em nossas reuniões íntimas, arrematando, ao findar da exposição:

— Asseverou-me ela que não se demorará muito tempo no Além-túmulo; que virá renascer entre os homens novamente; que ainda terei a satisfação de revê-la pequenina e saltitante em meus próprios braços; que será descendente ainda do meu próprio sangue; que deseja receber o nome de Pamela, em homenagem a uma amiga de infância deixada em Coimbra; e que em ocasião oportuna fornecer-me-á os dados para que a reconheça... Ora, eu pretendia desfazer-me desta fazenda, onde tantos dias amargurosos atravessei e onde as recordações se avolumam, torturando-me o infeliz coração... Amo-a, porém, porque aqui fui feliz com minha primeira esposa... Aqui expirou ela... e nestes mesmos recintos nasceu e morreu minha filha... Considero profanação à memória de ambas o desfazer-me dela, portanto... Assim sendo, conservá-la-ei para o retorno de minha filha, a qual me afirmou que voltará à Terra em tarefas nobilitantes, de realizações nos campos do amor ao próximo... Sei que tenho errado muito, meu caro

Antônio Miguel! Tenho esquecido até hoje aqueles que sofrem e choram... Mas tenho também sofrido e chorado tanto quanto esses de que me esqueci!... Agora, no entanto, desejo reabilitar-me, contribuindo ainda para facilitar a missão de minha filha muito amada... Orarei ao Senhor Deus, daqui por diante, para que me conceda a suprema graça de conhecer a nova personalidade terrena de Esmeralda de Barbedo... e depositarei em suas mãos esta fortuna adquirida com o suor do braço escravo e sob o pungir de suas lágrimas, para que ela própria, que foi o seu anjo bom encarnado nesta casa, possa redimir seu pobre pai por meio desses bens que não me concederam felicidade, mas que, ao seu critério, poderão estancar lágrimas e suavizar fadigas... Creio não merecer do Céu tão vultosa concessão, visto que me escasseiam méritos... Mas adquiri a fortaleza da fé durante o estágio da provação terrível e agora confio, meu caro Antônio Miguel, na misericórdia do Eterno! E Ele, que me permite ver e falar à minha filha morta há sete anos, também atenderá meus brados fervorosos para que me permita a graça de conhecer com precisão o seu retorno...

Silêncio comovedor estabeleceu-se. Antônio de Maria tinha as faces inundadas de lágrimas. Extasiado, o moço liberto atento, deslumbrado ante a exposição que lhe faziam, os olhos vivos como quem recompusesse nos refolhos mentais o panorama das recordações adormecidas, desfez rudemente o harmonioso ambiente com a seguinte interpelação, enquanto sua mãe, que se encontrava presente, pois Barbedo solicitava com frequência a companhia de ambos desde sua chegada ao antigo domicílio, fitava-o com inquietação e assombro:

— E nhô Bentinho, não apareceu também?... Não disse nada, nada?...

Barbedo levantou-se vivamente, depôs o cachimbo sobre a mesinha ao lado e, sem responder, pôs-se a medir a extensão do aposento em passadas largas e agitadas. Contrariada, a colaça de Esmeralda advertiu:

— Cala a boca, negro excomungado... Vai dormir...

Todavia, revelando-se inquieto, talvez exausto de guardar o seu terrível segredo de tantos anos, Antônio Miguel prosseguiu:

— Por que, mãe?... Eu também já vi a "alma" de madrinha Esmeralda... Mas não estava sozinha... Nhô Bentinho ia junto dela!...

Surpreso, o antigo escravocrata parou de chofre e bradou rudemente:

— Cala-te, rapaz! Bem sabes que esse nome execrado jamais deverá ser pronunciado sob o teto em que viveu minha filha!...

O moço negro, porém, levantou-se também, altivo e destemeroso, e, fitando o titular:

— Por quê?... Que fez ele para ser assim odiado?...

— Antônio Miguel, cala-te! Retira-te de minha presença! — repetiu o recém-convertido à Doutrina do Invisível.

Dir-se-ia, porém, que a suprema Justiça, rigorosa e fiel, descia, finalmente, a redimir o desgraçado que morrera infamado, pela palavra sincera de um adolescente ainda incapaz de um sofisma ou de uma infâmia:

— Padrinho comendador! — revidou ele. — Nhô Bento José não matou madrinha Esmeralda! Eu estava no quarto, eu vi madrinha Esmeralda morrer e lembro-me de tudo muito bem!...

Aterrorizada, Maria Rosa ocultou o rosto entre as mãos e murmurou tremente:

— Virgem Maria santíssima!... Tende piedade de nós!...

Estupefato, Barbedo estacou, fitando o afilhado com assombro, os olhos dilatados como se aterrorizantes visões interiores o alertassem

A tragédia de Santa Maria

para revelações surpreendentes. Por um instante, sua mente, agora já normalizada, depois de tantos anos de revoltas e inconsequências, retornou ao trágico dia de agosto de 1886 e, sob o impiedoso retrospecto das recordações que subitamente acudiram na tortura expectante da dúvida que acabara de ser criada, reviu os detalhes que então lhe escaparam, e, pálido e abalado, murmurou incerto:

— Sim!... Lembro-me agora!... Tu estavas no quarto... Estavas enfermo... Tua mãe saíra... Oh! tu viste Esmeralda morrer, tu!... E esqueci-me de ti!... E ninguém mais sabia que estavas ali desde a véspera!...

Antônio Miguel repetiu sereno, impressionando pelo acento de firmeza das expressões:

— Nhô Bento José estava inocente... Não foi ele que matou madrinha Esmeralda!...

— Oh! — vociferou, em brado lancinante, meu infeliz compadre e amigo de tantos anos. — Quem foi então, desgraçado?... Estás louco, não sabes o que dizes!...

O pequeno liberto iria certamente responder, lançando tremenda acusação, provavelmente desgraçando-se e desgraçando a própria mãe, arriscando talvez a própria vida. Todavia, subitamente, Severina Soares, que como sempre estivera à escuta, irrompeu na sala qual sinistro meteoro, o olhar desvairado, as atitudes alucinadas de incontrolável desarmonização nervosa, e vociferou, agravando o pânico:

— Não o creias, Barbedo, não o creias! Este miserável negro não estava no quarto, não estava!... Eu não o vi lá...

Investiu como louca para o pequeno liberto tentando estrangulá-lo, a boca espumante, os dentes cerrados, bramindo mil blasfêmias soezes:

— Cala-te, negro maldito, ou também morrerás, como a "outra"!... Como a "outra" sim!... Que também queria falar demais...

Indescritível pânico seguiu-se. Entardecia e alguns funcionários permaneciam ainda pelas imediações. A cena insólita desenrolava-se na antiga sala de estar de Esmeralda, cujos aposentos seu pai preferira habitar desde o evento do seu trespasse. A custo conseguiu o comendador libertar o afilhado das garras da alucinada mulher, ao mesmo tempo que Maria Rosa bradava por socorro e serviçais acorriam assustados e prestativos. Resoluto, o infeliz titular tenta subjugar a esposa, a qual, no entanto, solta-se de suas mãos para encará-lo de frente e atirar-lhe este desafio, na confissão suprema que o abatia irremediavelmente:

— Sim, sim, comendador Barbedo, como a "outra"!... Como a "outra", a única que tudo mereceu do teu coração!... Não foi Bentinho quem a matou, oh, não, Barbedo, e nem fui eu!... Foste tu, desgraçado! Foste tu mesmo, servindo-te de minhas mãos, que apertaram a toalha!... Foste tu, com teu egoísmo feroz, que, por desejares tudo para ela, negaste à minha pobre filha o favor da paternidade que entre lágrimas e humilhações eu te suplicava, pois eu amava tanto a minha filha como tu amavas a tua!... Foste tu, Barbedo, e não eu e nem Bentinho, a quem também mataste, e que morreu inocente sob teus maus-tratos! Estavas cego, homem desalmado! Vivi longos anos a implorar migalhas do teu coração, da tua honradez, que nos reabilitassem do opróbrio que recobria nossas vidas, do teu ouro para minha desgraçada filha que, paupérrima, era obrigada a conviver numa sociedade que mede as criaturas apenas pelos bens que possuem... Mas tudo negaste! A todos os meus desesperados arrazoados e humilhantes súplicas pisaste, enlouquecido pelo amor daquela a quem, por isso mesmo, terminei odiando até a exasperação, porque tudo roubou à minha filha, até mesmo o único homem que esta amava, até a possibilidade de obter um nome, uma filiação... até a própria honra, pois que Ana Maria se viu atraiçoada pelo noivo que nela mais não enxergou do que a filha sem pai, a mulher sem consideração nem haveres, incapacitada, portanto, para enaltecer uma aliança matrimonial! Desgraçado e orgulhoso Barbedo, ó réprobo a quem hoje odeio! Se a minha filha foi prostituída, tal qual sua infeliz mãe, a tua está morta e bem morta!... E fui eu que a matei, Barbedo, ouviste?... Eu, Severina Soares, matei tua filha, e não Bentinho!... E Miguel diz que tudo viu?!... Oh, que ele, então, explique tudo!... Ah! Ah! Ah! Ah!... Moleirão e piegas romântico, que nada observou ao certo, na cegueira desse amor egoísta que somente via a própria filha, o seu sangue, nada mais!... Teu genro adorava-a, imbecil!... E naquela manhã o que ele dela desejava era a assinatura de repúdio ao teu ouro maldito, à tua fortuna obtida sob as crueldades do cativeiro, e a qual ele desprezava!... Pois que era um cavalheiro honrado, capaz de, pelo próprio valor, e não sob o látego do chicote sobre o lombo dos negros, adquirir uma que ofuscasse a tua!... Adorava-a, sim, como tu, acima de tudo neste mundo! E eu odiava a ambos porque os via felizes enquanto minha filha era desgraçada, odiava até mesmo a ti, malvado e impiedoso, e desejei ver-te sofrer tanto como eu própria e minha filha sofríamos sob o teu teto maldito!... E por isso estrangulei-a! Eu! Eu, Barbedo, estrangulei tua filha com a toalha de Bentinho! Mata-me agora, mata-me!... que a vida há muito se extinguiu para mim... Desde o dia em que, finalmente, compreendi que nunca mereceria de ti senão o desprezo com que sempre me trataste!...

A infeliz parecia exausta e sucumbida.

Orientado por uma serenidade que se não adivinharia oriunda de um frio desespero ou de misericordiosa intervenção espiritual, o rico titular amparou a esposa, forçando-a a sentar-se quando a viu agitada por um pranto violento e suspeitoso da irrupção de uma inevitável demência. Juvêncio, o velho farmacêutico, apresentou, pressuroso, drogas calmantes, enquanto, estarrecidas, as testemunhas da patética cena se quedaram silenciosas. Pálido, mas sereno, aquele altivo homem, a quem as desditas domésticas pareciam implacavelmente perseguir, deixou que os próprios pensamentos se reportassem às nossas humildes, mas abençoadas reuniões íntimas de S. Cristóvão, enquanto o silêncio pesou em torno; e recordou a promessa feita à própria filha, que lha exigira no sentido de perdoar, sem mesclas de estremecimentos ou rancor, ao algoz que a ferira. Então, supusera ele que Esmeralda se reportara ao esposo, a quem ele próprio atribuíra o assassínio. Eis, porém, que a surpreendente confissão de Severina rasga aspectos novos naquele imenso drama cujo epílogo não fora demarcado ainda! E revelando, pois, singular serenidade, sentou-se ao lado da infeliz pernambucana e exclamou, em tom brando, conquanto firme e resoluto:

— Confia em mim, Severina! Nenhum mal te advirá, prometo-te! Porém, dize toda a verdade que sabes, somente a verdade do que aqui se passou há sete anos!...

Chamou, outrossim, Antônio Miguel e interrogou-o. Sob o terror de Maria Rosa, que se contraía ante o inesperado acontecimento, o adolescente descreveu com minúcias quanto lho permitiram as recordações dos seus 10 anos. Severina não protestara. Antes, instada pelo marido, animada por Juvêncio, narrou os pavorosos detalhes que já conhecemos, os quais tanto já lhe vinham obsidiando a consciência. E Ana Maria, por entre protestos e gritas, capturada quando já se dispunha a empreender fuga comprometedora, entrou em minúcias apavorantes, tudo esclarecendo e reconstituindo, a pedido de Barbedo, as cenas trágicas da emboscada na alcova, da facilidade, fria e dissimulada, com que ambas agiram servindo-se das passagens por assim dizer falsas dos singulares compartimentos; o estrangulamento atroz da pobre jovem colhida de surpresa; o móvel do assassínio: — terror de que ele mesmo, Barbedo, fosse inteirado da autoria das cartas anônimas; como a maléfica frieza de ambas ante o martírio de Souza Gonçalves e Cassiano Sebastião!

Fizera-o por entre pranto convulso, desculpando-se a cada palavra, alegando a desesperação da profunda paixão que nutrira pelo infeliz advogado, ajuntando súplicas de perdão e misericórdia e acusações a Fábio Saboia, apontando-o como o autor das cartas que deram causa à infernal tragédia!

A tragédia de Santa Maria

Acabrunhado até o desalento, meu infeliz compadre não sabia o que fazer. Informar as autoridades seria romper o compromisso com uma entidade de Além-túmulo — Esmeralda — firmado numa reunião sublime, em que favores do Alto sobre ele desciam à invocação do nome sacrossanto de Jesus. Silenciar, no entanto, seria tornar-se cúmplice do assassínio da própria filha, conservando-se ainda e sempre algoz implacável dos desgraçados que sucumbiram sob a dor dos maus-tratos, daqueles que, em presença da Justiça, foram envolvidos por conceitos falseados pela paixão dos sofismas.

No entanto, já no dia imediato, temendo outros desagradáveis acontecimentos, a consciência a bramir remorsos do passado, o administrador de Santa Maria e Juvêncio — antigos acusadores do desgraçado idealista Bento José de Souza Gonçalves — adiantaram-se ante sua indecisão e, sob o impulso lógico do temor de Deus e às leis humanas, participaram às autoridades de X a inacreditável descoberta!

Iniciou-se então o que se deveria proceder sete anos antes, isto é — um inquérito sereno, muros adentro de Santa Maria, investigações minuciosas e lógicas, isentas de paixões partidárias e sofismas soezes. Chamadas novamente, Maria Rosa e Juanita dessa vez não temeram revelar quanto sabiam. Perante autoridades e testemunhas respeitáveis, Severina Soares e sua filha novamente reconstituíram o abominável crime no próprio local do sinistro, ao entendimento geral, então, patenteando-se a verdade simples e lógica, que paixões pessoais e políticas não conseguiram ou não desejaram enxergar. E até mesmo Fábio Saboia, convidado a esclarecimentos, uma vez citado pelas criminosas, houve de se explicar, o que fez a estas acremente acusando e à espera de um processo em regra.

Não obstante, e conquanto o Dr. Souza Gonçalves e Cassiano Sebastião não houvessem sido julgados, à Justiça é sempre desagradável rever processos para reabilitação de um réu reconhecido inocente, após a morte. Por sua vez, Barbedo, reabilitando a memória do genro, provaria insofismavelmente o crime de Severina e sua filha, levando-as quiçá à condenação, faltando, assim, à palavra empenhada com a filha ao se comprometer a perdoar ao algoz. Ora, em juízo, a queixa contra Severina Soares e Ana Maria Soares deveria partir do pai da morta contra a própria esposa, ou de seus advogados por ele. Barbedo não apresentou essa queixa, não assinou petições, como não constituiu advogados. Por sua vez, o estado moral e mental da ré, agravando-se assustadoramente após os choques das dolorosas circunstâncias, fizera indispensável a intervenção de hábil especialista, que a considerou irresponsável e carente de permanência indefinida em um sanatório de loucos, ou Casa de Saúde... Ao passo que Ana Maria, aterrorizada ante o que lhe poderia ainda acontecer, desprezada pelo sedutor, que jamais a ela e à mãe supusera autoras do abominável delito; incapacitada de continuar sob o teto generoso que a abrigara nos dias adversos, foge sem constrangimentos para a terra natal, onde desapareceu sob o escárnio da prostituição e sob a atroz recordação das desgraças a que dera causa com seus despeitos e intrigas...

3

QUANDO O AMOR INSPIRA...

Bem-aventurados os que padecem perseguição por amor da justiça, porque deles é o reino dos Céus.

(JESUS CRISTO)[52]

Passaram-se alguns anos. O Solar de Santa Maria fora interditado por seu proprietário, que não mais o habitara, deixando-o sob a direção de administradores competentes, dentre os quais Maria Rosa, a quem o filho substituiria na maioridade. Durante a estação estival, porém, Barbedo visitava-o, fiel ao sentimental desejo, tão próprio do nobre coração lusitano, de conservá-lo como relíquia de um passado que, se fora doloroso, também lhe sublimara o coração às culminâncias de muitas alegrias. Transportara-se definitivamente para a capital e seus progressos, em relação à crença que abraçara em hora decisiva de sua existência, eram satisfatórios e edificantes. Corroído pelos desgostos, abalançado por cruciantes remorsos oriundos dos excessos nas pessoas de Bento José e Cassiano; convencido de que seu imenso orgulho, gerador da má vontade em assistir afetuosamente a infeliz mulher que tanto o amara, fora a pedra de escândalo para o drama profundo de que ele próprio seria, talvez, a maior vítima, Antônio de Maria teria fatalmente

[52] MATEUS, 5:10.

sucumbido à desesperação e ao desânimo se na Ciência do Invisível não encontrasse baluarte seguro que o guindasse a novos rumos. Sinceramente repeso do passado, desenvolveu-se em seu coração apaixonado sublime desejo de reparação imediata e eficiente, que o reconciliasse de algum modo com a sua própria consciência, e a que — confessou-me comovido — se entregaria com as melhores energias do seu ser disposto à marcha para o progresso e a redenção. Observei-lhe, satisfeito, a ardência da fé, a humildade do sentimento, tanto mais lindas e respeitáveis quanto rígido fora outrora o seu orgulho. Seguro da sinceridade de suas intenções em palmilhar nova senda, propus-me ajudá-lo de todas as formas, com o pequeno cabedal igualmente adquirido por meio das luminosidades da Nova Revelação. Falou-me, então, da urgência, que proclamava indispensável, de se sentir ostensivamente orientado, ou aconselhado, pela voz magnânima do Além, que lhe viria ditar normas seguras para eficientes ações nos campos das atividades espíritas-cristãs que se impunham na vida nova que se traçaria. Necessariamente, discordei da pretensão, chamando-lhe a atenção para os programas já estatuídos no próprio corpo da Doutrina excelsa que esposávamos, como no apostolado cristão fartamente exposto nos quatro evangelhos, nos quais se baseava a formosa, redentora moral espírita, o que dispensava a necessidade de vivermos a exigir dos instrutores espirituais continuadas repetições daquilo mesmo que as obras básicas tão claramente recomendam. Atendeu meu nobre e dedicado amigo às minhas ponderações amigáveis, entregando-se a estudos e meditações sadias sobre o magno assunto, e, então, tive a grata satisfação de contemplar verdadeiro renascimento de valores morais e espirituais no ser do antigo escravocrata. Raramente um outro adepto da Doutrina codificada pelo eminente Allan Kardec terá feito renúncias tão completas, e compreendido, em tão pequeno espaço de tempo e tão amorosa e fraternalmente, a magnificência das *instruções dos Espíritos*, catalogadas habilmente no livro áureo dos espiritistas,[53] como esse pai desditoso, esse esposo infeliz que se viu dilacerado nos seus mais caros sentimentos, pois que, tomando para si mesmo todas

---

[53] N.E.: *O evangelho segundo o espiritismo*, de Allan Kardec.

A tragédia de Santa Maria

aquelas advertências sublimes, procurou pautar os próprios atos à luz dos ensinamentos que ia diariamente colhendo e assimilando — numa época em que seria talvez desdouro ou erro pensar o indivíduo de modo diferente da grande maioria! O Evangelho era o seu grande mestre e ele se reeducava resignado, ao murmúrio celeste de vozes como estas, em verdade provenientes das alcandoradas paragens do Além-túmulo, como tanto desejara ele para a sua própria edificação:

Chamo-me Caridade, sigo o caminho principal que conduz a Deus. Acompanhai-me, pois conheço a meta a que deveis todos visar.

Dei esta manhã o meu giro habitual e, com o coração amargurado, venho dizer-vos: Ó meus amigos, que de misérias, que de lágrimas, quanto tendes de fazer para secá-las todas![...]

Alhures vi, meus amigos, pobres velhos sem trabalho e, em consequência, sem abrigo, presas de todos os sofrimentos da penúria e, envergonhados de sua miséria, sem ousarem, eles que nunca mendigaram, implorar a piedade dos transeuntes. Com o coração túmido de compaixão, eu, que nada tenho, me fiz mendiga para eles e vou, por toda a parte, estimular a beneficência, inspirar bons pensamentos aos corações generosos e compassivos. Por isso é que aqui venho, meus amigos, e vos digo: Há por aí desgraçados, em cujas choupanas falta o pão, os fogões se acham sem lume e os leitos sem cobertores. Não vos digo o que deveis fazer; deixo aos vossos corações a iniciativa. Se eu vos ditasse o proceder, nenhum mérito vos traria a vossa boa ação. Digo-vos apenas: Sou a caridade e vos estendo as mãos pelos vossos irmãos que sofrem.[54]

Quando perdoardes aos vossos irmãos, não vos contenteis com o estender o véu do esquecimento sobre suas faltas, porquanto, as mais das vezes, muito transparente é esse véu para os olhares vossos. Levai-lhes simultaneamente, com o perdão, o amor; fazei por eles o que pediríeis fizesse o vosso Pai celestial por vós. Substituí a cólera que

---
[54] KARDEC, Allan. *O evangelho segundo o espiritismo*. Cap. XIII, it.12.

conspurca, pelo amor que purifica. Pregai, exemplificando, essa caridade ativa, infatigável, que Jesus vos ensinou; pregai-a, como Ele o fez durante todo o tempo que esteve na Terra, visível aos olhos corporais e como ainda a prega incessantemente, desde que se tornou visível tão somente aos olhos do Espírito. Segui esse modelo divino; caminhai pelas suas pegadas; elas vos conduzirão ao refúgio onde encontrareis o repouso após a luta. Como Ele, carregai todos vós as vossas cruzes e subi penosamente, mas com coragem, o vosso calvário, em cujo cimo está a glorificação.[55]

* * *

Ao influxo benéfico e dulcíssimo de tantas melodias do amor divino, Barbedo desdobrou-se em atenções fraternas para com aqueles a quem procurou encontrar em torno dos próprios passos, visitando pessoalmente, humilde e simples como jamais pensei contemplá-lo, os bairros mais afastados e pobres, no generoso afã de secar as lágrimas do infortúnio, remediando situações penosas ou insustentáveis. Não lhe bastaram, então, os labores gratuitos da profissão, exercidos paternalmente aqui e além. Seu coração impelia-o a testemunhos maiores, nos setores da beneficência, levando-o a dedicar-se amorosamente aos infelizes, para, pelas alegrias e felicidades que lhes proporcionasse, a si próprio conceder o consolo supremo de se julgar igualmente ditoso pelos haver ajudado no infortúnio!

Entrementes, resignado, esforçando-se diariamente em combater o grande orgulho que o infelicitara, passou a viver ao lado dos sofredores e dos simples. Se suas forças, ainda frágeis, não lhe permitiram jamais visitar, numa casa de alienados, a infeliz sob cujas mãos morrera a sua filha muito querida, provia-lhe, no entanto, generosamente, as necessidades da internação, ainda por amor a Esmeralda, que a tanto o incentivava, reanimando-o com seus conselhos salutares e suas dadivosas aparições, que tanto o reconfortavam...

---

[55] KARDEC, Allan. *O evangelho segundo o espiritismo.* Cap. X, it.17.

A tragédia de Santa Maria

E assim foi que vimos florescer o século XX, etapa decisiva para a humanidade, e que contemplaria notáveis conquistas para o progresso e até mesmo para o ideal que desde alguns anos empolgava nosso Espírito e nossos sentimentos.

Fiz o meu trespasse para o mundo espiritual alentado por arrebatadora esperança nas promessas do Cordeiro de Deus e sob a confiança nas afirmativas de seus abnegados obreiros, sem que, mercê da magnanimidade divina, me desapontassem as realidades ali encontradas,[56] deixando ainda na Terra meu pobre compadre, a quem muitas vezes procurei visitar — posteriormente, em corpo espiritual — penalizado ao vê-lo chorar e sofrer a sós, na solidão dos seus aposentos de S. Cristóvão, orando em intenção de nós outros, os seus mortos queridos, como nos chamava — a mim, a Esmeralda, a Bento José e Cassiano e sua jamais esquecida Maria Susana.

De certa feita, durante esses costumeiros colóquios mentais ou telepáticos, sugeri-lhe a ideia de albergar em sua companhia a filha e a neta da Sra. Conceição, sua irmã, as quais, despojadas da proteção de um chefe, pois que lhes faltara o esposo e pai muito querido, poderiam povoar de suaves consolações a solidão crescente de sua vida. Por esse tempo, morrera igualmente a Sra. Conceição, e sua neta, Guilhermina, orçava pelos 13 anos, apresentando-se como graciosa menina, prendada e altiva. Obtive a satisfação de ver meu velho amigo aquiescer insensivelmente às minhas discretas sugestões e, risonho e feliz, receber as congratulações da própria Esmeralda, durante reunião singela e fraterna, pelo feito generoso. Realmente, as duas, assim amparadas, felizes se sentiram, abençoando o bondoso coração que lhes evitava as duríssimas preocupações diárias.

Ora, uma vez, habitando eu o Além-túmulo, minha querida afilhada e seu esposo voluntariamente puseram-me ao par de acontecimentos empolgantes, dos quais entendi dar contas ao leitor, a menos que, deixando de fazê-lo, nossas humildes narrativas fiquem incompletas.

---
[56] Nota da médium: Bezerra de Menezes desencarnou em 11 de abril de 1900.

Referiram-se aos dramáticos acontecimentos de Santa Maria, apontando-me a danosa origem de tão infaustos insucessos, mas para que meus jovens leitores — para quem estas páginas foram escritas — aquilatem da excelência das leis da Onipotência que rege os mundos e a humanidade, meditando sobre elas, procurarei descrever o que então se passou, de molde a não deixar lastro para qualquer desentendimento.

Cerca de dois anos após meu trespasse para o mundo espiritual, senti-me, um dia, sensibilizado com o convite amorável de minha cara Esmeralda para uma peregrinação até o seu ambiente preferido em Além--túmulo. Segui-a, pois, prazeroso e feliz, observando que se achava em companhia não apenas da entidade formosa que na Terra lhe fora mãe — Maria Susana, como ainda de outras personagens espirituais, lúcidas e protetoras, que lhe seriam abnegados tutelares no mundo invisível.

Penetrei, então, discreta e aprazível estância espiritual que se me afigurou o padrão quintessenciado da própria Suíça, com seus vales férteis e pitorescos, seus montes gelados em que florezinhas mimosas, próprias do clima, proliferavam por entre graças que encantavam; montanhas alfombradas sobre cujo dorso pinheirais garridos, quais liras entoando hosanas à Criação, falavam da pujança vital das suas reproduções em ambientes terrenos.

Ali encontrei, abrigado em domicílio pitoresco, leve e artístico tal se fora entretecido em cintilações de madrepérola, o antigo abolicionista Bento José de Souza Gonçalves, acompanhado de seu velho e leal amigo, o liberto Cassiano Sebastião. Na placidez do ambiente propício às meditações fecundas e generosas, ambos concertavam programação laboriosa para um retorno aos proscênios da Terra por meio da reencarnação, durante a qual imprescindíveis realizações seriam levadas a termo. O antigo advogado, porém, a quem eu conhecera na Terra comunicativo e irrequieto, surpreendeu-me então pelo aspecto comedido e grave que lhe observei, em contraposição com Esmeralda, que se conservava a mesma individualidade simples, graciosa e encantadora de outrora.

A tragédia de Santa Maria

— A experiência última foi decisiva e fecunda para o meu Espírito, meu caro doutor! — começou ele após os cumprimentos, que foram efusivos e gratos, e atendendo ao desejo daquela que acabara de ser a sua linda esposa, sobre a Terra. — Expiei duramente, refletindo-me no reverso da medalha, um crime praticado contra certa personagem altamente colocada na França de Luís XVI, quando dos trevosos dias do Terror, mas a Deus louvo pelo ensejo a mim piedosamente fornecido pela sua soberana Justiça e sua paternal misericórdia, de lixiviar[57] a consciência dessa ignomínia que a acabrunhava desde então, concedendo-me agora liberdade e mérito para etapas novas nas romagens do meu próprio progresso...

"Absolutamente não conservo do meu caro comendador o menor resquício de rancor, sequer recordação chocante ou amargurosa... Somos velhos companheiros de migrações terrenas reencarnados ao lado um do outro, ora aqui, ora ali, unidos ou aparentemente desunidos durante os entrechoques das existências em que, muitas vezes, nos vimos colocados em situações difíceis, em circunstâncias melindrosas ou dramáticas... Ele não me odiava, eu bem o sei! Sofria acremente, excruciantemente, supondo-me réu do hediondo crime! E hoje o vejo repeso e dolorido, diariamente evocando minha lembrança entre lágrimas e orações e súplicas de perdão... Nele não compreendo senão mero instrumento para um resgate terrível em débito na minha história de Espírito pecaminoso... instrumento enceguecido pelo excesso de dor, ou de revolta, oriundo de um grandioso sentimento de amor para com a filha — o ser que mais tem ele amado através de muitos séculos!... Quanto a Severina e Ana, lamento-as, compadecendo-me de ambas... Pobre Ana! Amava-me, realmente!... e longe eu me encontrava de avaliar a profundidade da paixão que lhe inspirei, e que a perdeu!... Jamais, porém, eu lhes quis mal, conquanto algumas vezes me houvessem irritado as suas sistemáticas perseguições! Poderíamos ter sido como afetuosos irmãos, unificados para todo o sempre aos blandiciosos embalos de uma sólida afeição fraternal... não fora

---
[57] N.E.: Limpar, lavar.

os arrebatamentos indomáveis do seu caráter ainda deseducado... Espiritualmente, são-me estranhas ambas... Mas, a partir daqueles nefastos acontecimentos, sei que estarão solidamente atadas não apenas ao meu destino, mas também ao de Esmeralda e do próprio Barbedo..."

Falava qual o advogado emérito, explícito e lógico, na oratória perfeita. Continuou, porém, após quedar-se pensativo durante alguns instantes:

— Durante o Terror, quando a guilhotina funcionava incessantemente, decepando as mais nobres e dignas cabeças, apresentando ao mundo a maior matança humana de todos os tempos, eu amava Esmeralda, então dama da aristocracia, enquanto eu, simples estudante, era imbuído de teorias negativistas, cioso de liberdade, enamorado de um sistema social que se baseasse nos direitos comuns entre os homens protegidos pela justiça! Mas o amor mal equilibrado e orientado perdeu-me, porque, a fim de me apossar do objeto amado, fora-me necessário a prática de abominável crime... uma vez que entre ele e mim existiam as leis do matrimônio... Cometi-o, levando ao cadafalso, com uma denúncia inverídica, o esposo daquela por quem endoidecera de amor, inspirado, porém, nos alvitres dela própria, que, dementada pelos arrebatamentos de torturante paixão, me arrastara ao delito que as Leis divinas deveriam registar... O caso de Santa Maria, portanto, mais não foi que o reverso da medalha... E Barbedo ali, se muito sofreu, foi porque houve de expiar, além de delitos passados, também a inclemência das dores provocadas em muitos corações paternos e maternos dos próprios escravos a quem tratou sempre com rigor excessivo, com inclemência desumana... o que, bem examinado, para ele constitui um favor celeste, visto que, para disso se reabilitar, não foi necessária a perda de tempo que o espaço de uma existência à outra acarreta...

— E quanto ao vosso trespasse, Dr. Souza Gonçalves?... — indaguei interessado e comovido.

— Lembro-me com emoção de que minha Esmeralda aparecia-me imperfeitamente, por entre as brumas do meu raciocínio já atacado

A tragédia de Santa Maria

pelos golpes da loucura, tentando infundir-me coragem, consolo e esperança... Nos últimos dias de minha acidentada existência, consegui entrevê-la nitidamente, deslumbrado, observando-a com as mesmas lindas vestes usadas para os nossos esponsais... Sorria-me, convidando-me a adormecer em seus braços... Adormeci, efetivamente, exausto e desesperado ante tantos amargores, observando, no entanto, que me transportavam através de longas distâncias... Quando despertei, depois de sonolência pesada e longa, compreendi que Esmeralda me transportara, adormentado, para a Suíça, pois reconhecia-me hospedado em gracioso chalé levantado na placidez de um vale encantador, onde ovelhas mansas roíam a erva tenra sob a cadência sugestiva de campainhas presas ao pescoço... Estranho pavor de tudo quanto se relacionasse a Santa Maria, a X e até mesmo ao Brasil, fez que irrompesse de minhas lembranças o drama acerbo por mim vivido... e copioso pranto abalou-me as sensibilidades do ser, sufocando-me em lágrimas... Mas ali se encontrava, vigilante, a terna amiga... e a serenidade se impôs pouco a pouco, fornecida ainda pelo amparo de nobres tutelares do Invisível, que acorreram a me assistir... Preferi então permanecer em ambientes do poético e amorável torrão suíço, que eu tanto admirava, e onde dias tão suaves eu desfrutara durante as férias proporcionadas por meu estimado avô...

"...Até que, um dia, extensa caravana de Espíritos de antigos escravos africanos invadiu a placidez inquebrantável do meu vale florido, para o convite a uma festividade singular. Via-me transportado, então, por essa falange humilde, carregado triunfalmente em ombros amigos, enquanto a multidão me ovacionava entre alegrias incontidas, emitindo brados de vitória que me aturdiam, emocionando-me profundamente!... Meu próprio nome ecoava, muitas vezes aclamado com simpatia e generosidade, a par de outros que eu próprio me habituara a querer e respeitar... Vi-me perlustrando as ruas do Rio de Janeiro, que regurgitavam, até que, em dado momento, reconheci-me no próprio interior do Palácio do Governo Imperial, envolvido por uma incalculável multidão de criaturas humanas e entidades espirituais... Isabel de Orléans e Bragança, regente do Império na ausência de seu venerando pai — o Imperador — assinava a lei que extinguia a escravatura dos negros em minha pátria — aquela abolição por mim sonhada desde tanto tempo e pela qual tantas perseguições eu mesmo sofrera no fundo de um cárcere — para alegria daqueles que me acusavam de um bárbaro uxoricídio, que sabiam não seria eu capaz de praticar, mas que desejavam em mim anular o defensor do liberalismo que eles combatiam...

"Era o dia 13 de maio de 1888...

"Ajoelhei-me, então, respeitoso e comovido, diante da generosa dama libertadora de uma raça, e osculei-lhe a fímbria dos vestidos..."

— E que pretende tentar agora, meu jovem e querido amigo? — perquiri ainda emocionado e reconfortado ante tão sugestiva nobreza de princípios, compreendendo que não se animava a prosseguir.

— Pretendo renascer, para novas tentativas na senda do aprendizado espiritual, aqui mesmo, isto é, na Suíça, sob cujas faixas espirituais logrei generoso abrigo ao reconhecer-me dilacerado pelas provações! Ao contato de suas sociedades desejo obter a rígida experiência dos laboriosos povos europeus, disciplinando-me em costumes que corrijam o meu feitio excessivamente ardoroso e irrequieto, adquirido através de repetidas existências entre povos de índole muito apaixonada...

"Acabo de concertar planos com minha querida Esmeralda... E desta vez, Sr. Doutor, estou autorizado a afirmar, pelos mentores dedicados que me assistem, que seremos profundamente felizes, dado que, reparado nosso feio débito da Revolução Francesa, nada mais impedirá desfrutemos a ventura de uma união ditosa entre realizações harmonizadas com o bem e o progresso geral...

"A permanência de tantos anos neste ambiente de vales e planaltos, generosamente cultivados para alimentar os homens; a doce contemplação destes rebanhos mansos, amigos dos seus pastores e tão

A tragédia de Santa Maria

úteis às criaturas; as longas, ilibadas meditações à frente das messes que crescem prometedoras, das árvores refloridas para a reprodução magnânima, das águas cantantes e cristalinas refrescando os campos fecundados como as raízes das plantas protetoras, assim o encantamento fornecido à minha sensibilidade pelo contato com a natureza — levaram-me a ponderar sobre a inadiável necessidade de uma existência serena, durante a qual meu coração reflorisse para as legítimas conquistas do Espírito — para a ideia de Deus — desviando-se, tanto quanto possível, dos apaixonados bulícios das sociedades em que acabo de me agitar entre mil sequências amargosas... Reencarnado, adotarei outra profissão, não menos digna nem menos útil para a humanidade e suas necessidades e conquistas... Preferirei glorificar-me ante as bênçãos das searas que cresçam sob meus desvelados cuidados profissionais, tal como observo fazem, alegres e amoráveis, os agricultores destes vales, que me ensinam, por meio das lições dos seus abendiçoados afãs, os caminhos mais justos que me impelirão à doce contemplação do Ser divino a se refletir na magnificência da natureza... Obtive o beneplácito dos Céus para meus novos intentos, porquanto, Espírito livre que sou no seio da eternidade, me assiste o sagrado direito de prover minhas próprias tentativas futuras na ascensão que me cumpre realizar, demandando o progresso!..."

Satisfeito, admirando a atitude varonil daquele a quem jamais considerara um criminoso vulgar, abracei-o fraternalmente, louvando-lhe as boas disposições, ao passo que me despedia buscando o regresso aos ambientes brasileiros. Deteve-me ele, porém, sorridente, amigavelmente prendendo-me o braço, num gesto peculiar à sua amabilidade de outrora para com os afins, e acrescentou, enlaçando com o braço disponível a sua muito querida Esmeralda:

— Não prescindiremos da honra de vos participar — esperançados na vitória final e certos de que seria esse o nosso dever de amor, fraternidade e proteção para com um ser mais frágil do que nós — que rogamos às Potestades divinas a graça de, uma vez reencarnados e novamente consorciados, obtermos a realização do nosso mais caro sonho dentro das leis do matrimônio, o qual não chegamos a concretizar na última etapa expiatória tragicamente encerrada: sermos os venturosos pais de um entezinho risonho e lindo, no qual revivamos a perpetuidade do imenso amor que unifica nossos corações... E adivinhará porventura, o nosso caro doutor, quem suplicamos aos Céus para a primogênita de nossa próxima união terrestre?...

Fitei-o curioso, sem responder. Mas Bento José de Souza Gonçalves, os belos olhos espirituais marejados de lágrimas, rematou, enquanto minha querida afilhada sorriu enternecida:

— Aquela pobre e infeliz Ana Maria!...

4

...E QUANDO DEUS PERMITE!...

...E se vós o quereis bem compreender, esse mesmo é o Elias que havia de vir. Quem tem ouvidos de ouvir, ouça.

(Jesus Cristo)

...Então seus discípulos compreenderam que fora de João Batista que Ele falara...[58]

Corria o ano de 19... quando, durante profundo sono de meu velho amigo Antônio José de Maria e Sequeira de Barbedo, a que tutelares devotados prepararam com forças magnéticas aplicáveis ao caso, Esmeralda entrou em entendimentos definitivos com seu muito querido pai acerca de sua próxima volta aos ambientes terrenos pela reencarnação. Cerca de cinco anos havia já que Bento José ingressara igualmente em nova romagem reencarnatória, escolhendo para berço natal a bela cidade de Zurique, e recebendo, como sabemos, o nome de Max Niemeyer.

Assisti, como sempre, a mais aquele episódio, ou conclave espiritual, da vida de minha querida afilhada, e vi, comovido, que o antigo

---

[58] Mateus, 11:14 e 15; e 17:13. — Informações de Jesus sobre a reencarnação do Espírito do profeta Elias na pessoa de João Batista, decapitado por ordem do rei Herodes.

escravocrata, então em idade já muito avançada, caía em sentido pranto, ao qual eu e sua filha, bem assim a formosa Maria Susana, procuramos estancar por entre advertências reanimadoras e felizes.

Por esse tempo, já Ana Maria e Severina haviam entregado a alma ao Criador, permanecendo no mundo invisível sob direção rigorosa, porém, fraterna, de mentores que cuidavam de assisti-las, preparando-as para futuros desempenhos nas lutas dos resgates para a reabilitação. Nenhum de nós o ignorava, nem mesmo Barbedo, que, não obstante ainda encarnado, de tais acontecimentos do Invisível fora inteirado pelas confabulações com seus protetores, durante as reuniões íntimas que continuara frequentando.

— Venho despedir-me de ti, pai querido! agradecendo-te do fundo de minha alma os desvelos que por mim tiveste, tão sinceros e abnegados, nesta etapa em que me serviste de pai e protetor terreno, sob os beneplácitos do Senhor! Sinceramente lamento que me não fosse possível, como filha, conceder-te a felicidade que mereces! Mas fá-lo-ei um dia, meu pai, quando o Senhor permitir novamente, através do futuro, que eu possa ainda reencarnar ao teu lado — sempre como tua filha!... — começou, comovidamente, a formosa entidade Esmeralda. — Despeço-me, porém, somente para, dentro de pouco tempo, reunir-me novamente a vós outros, pois tomarei novas formas carnais sob teu velho teto generoso, que tanto amei!

"Não devo permanecer por mais tempo no mundo espiritual, retardando meu progresso e incorrendo em falta grave perante as judiciosas Leis divinas! Voltarei, como bem percebes, para os teus braços mesmo, descendente do teu mesmo sangue, conquanto não mais assinando teu nome respeitável, que até agora tanto me honro de trazer... pois que terei por novos pais terrenos a tua sobrinha-neta Guilhermina e seu esposo, que acabam de consorciar-se... Presta atenção, meu pai — e que estas palavras, com o favor de Deus Todo-Poderoso, se decalquem de forma indelével em tua consciência imortal, para que, ao despertares amanhã,

A tragédia de Santa Maria

não esqueças do que neste momento te revelo, sob as bênçãos dos Céus, que generosamente no-lo permitem: precisamente de hoje a um ano ouvirás meus primeiros vagidos ao ingressar na carne... tal como os ouviste naquele ano de 1863... No ângulo esquerdo de minha face, procurarás um sinal idêntico ao que, outrora, em mim tanto admiravas, e ao qual gostavas de beijar, enternecido... Pois bem, beijá-lo-ás novamente!...[59]

"Sei que me legarás tua fortuna. Seja! Aceito-a, meu pai, por amor dos infelizes e sofredores da Terra, a quem deverei proteger por amor do meu Senhor Jesus, que tão belos ensejos me vem permitindo para a conquista suave do progresso por meio do amor, e não da dor... pois a verdade é que, por mim mesma, pouco hei sofrido!... Mas, em nome dos profundos laços de amor espiritual que nos unem, rogo-te concedas-me duas importantes mercês para o bom cumprimento de minhas futuras tarefas terrenas: abre, no teu testamento, uma cláusula permitindo-me a posse de tua fortuna somente aos meus futuros 25 anos... Será indispensável que minha primeira juventude seja árdua e laboriosa a fim de que, através dos meus futuros dias de luta contra a pobreza, eu não olvide o dever de aprender a sentir também as dores alheias, a experimentar os prudentes e sábios sofrimentos das impossibilidades... do contrário, possivelmente, as facilidades de três existências, entre os favores da fortuna, diminuiriam os propósitos de amor fraterno que no momento me empolgam... A segunda, uma reparação que mais tarde farei, certamente, por amor de ti — deixa, com o teu testamento, a declaração de que Bento José de Souza Gonçalves e Cassiano Sebastião estavam inocentes do crime de que foram acusados na pessoa de Esmeralda de Barbedo... e ordena, meu pai, que tua herdeira trate da reabilitação jurídica e social de ambos... Será doloroso, bem sei, reviver fatos passados, dramáticos e pungentes, como esses que por nós foram vividos, exumando angústias esquecidas para apontar ao

---

[59] N.E.: Estas possibilidades não são ilusórias, simples efeitos para romance. Se não se verificam frequentemente, será porque os próprios interessados no assunto não se procuram harmonizar com as mesmas possibilidades de verificação. No dia, porém, em que cada coração se entreabrir para a legítima e permanente comunhão com as forças invisíveis da Luz, tornar-se-ão não só possíveis, mas até comuns, visto que, entre os adeptos da Doutrina dos Espíritos, já existem aqueles que conhecem a volta dos seus entes queridos às formas carnais e também a identidade de outros que, não pertencendo ao seu círculo familiar terreno, pertencem, todavia, ao espiritual.

mundo a verdade que foi obliterada outrora! Mas é justiça, meu pai! e devemos honrá-la e venerá-la, conquanto nos assista igualmente o dever de compassividade para com o verdadeiro adversário..."

* * *

Os primeiros alvores do astro rei tingiam de suaves colorações as serranias pitorescas da velha Fazenda de Santa Maria, agora cultivada pela eficiente técnica do agrônomo suíço Maximiliano Niemeyer — a quem tratavam, simplesmente, de Max — quando Pamela e ele próprio despertaram da longa letargia que durara a noite toda, mas que lhes permitira ao Espírito, temporariamente emancipado dos liames corporais, a recordação integral do passado espiritual de ambos.

Havemos de nos lembrar de que, na véspera de seus esponsais, ao se retirarem — Max para seus aposentos particulares, a fim de se confiar ao sono, e a jovem fazendeira para a antiga sala de estudos e biblioteca de Esmeralda, agora transformada em recinto de confabulações com o Alto, e no qual um grande quadro a óleo, retratando Allan Kardec, figurava em lugar de honra — haviam-se prometido mutuamente orar, em hora convencionada, em súplica de bênçãos ao Senhor para a união que se efetivaria no dia imediato; e que o fantasma do meu velho amigo Barbedo, que desde alguns anos habitava também os páramos espirituais, assistido por nós outros, seus dedicados amigos do Invisível, Frederico Júnior, a quem ele tanto devia, inclusive — convidara-os às recordações da anterior migração terrestre, a qual acabamos de narrar por nossa singela dialética, para fácil esclarecimento do leitor.

Aos ouvidos da jovem espiritista repercutiam ainda, comovidamente, de envolta com vagas lembranças revivescidas durante o torpor magnético, o enunciado paternal da entidade que tanto a havia amado:

— Eis o meu presente nupcial: estas recordações que vos auxiliei a extrair dos arcanos da memória profunda, como precioso incentivo

A tragédia de Santa Maria

a que fizestes jus para as realizações futuras nos campos do progresso... Casem-se, queridos filhos, assistidos pelo intenso júbilo do meu coração... Uni-vos sob as bênçãos do Sempiterno, que tantas graças nos há concedido através do tempo... pois bem mereceis a felicidade depois de lutas e lágrimas tão acerbas!...

Uniram-se, com efeito, ainda uma vez enlaçados pelos sacrossantos vínculos de um matrimônio protegido pelos mais ternos eflúvios da afetuosidade espiritual...

Dois meses depois, porém — eis que nossas atenções de habitantes do mundo espiritual foram dirigidas para a Terra... E então contemplamos o casal — Max–Pamela — de saída do campo santo de X, onde acabara de se realizar singular solenidade jurídico-social, com bases nos anseios fraternos do coração de minha outrora muito querida afilhada Esmeralda e hoje cara tutelada espiritual — Pamela.

À tarde, fresca e serena, estendia doces nuanças crepusculares sobre as frondes farfalhantes das magnólias dos caminhos, como dos chorões sugestivos que se debruçavam sobre os mausoléus e cruzes singelas que velavam pela memória daqueles que se haviam despojado das armaduras carnais, rumando às gloriosas estâncias da vida espiritual. E aos cariciosos balanços das brisas do outono que retornava com a sua corte de encantamentos, os passarinhos se aninhavam em alaridos inefáveis, felizes por abendiçoarem com seus cânticos a paz do entardecer...

Realizara-se nesse dia, sob os auspícios do novel casal de Santa Maria — a transladação dos antigos despojos corporais do brilhante advogado que fora Bento José de Souza Gonçalves para o jazigo dos Sequeira de Barbedo, após o processo de reabilitação de sua memória, requerido pela "nova" proprietária da vetusta mansão. Graças a uma copiosa correspondência, espécie de diário íntimo, que acompanhara o testamento do velho comendador Barbedo, como aos arquivos da

Delegacia de X, que com aquela se harmonizavam, e mais aos testemunhos de Antônio Miguel, já de idade avançada, mas ainda lúcido, e alguns outros descendentes de antigos servidores da fazenda, fora possível o levantamento de novo processo para o caso do assassínio de Esmeralda de Barbedo. Novo inquérito foi realizado, muros adentro do estranho edifício, sob as indicações da correspondência do meu antigo compadre; e, após *démarches* competentes, próprias para o melindroso caso, não apenas o entusiasta abolicionista Bento José, mas também o liberto Cassiano Sebastião, foram considerados isentos de culpa no crime de morte na pessoa de Esmeralda de Barbedo, ocorrido a ... de agosto de 1886...

Nessa tarde, perante autoridades judiciais e toda a sociedade de X reunida no campo santo, em piedosa romaria, inaugurara-se também um túmulo condigno em memória do infeliz Cassiano, sacrificado pela própria dedicação aos amos, mas hoje palmilhando flóreas estradas de redenção — sob as lágrimas de Antônio Miguel e de Pamela e a emoção da assistência, e sobre o qual a delicadeza consciencial daquela dama entendera colocar epitáfio elucidativo.

...E, reunidos os despojos corporais daquele abnegado idealista que fora o amorável Bentinho aos de sua esposa sempre amada — Max e Pamela, que, ditosos, conheciam o próprio passado espiritual, reconhecendo-se redivivos numa reencarnação daqueles, graças ao cultivo das faculdades da alma, a que ambos concediam valor especial; reparada, perante a sociedade terrestre, uma injustiça que feria seus foros de civilização cristã, desciam agora a colina rumo do Chalé Grande, sempre garrido com seus eternos renques de romãzeiras e seu roseiral cheiroso, ternamente enlaçados, amorosos e confiantes no futuro...

Subitamente, porém, estacaram visivelmente enternecidos. A paisagem arrebatadora que se desdobrava às suas vistas, com a cidade a se estender, pitoresca, entre a garridice típica de suas palmeiras galantes e as magnólias farfalhantes e bem cheirosas, convidava-os a uma entusiástica contemplação...

— Hosanas ao bom Deus, minha querida Pamela! — murmurou Max comovidamente, osculando docemente a fronte da esposa. — Hosanas a Deus! que me permitiu vir de longe, estrangeiro e pobre, para a conquista da felicidade imensa, da paz incomparável que desfruto ao aconchego do teu amor...

Pamela, porém, pensativa e porventura mais comovida ainda, pousou sobre aquele peito generoso a cabecinha perfumosa e, fitando a imensidão do horizonte azul, que se alongava através do infinito, respondeu-lhe numa expressão de sadio idealismo:

— Sim, Max querido! Hosanas ao bom Deus!... E glória ao idioma da fraternidade — ao esperanto! — sem o auxílio precioso do qual muito dificilmente nos teríamos compreendido para a concretização deste grandioso ideal de amor que desde os séculos passados arrebata nossas almas!...

As primeiras estrelas surgiram na amplidão dos espaços siderais, lucilantes e sedutoras no seu cortejo de esplendores... E enquanto as brisas da tarde arrancavam, docemente, dos arvoredos dos caminhos, as primeiras folhas mortas do outono que voltava, atapetando o chão como em homenagem graciosa aos ternos esposos que passavam... lá se foram eles, amorosamente unidos, demandando o porvir pelas estradas da redenção...

FIM

O EVANGELHO NO LAR

Quando o ensinamento do Mestre vibra entre quatro paredes de um templo doméstico, os pequeninos sacrifícios tecem a felicidade comum.[1]

Quando entendemos a importância do estudo do Evangelho de Jesus, como diretriz ao aprimoramento moral, compreendemos que o primeiro local para esse estudo e vivência de seus ensinos é o próprio lar.

É no reduto doméstico, assim como fazia Jesus, no lar que o acolhia, a casa de Pedro, que as primeiras lições do Evangelho devem ser lidas, sentidas e vivenciadas.

O espírita compreende que sua missão no mundo principia no reduto doméstico, em sua casa, por meio do estudo do Evangelho de Jesus no Lar.

Então, como fazer?

Converse com todos que residem com você sobre a importância desse estudo, para que, em família, possam compreender melhor os ensinamentos cristãos, a partir de um momento de união fraterna, que se desenvolverá de maneira harmônica e respeitosa. Explique que as reflexões conjuntas acerca do Evangelho permitirão manter o ambiente da casa espiritualmente saneado, por meio de sentimentos e pensamentos elevados, favorecendo a presença e a influência de Mensageiros do Bem; explique, também, que esse momento facilitará, em sua residência, a recepção do amparo espiritual, já que auxilia na manutenção de elevado padrão vibratório no ambiente e em cada um que ali vive.

Convide sua família, quem mora com você, para participar. Se mora sozinho, defina para você esse momento precioso de estudo e reflexões. Lembre-se de que, espiritualmente, sempre estamos acompanhados.

Escolha, na semana, um dia e horário em que todos possam estar presentes.

O tempo médio para a realização do Evangelho no Lar costuma ser de trinta minutos.

---

[1] XAVIER, Francisco Cândido. *Luz no lar*. Por Espíritos diversos. 12. ed. 7. imp. Brasília: FEB, 2018. Cap. 1.

As crianças são bem-vindas e, se houver visitantes em casa, eles também podem ser convidados a participar. Se não forem espíritas, apenas explique a eles a finalidade e importância daquele momento.

O seguinte roteiro pode ser utilizado como sugestão:

1. Preparação: leitura de mensagem breve, sem comentários;
2. Início: prece simples e espontânea;
3. Leitura: *O evangelho segundo o espiritismo* (um ou dois itens, por estudo, desde o prefácio);
4. Comentários: breves, com a participação dos presentes, evidenciando o ensino moral aplicado às situações do dia a dia;
5. Vibrações: pela fraternidade, paz e pelo equilíbrio entre os povos; pelos governantes; pela vivência do Evangelho de Jesus em todos os lares; pelo próprio lar...
6. Pedidos: por amigos, parentes, pessoas que estão necessitando de ajuda...
7. Encerramento: prece simples, sincera, agradecendo a Deus, a Jesus, aos amigos espirituais.

As seguintes obras podem ser utilizadas nesse momento tão especial:

- *O evangelho segundo o espiritismo*, como obra básica;
- *Caminho, verdade e vida*; *Pão nosso*; *Vinha de luz*; *Fonte viva*; *Agenda cristã*.

Esse momento no lar não se trata de reunião mediúnica e, portanto, qualquer ideia advinda pela via da intuição deve permanecer como comentário geral, a ser dito de maneira simples, no momento oportuno.

No estudo do Evangelho de Jesus no Lar, a fé e a perseverança são diretrizes ao aprimoramento moral de todos os envolvidos.

O LIVRO ESPÍRITA

Cada livro edificante é porta libertadora.

O livro espírita, entretanto, emancipa a alma nos fundamentos da vida.

O livro científico livra da incultura; o livro espírita livra da crueldade, para que os louros intelectuais não se desregrem na delinquência.

O livro filosófico livra do preconceito; o livro espírita livra da divagação delirante, a fim de que a elucidação não se converta em palavras inúteis.

O livro piedoso livra do desespero; o livro espírita livra da superstição, para que a fé não se abastarde em fanatismo.

O livro jurídico livra da injustiça; o livro espírita livra da parcialidade, a fim de que o direito não se faça instrumento da opressão.

O livro técnico livra da insipiência; o livro espírita livra da vaidade, para que a especialização não seja manejada em prejuízo dos outros.

O livro de agricultura livra do primitivismo; o livro espírita livra da ambição desvairada, a fim de que o trabalho da gleba não se envileça.

O livro de regras sociais livra da rudeza de trato; o livro espírita livra da irresponsabilidade que, muitas vezes, transfigura o lar em atormentado reduto de sofrimento.

O livro de consolo livra da aflição; o livro espírita livra do êxtase inerte, para que o reconforto não se acomode em preguiça.

O livro de informações livra do atraso; o livro espírita livra do tempo perdido, a fim de que a hora vazia não nos arraste à queda em dívidas escabrosas.

Amparemos o livro respeitável, que é luz de hoje; no entanto, auxiliemos e divulguemos, quanto nos seja possível, o livro espírita, que é luz de hoje, amanhã e sempre.

O livro nobre livra da ignorância, mas o livro espírita livra da ignorância e livra do mal.

Emmanuel[1]

---

1 Página recebida pelo médium Francisco Cândido Xavier, em reunião pública da Comunhão Espírita Cristã, na noite de 25 de fevereiro de 1963, em Uberaba (MG), e transcrita em *Reformador*, abr. 1963, p. 9.

A TRAGÉDIA DE SANTA MARIA

Edição	Impressão	Ano	Tiragem	Formato
1	1	1958	10.000	12,5x17,5
2	1	1965	5.058	12,5x17,5
3	1	1976	10.200	12,5x17,5
4	1	1978	10.200	12,5x17,5
5	1	1980	10.200	12,5x17,5
6	1	1983	5.100	12,5x17,5
7	1	1985	5.100	12,5x17,5
8	1	1986	10.200	12,5x17,5
9	1	1988	10.200	12,5x17,5
10	1	1991	5.000	12,5x17,5
11	1	1992	15.000	12,5x17,5
12	1	1994	15.000	12,5x17,5
13	1	2004	2.000	14x21
13	2	2006	2.000	14x21
13	3	2008	2.000	14x21
13	4	2010	2.000	14x21
13	5	2011	1.000	14x21
14	1	2014	3.000	16x23
14	2	2015	1.500	16x23
14	3	2016	6.000	16x23
14	4	2019	1.500	16x23
14	IPT*	2022	500	15,5x23
14	IPT	2023	500	15,5x23
14	IPT	2024	500	15,5x23
14	IPT	2025	400	15,5x23

* Impressão pequenas tiragens

FEB editora
Livro espírita para um novo mundo
www.febeditora.com.br
@febeditoraoficial
@febeditora

Conselho Editorial:
Carlos Roberto Campetti
Cirne Ferreira de Araújo
Evandro Noleto Bezerra
Geraldo Campetti Sobrinho – Coord. Editorial
Jorge Godinho Barreto Nery – Presidente
Maria de Lourdes Pereira de Oliveira
Miriam Lúcia Herrera Masotti Dusi

Produção Editorial:
Elizabete de Jesus Moreira

Revisão:
Elizabete de Jesus Moreira
Neryanne Paiva

Capa e Projeto Gráfico:
Ingrid Saori Furuta

Diagramação:
Rones José Silvano de Lima – instagram.com/bookebooks_designer

Foto de Capa:
www.istockphoto.com/jaker5000

Normalização Técnica:
Biblioteca de Obras Raras e Documentos Patrimoniais do Livro

Esta edição foi impressa no sistema de Impressão pequenas tiragens, em formato fechado de 155x230 mm e com mancha de 116,4x180 mm. Os papéis utilizados foram o Off white 80 g/m² para o miolo e o Cartão 250 g/m² para a capa. O texto principal foi composto em fonte Minion Pro 11,5/15,2 e os títulos em Filosofia Grand Caps 24/25. Impresso no Brasil. *Presita en Brazilo.*